童书业

（1908～1968）

父亲留给我的亲笔画：《枞阳春早》

生过去著述上最大之成绩，实为绘画之考证。古史之著述不过补订我师之学说而已。

——童书业致顾颉刚信

童书业传

童教英 著

中国大百科全书出版社

图书在版编目（CIP）数据

童书业传 / 童教英著 . —北京：中国大百科全书出版社，
2017.11

ISBN 978-7-5202-0199-5

Ⅰ. ①童… Ⅱ. ①童… Ⅲ. ①童书业—传记

Ⅳ. ① K825.81

中国版本图书馆 CIP 数据核字（2017）第 274594 号

策 划 人　郭银星
责任编辑　郭银星
封面设计　程　然
责任印制　魏　婷
出版发行　中国大百科全书出版社
地　　址　北京市阜成门北大街 17 号　　　邮政编码　100037
电　　话　010-88390093
网　　址　http://www.ecph.com.cn
印　　刷　北京君升印刷有限公司
开　　本　787 毫米 ×1092 毫米　1/16
印　　张　23
字　　数　278 千字
印　　次　2018 年 1 月第 1 版　2018 年 1 月第 1 次印刷
书　　号　ISBN 978-7-5202-0199-5
定　　价　60.00 元

前言

　　1998年初，顾颉刚太先生之女顾潮先生来信告知《往事与沉思》丛书将《童书业传》列入计划且内定我写。不久，华东师范大学出版社责编陈丽菲女士也来信，热情邀约我写。我怔怔地望着这两封信，心中一片茫然。学界众所周知，父亲具有超常的记忆力，故他从不写日记、笔记，一切皆在脑中。1958年他意识到要留个简谱，于是将出生至此50年时间一条条稀稀疏疏写了十页左右，无非是何年在何地做什么，至于所思所想，与何人来往皆无，至1967年他又续写了同样的几页。再有就是他生前油印的几十页过往所作的诗文集。由于文革，他在1968年1月未满六十周岁时猝亡，连视为生命的学术成果都未及收束。几近两手空空的我，如何写父亲的传记！

　　"子在川上曰：逝者如斯夫"，我认为在"文革"中人格受辱，家破人亡不是我们一家的遭遇，过去了就过去了。但作为随父学史的我，有责任、有义务将死不瞑目的父亲和他的学术清白地留在学术史上，我特别注重"清白"二字，文革结束以来，我一直做的事就是将父亲的学术成果分为七个领域从搜集父亲一生散在各报刊文章到整理再烦世交推荐出版一手落成，不让它沾染一丝非学术因素。但对传记，从不敢妄想，因为一部带有个人妄测的"传记"是对历史的亵渎，也是对父亲的亵渎。

　　一切接触过父亲的人的印象多为父亲一是聪明、学问好，二是"怪"。"怪"在哪里，为什么"怪"？一个有血有肉有感情的父亲究竟是什么样，是我想理解的，更希望能使大家都理解。

　　读过一点历史心理学的书，就想从父亲成长过程使他会形成什么样的思维方式和行为方式，再用此去印证他的言谈行止入手，只是这一切都必须以了解他的行止及如何应对他遇到的事为前提。于是我走出了家门，第一站是父亲1949年以前长期生活、工作的上海，拜访了解父亲的世交、他们的弟子及再传弟子；第二站到三十年没进去过的山东大学。山大历史系为我召开了一个座谈会，校长也接见了我，取得了一些父亲的档案材料、山大校史、过往校报上历次运动的现场报导及父亲在校报上的文字。但我做得更多的是逐位拜访与父亲共过事的知情人。第三站是北京，拜访北京的世交，但重点拜访的是原在山大工作，文革后到北京谋职的知情人。所有拜访都边录音边作笔记并恳请大家再记起什么或接触知道父亲的人，烦请写信给我补充。然后我就打扰顾潮先生近半月时间，从头到尾看顾太先生日记，不仅记录父亲生前和太先生的来往及信件，更多地是从太先生日记中感受不同时期的社会氛围。回杭后再仔细顺一遍父亲遗留的文字。再在身边放一本最新版的党史，寻出每次运动的中央文件，还有一本出版不久的《陈寅恪最后二十年》，它的作者确实花了不少功夫搜集了文革前中央和某些中央领导人针对文化界、学术界的文件和会议讲话。有了以上准备我才动笔写作。只是我对自己是否真把握了父亲的内心世界仍惶惶然，直到仔细地将我理解的父亲心路与父亲所著《精神病与心理卫生》一书中的自我剖析相对照，大致相合后，我才放心地写下去。

　　在写作过程中深切感受到父亲的一生，尤其是被大家庭逼出以后，确实沉浸在炼狱中，这炼狱不仅仅是客观环境：失业、贫困、战乱、颠沛流离、历经运动，还有他的主观因素：自幼养成的软弱、依赖、不谙世情却又求全求好的个性，诚实无欺、崇尚侠义却怯于付诸行动的伦理观念，更有他特有的强迫观念病症。这矛盾的、有缺陷的心理素质与艰辛的客观环境遇合，才铸成父亲炼狱般的生存环境。将父亲一生所遭受的苦难，完全委之于客观是不真实的。同样的客观环境，不同心理素质的人会以不同的思维方式分析、判断，以不同的行为方式处理。不过，父亲在面对自己时，自知力却极强，也极坚毅，一旦确定了在学术上建立名山大业的理想，他在炼狱般的生存环境中燃烧起那样旺盛的学术生命之火，铸就了古史和古籍考辨、古代地理研究、古代经济史研究、先秦思想史研究、历史理论研究、中国美术史研究及心理学与精神病学研究诸领域的学术成果。20世纪是中国史学界人才辈出的时代，父亲在某些领域称不上出类拔萃，但学术界中如父亲这般在如此多的各不相属的领域中皆成果累累的也为数不多；且父亲在春秋史、《左传》、瓷器史、绘画史四领域的研究当可跻身于一流学者的行列。故"从炼狱中升华"六字也许可算是对坎坷而有所成就的父亲一生的较真实而又形象的写照。按这思路写成父亲传记，华东师范大学出版社于2001年10月成册出版。传记出版后，责编和诸多读者给它的评价是"真实而有历史感"。但随着时间的推移，我自己却感到书中有缺憾所在：

一、对家世语焉不详且书出后发现一错误：童华非我高祖，而是叔高祖。至2008年中华书局将我搜集的父亲论著分12册出齐，又整合为7卷本《童书业著作集》后，我将父亲遗存的手稿和文件整理整齐，请宁波天一阁代为保管。天一阁告知童氏宁波祖居已辟为中、晚清官宅博物馆，名为银台第官宅博物馆，内有童氏世系材料。同时，在浙江图书馆看到上海古籍出版社出版的《明清进士题名碑录索引》，内有先祖三位进士的题名，有学生网上购得先高高祖童槐、先叔高祖童华、先曾祖童祥熊遗著相赠。我认为更为真实、充实的家世资料有助于对父亲的成长环境更真切的理解，希望有机会补充。

二、1998年写传记时对父亲的每个领域的学术成果都以我的理解结合父亲当时处境作了尽可能的介绍，但毕竟当时只整理出版了两个领域，对父亲的学术思想和治学方法缺乏整体的、综合的阐述，希望有机会补充。

三、近来精神病高发，这是一个客观现象。一般来说社会急剧变化，在彷徨中无法掌握自己命运的时候，容易发作精神病。父亲抗战胜利后回到上海，承受养活5口之家沉重经济压力时，于1946年就发作过严重的强迫观念症。在著名精神病医生粟宗华先生指导下，开始了精神病学的研究且出版了《精神病与心理卫生》一书，此后研究、治疗他人仍不断深入，甚至写就《精神病疹断学》一书，对七种轻型精神病的每一种的疹断、治疗及与他种精神病的区别都作了系统的阐述。故我想应更全面点介绍父亲的精神病学研究，亦甚想呼吁社会正确看待精神病和精神病患者，更希望精神病患者像父亲一样正确看待自己的病，用自己的毅力配合医生的治疗，战胜疾病。

四、目前教育问题是全社会关注所在。独生子女的现实、应试教育的盛行使全社会在不同层面探讨教育问题。作为两代教师的我，虽也忧虑却也开不出什么秘方，况且每个个体的个性、受教育的环境、过程皆各各不同，不会有同一的历程。传记中写过父亲受教育的历程，想更具体地介绍父亲教学实践的方方面面。也想介绍我受教过程中学校、家庭的作用，希望这种介绍能提供某种教育思路。更想呼吁的是社会、学校、家庭珍惜、尊重孩子良善的内心。因为作为教师，从教数十年，我感受过太多孩子的善良。

父亲曾说过："修订一本书比重写一本书更困难。"我想，此言用在修订传记上更为贴切。写传记之初已竭尽全力搜集尽可能全的传主材料并以传主生平为体系了，若修订亦不可能跳出此体系。故父亲传记出版后，陆续有人建议我修订再版，我总犹豫，直至网上出售印得一踏糊涂的传记复印本时，才决心动笔，希望没辜负关心父亲和我的人的期望。

学界的辈份是很难理清的，为行文方便，在传记中只得很不恭敬地人人直书其名了。在传记中也写了一些我的亲身经历和感受，这只是为了从某些方面说明父亲的处境和感情。也不得不涉及某些个人，能隐其名者，我尽量隐去，无法隐去者，只得直书，相信大家都能理解这是为了历史的真实而不得不为之举。

借修订本出版之际，再次感谢为我写作提供资料的世交、师友、学生。同时也感谢中国大百科全书出版社的大力支持和责编郭银星女士的辛劳，使我的心愿得以实现。

童教英

2017年5月于杭州

目录

第一章

封闭的二十年

家　世

　　辛亥革命时，先曾祖父童祥熊正在山东劝业道道台任上。辛亥革命后他既退隐，本欲定居青岛，故在青岛兰山路买屋，后仍迁居上海。1949年10月我们到青岛后，父亲曾带我去看过此栋西式洋楼。此后，除偶尔触及家事，诸如父亲曾说过，宁波（鄞县）童家有阿拉伯人血统，虽不知据何而言，但父亲的面相倒确实是隆鼻、深目，颇有点阿拉伯人的味道。再如看若干剧种中皆有的，据清末四大奇案编写，《清稗类钞》第三册亦载有的，发生在同治癸酉（1873年）杨乃武中举之后不久的冤案，光绪乙亥（1875年）浙学侍郎胡瑞澜复审，维持原判，十二月提交刑部审讯，翻案的《杨乃武与小白菜》时，依稀记得父亲曾说过，戏中那位穿红袍的刑部侍郎即为先叔高祖。但1951年后不论是父亲还是母亲皆不再对我谈童家和蒋家之事。故我长期以来对家世基本处于懵懂中，很晚才知童氏宁波祖居已辟为中、晚清官宅博物馆，名为银台第官宅博物馆。2008年父亲文集出齐，我收拾父亲遗稿、文档，与天一阁联系，欲请天一阁保存。天一阁非常热情地接受并以童书业专柜保存。为修订传记，天一阁又将童氏家族史料尽可能提供。

　　银台第官宅博物馆前言中有：

　　　　月湖十洲自宋以来为官宦学士首选的居住、讲学之地。位于偃月堤边的银台第，建于清道光三年（1832），主人童槐曾任江西、山东按察使，后改任通政司副使。按察使别称臬台，通政司别称银台，故童宅有"臬台第"、"银台第"之称。童槐之子童华以礼部右侍郎入上书房行走，为光绪帝的老师，所以童宅又被视为"帝师故居"。

童氏先世为山东琅邪人，宋时迁往浙江义乌，后又迁于鄞之建岙，明洪武间迁郡城月湖西岸，万历间卜居于醋务桥南，为宋时红莲阁故址。童槐（1773—1857）幼时，家业零落，然性耽劬学，发愤读书，中嘉庆十年进士，遂家道中兴，道光三年（1823）复造屋于原址，称"今白华堂"，别称"双柑堂"。子童华、孙童祥熊分别中道光十八年、光绪九年进士，有"一门三进士，父子同翰林"之谓。

博物馆入口处即有我们这支的家谱：

童氏源流

先世雁门人，至东汉丹阳太守恢，着籍琅邪姑幕。自后多南迁者，有义乌一支，明州则鄞之建岙、慈之门黝，皆称繁衍，宋元祐、绍圣间，曰鞞曰韫，以从弟昆先后登第，官翰林，实建岙派也。韫十四叶至讳全者，明洪武中乡贡，荐充国史院纂修，卜居鄞之月湖，遂世居焉，下以世系图示之。

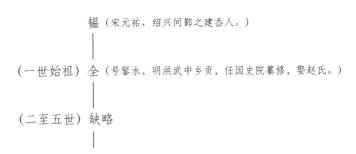

韫（宋元祐、绍兴间鄞之建岙人。）
|
（一世始祖）全（号鋆水，明洪武中乡贡，任国史院纂修，娶赵氏。）
|
（二至五世）缺略
|

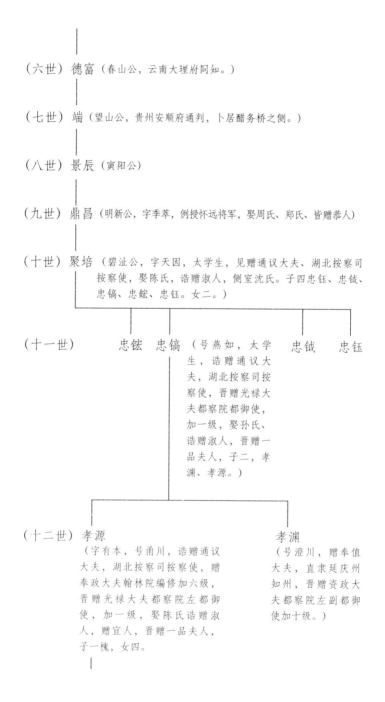

（六世）德富（春山公，云南大理府同知。）

（七世）端（望山公，贵州安顺府通判，卜居醋务桥之侧。）

（八世）景辰（寅阳公）

（九世）鼎昌（明新公，字季萃，例授怀远将军，娶周氏、郑氏，皆赠恭人）

（十世）聚培（碧沚公，字天因，太学生，见赠通议大夫、湖北按察司
　　　　　按察使，娶陈氏，诰赠淑人，侧室沈氏。子四忠钰、忠钺、
　　　　　忠镐、忠鋐、忠钰。女二。）

（十一世）　　　忠鋐　忠镐（号燕如，太学　　　忠钺　　忠钰
　　　　　　　　　　　　　生，诰赠通议大
　　　　　　　　　　　　　夫，湖北按察司按
　　　　　　　　　　　　　察使，晋赠光禄大
　　　　　　　　　　　　　夫都察院都御使，
　　　　　　　　　　　　　加一级，娶孙氏、
　　　　　　　　　　　　　诰赠淑人，晋赠一
　　　　　　　　　　　　　品夫人，子二，孝
　　　　　　　　　　　　　渊、孝源。）

（十二世）孝源　　　　　　　　　　　　　　　孝渊
　　　　　（字有本，号甬川，诰赠通议　　　　（号澄川，赠奉值
　　　　　大夫，湖北按察司按察使，赠　　　　大夫，直隶延庆州
　　　　　奉政大夫翰林院编修加六级，　　　　知州，晋赠资政大
　　　　　晋赠光禄大夫都察院左都御　　　　　夫都察院左副都御
　　　　　使，加一级，娶陈氏诰赠淑　　　　　使加十级。）
　　　　　人，赠宜人，晋赠一品夫人，
　　　　　子一槐，女四。）

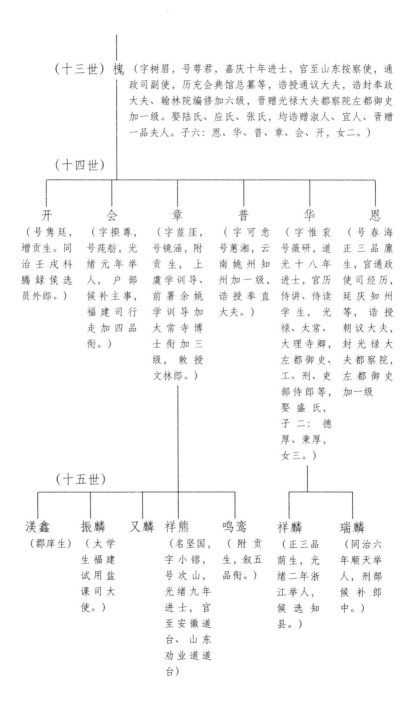

（十三世）槐（字树眉，号蒡君，嘉庆十年进士，官至山东按察使，通政司副使，历充会典馆总纂等，诰授通议大夫，诰封奉政大夫、翰林院编修加六级，晋赠光禄大夫都察院左都御史加一级。娶陆氏、应氏、张氏，均诰赠淑人、宜人、晋赠一品夫人。子六：恩、华、普、章、会、开，女二。）

（十四世）

开（号隽廷，增贡生。同治壬戌科腾录候选员外郎。）

会（字揆尊，号莼舫，光绪元年举人，户部候补主事，福建司行走加四品衔。）

章（字苣厓，号镜涵，附贡生，上虞学训导、前署余姚学训导加太常寺博士衔加三级，敕授文林郎。）

普（字可念号蕙湘，云南姚州知州加一级，诰授奉直大夫。）

华（字惟裒号薇研，道光十八年进士，官历侍讲、侍读学生，光禄、太常、大理寺卿左都御史，工、刑、吏部侍郎等，诰授朝议大夫，封光禄大夫都察院，左都御史加一级娶盛氏，子二：德厚、秉厚，女三。）

恩（号春海正三品廪生，官通政使司经历，延庆知州等，诰授朝议大夫，封光禄大夫都察院，左都御史加一级）

（十五世）

渼鑫（郡庠生）

振麟（太学生福建试用盐课司大使。）

又麟

祥熊（名坚国，字小镕号次山，光绪九年进士，官至安徽道台、山东劝业道道台）

鸣鸾（附贡生，叙五品衔。）

祥麟（正三品荫生，光绪二年浙江举人，候选知县。）

瑞麟（同治六年顺天举人，刑部候补郎中。）

童家确是世代书宦人家。据天一阁整理的先高高祖小传载：

　　童槐小传

　　童槐（1773—1857），字树眉，又字晋三，号萼君。鄞县人。嘉庆十年（1805）进士，选庶吉士，授编修。官至通政使司副使。在国子监就学时，应岁试列一等第一名。阮元巡抚浙江时，引为幕僚。槐生平好学，工书善射，能画山水人物，暮年研讨四明文献，探幽揽胜，感事忧时，文益奇，诗益细。其文沈博绝丽，诗亦大处落墨，不涉庸音。著有《今白华堂集》。

　　据上海古籍出版社出版的《明清进士题名碑录索引》（下称《索引》）载："童槐浙江鄞县　清嘉庆10/3/76"。亦为上海古籍出版社所出《续四库全书·集部·别集类》中有先高高祖童槐保存至今的遗文《今白华堂文集三十二卷》、《今白华堂诗录八卷》、《今白华堂诗录补八卷》。惜父亲幼年所读《过庭笔记》未能保存下来。

　　近得知：宁波李惠利中学退休教师、书画收藏爱好者竺伟民捐给宁波教育局他所收藏的巾箱本《五经鸿裁》14卷，经《宁波市志》教育卷主编胡审严鉴定此书是坊间私刻的科场范文本，发行于清同治十二年（1873）春，由安徽全椒人薛时雨作序，收录全是古代科举考试《五经》科目的范文。此书原有20册，收录曾国藩、何绍基等进士佳作六百篇，现存14卷。总目在《诗经一》，幸运的是现存的《诗经二》上收录着先高高祖一篇700余字的八股策论《卜筮偕止、会言近止、征夫迩止》。

　　先叔高祖小传载：

童华小传

童华（1818-1889），字惟充，又字薇研。道光十八年（1838）进士，授翰林院庶吉士。官至吏部右侍郎，上书房行走，国史馆副总裁，都察院左都御史。华少年早慧，性诚质厚，评审杨乃武冤案，秉性刚毅。为学尚实用，善诗文，词尤工，书画均佳，山水画雅逸有致。著有《竹石居诗文抄》、《竹石居词抄》。

《索引》载："童华　浙江鄞县　清道光18/2/59"。《北京师范大学图书馆藏稀见清人别集丛刊》中有先叔高祖之《竹石居文草》四卷，《竹石居诗草》四卷，《竹石居词草》一卷，《川云集》一卷，皆为清刻本。其中《文草》前有《国史馆列传》之《童华传》和翁同龢撰《墓志铭》。《川云集》后有光绪七年（1881）毛昶熙识，光绪十三年（1887年）祁世长识。

先曾祖小传载：

童祥熊小传

童祥熊（1844—1917），名坚国，字小镕，号次山。光绪九年（1883）进士，授翰林院编修，官至安徽道台，山东劝业道道台。宦游山东时，会武昌起义，抚军电请清帝逊位，祥熊痛哭谢病，转徙上海，居无定所，后郁郁而终。能书，楷书工整道劲，颜欧兼有；行书学晋唐，熟练清隽，不失法规。

《索引》载"童祥熊　清　光绪9/2/27"。网上有不知何处保存的先曾祖父会试硃批两文一诗。先曾祖任安徽道道台时，举家迁皖，离开了宁波，父亲是将皖南作为第二故乡的。据父亲的同门师弟叶笑雪对我说，先曾祖的官声甚好，政绩斐然，离任时，乡绅送了大量的"万民伞"，百姓拦轿而哭。看多了《儒林外史》之类的中国小说及史书上所举清代"三年清知府，十万雪花银"之类官吏腐败的记载，心中对师叔之言殊不相信。后来看到父亲记于《知非集》的一篇文字《重建竹石山庄记》，其中有：

> 清光绪间，先大父以编修改道，宦皖垣，有德政，皖人怀之。时皖江南岸，蓬蒿未斩，多荒土，先大父集同志，斥资垦辟，得新田千余顷，余家独承垦千亩，既招佃播种，地味日腴，浸成良产。

此项田产在安庆大渡口镇附近。安庆紧贴长江北岸，大渡口紧贴长江南岸，夹在金升湖和长江之间，与安庆隔江相望，应是个水利便给、农业易于发展之地，经先曾祖开辟，至先祖父时，在垦地之北筑成被当地人称为"童庄"的竹石山庄。日本人进攻安徽，竹石山庄处兵争要冲，竟奇迹般地幸免于难，父亲在文中感慨道：

> 盖先大父之德在皖，而是庄所以纪其德。德泽常存，故纪德之具得不毁也。

看来先曾祖在安徽注重农业生产，确是一位关心民生之好官。

先曾祖时，童家尚处蒸蒸日上时期，是不仅有良田15顷，且文物收藏极丰的官宦人家。童家文物收藏之丰，可从丙寅年（1926年）《鼎脔美术周刊》上登载的王季欢应父亲之请所写的

《异敦轩书画目叙》中窥见一斑：

> 异敦轩者，四明童公次山观察贮金石书画之斋。观察以词林官外勤业齐鲁，故以政声著。闻鼎革，隐劳山又三年，病殁。公之生平余不能详焉，其孙书业，从予学画，居恒谈并出乃祖一生所集书若画，嘱余指示，匝岁以来殆将千事。

近时出版的文物鉴赏书颇多，叶笑雪曾取过数本，对我指点多处，皆曰："这原是你们童家藏物。"此时之叶笑雪已患病多时，其记忆未必真切，但他对童家收藏之丰印象极深，是可以肯定的。

父亲就是在这书宦世家鼎盛之时，作为嫡长子于1908年出生于安徽芜湖先曾祖任上的。其自出世即被倍加呵护、宠爱的程度，无论如何想象皆不为过。父亲在其自编年谱《知非简谱》中记道：

> 余出世即受先祖父钟爱，以授先庶祖母张氏抚育，爱逾所出。

先祖父诗闻公（亢聆）是极聪慧干练之人，禀承家传对绘画的爱好，其情趣甚高雅，初建竹石山庄，即"种花莳草，竹石掩映其间，园之四周，篱之以树，四时之景，靡不可观……盖皖江以南，庄园之美，未有逾此者。"至辛巳（1941年），重新修葺庄园，"而是庄又一改观，精美倍于曩时"。先祖父颇善经营，据吕思勉1938年作《鄞县童亢聆诗闻先生五十寿辰征求书画启事》：

君少颖悟好学，又尝学德文、世界语、会计学、用器画……与君考创同益公司者，以君英年有才，使襄理公司之事。时汽船之受盐者，多泊口外，别以驳船运盐致之，费既多，又船夫生命，时有危险。君测知灌河之口，足容汽船，为设浮筒，立标杆，汽船始得入口受盐。他公司之船继之，灌河遂为航行经途焉。东海徐公，总统国事，命路航邮电四业，各举代表入京，君为航业代表，请用华人为船长及轮机长，后竟行之。铜山贾汪煤矿，负债数百万，主其事者延君整理，君为调和新旧意见，缓频说喻职工，苦心擘画者两年，业以复振。鄱乐煤矿公司，累遭匪劫，破坏已甚，亦延君谋挽救。君为改规制，延旧债偿还之期，别筹新款，从事开采，亦得无缀。五卅案起，君方为公共租界华人纳税会常务理事，议举华人为董事，以参市政。几经折冲，仅获设立华顾问，然其后举华董之事卒成，亦君之力也。君以学识经验首得会计师执照，行其业于沪。是业之规制程式，多君所创，复又合同业立公会。然所拳拳不忘者，尤在先世务本之训。家故有田十五顷在皖江之滨，君乃遍加测量，疏理沟洫，广购桑棉及他卉木，将以立农场。经画未就而日寇入犯，乃小试其技于上海，立安园畜植场，期年成效大著。

先祖父在上海商界影响颇大，据说在上海颇能呼风唤雨之虞洽卿亦是因先祖父之推荐而出任上海宁波商会会长的。至1941年先祖父返皖，修葺竹石山庄并建农场，命叔父书德经营，终圆其建农场之心愿。先祖父之才，实不止于此，他还无师自攻歧黄，医道颇高明。母亲曾告诉我：1943年我们暂回安庆大渡口，我曾患伤寒，病势沉重，人又幼小，当地医生皆不肯下药。先祖父对母亲说："你若肯让我死马当活马医，我就试试。"母亲无奈之下只得同意。先祖父下了一剂重药，我的命是捡回来了，这剂重药却使我瘫软于床，一冬皖江的鲜鱼汤才使我重新站起来。

然则先祖父为独子，这在旧时，尤其是官宦世家，是最感不安之事，自幼被小心谨慎地捧着，一切由性，故性甚刚愎。亲戚间盛传：童家家道殷实，惟此一子，生怕遇意外，故以鸦片及女色拢其于家内。吸鸦片乃当时家道殷实人家常有之事，据母亲说，除我的父母外，童家几乎人人吸鸦片。但据吕思勉文可见先祖父并非无所事事、坐享先人遗产之纨绔子弟。然多娶姨太太也确有其事，姨太太多、子女多，家庭纷争就多，加以社会纷乱、日寇入侵，一个好端端的家确实败在先祖父手中，而我的父亲作为嫡长子首当其冲，深受其害。

获知历程

读书、参加科举考试、做官、光宗耀祖，这原是封建时代所有人的理想。中国小说中、现实生活中所以会出现那么多苦读而登龙门的故事，所以会有范进中举的丑态，无不植根于此。故中国传统中往往将"官宦世家"与"书香门第"并称。父亲虽备受钟爱，于读书一道却绝不会被姑息。不过，他的求知历程却与同龄人绝然不同，当其同龄人沐被着20世纪新式教育，从小学到中学到大学，甚至留学国外时，他仍困守于家，其间虽曾尝试过入新式学堂受教育，在其《简谱》中有：

1920年，上学期进环球小学。

1925年，进圣舫济英文专修学校。

甚至到1936年在北平时，为一张文凭，还以28岁之大龄入京华美术学院就读，但终因体弱多病和社会纷乱而屡屡辍学。京华美术学院一张肄业证书成为父亲唯一的一张学历证明。父亲获知的方式是当时已颇稀少的纯旧式教育，即由长辈亲授和请先生入室授知。从《知非简谱》（下文皆称《简谱》）可知，父亲4岁（1911年）开始识字。此时正值辛亥革命，清廷倾覆，先曾祖失官而成遗老。因喜青岛海滨风光，携家迁青岛，在兰山路筑一座西式花园洋房居住。父亲5岁（1912年）在青岛时因患肺炎引起类似强迫观念症的精神病，经中医治疗，不久即愈，接着患呼吸困难症。强迫观念症是折磨父亲终身之疾，我不懂医，父亲曾对我作过讲解。他说，任何种类之精神病患者，皆不知或不承认自己患病，唯有患强迫观念症的人是自己知道自己的怪癖行为是病态，尽力克制却无法克制，因此是一种最痛苦的精神疾病。我百思不得其解的是父亲为什么在5岁幼童时就会发此病，这与先祖父、母是嫡亲姑表兄妹结婚，血缘太近有无关系？最近细读父亲所著《精神病与心理卫生》一书，看到他自己说：

> 我最早的一场"怪病"就起于家庭问题：我的姑母送补品给我祖父吃，祖父让我吃，姑母很不高兴，因此祖父给我吃的时候，叫我不要给姑母看见；我常一面吃，一面提心吊胆，只要一听见脚步声，心中就惊慌起来了。如此经过一个时期，就引起了一种怪病，近午时面颊和双眼发红，心中异常烦躁不安，到处问人"要紧不要紧"；又要人在旁边报数目，从一到十，声音要

不高不低不快不慢才行，否则心中就不得安定。如此者
经过数月，才被中医用"羚羊角"剂治愈了。此后不久
又续发呼吸困难症，经过数月，不药而愈（似是"神经
性"的）。

我才明白，父亲的病看来不关血缘之事，而是环境造成的。
父亲6岁（1913年）就由先曾祖亲授《诗经》，7岁（1914年）续读
《诗经》，但欧战起，日本人将趁机进攻青岛，先曾祖携眷避居
上海，这是我家常住上海之始。先曾祖于这一年故世。

先曾祖十分宠爱父亲，他的逝世又激起父亲发作神经过敏型
的死亡恐惧症。

先曾祖逝世后，童家家政由先庶曾祖母张氏主持。先庶曾祖
母是位精明能干的女人，对父亲亦异常宠爱，经常亲自给父亲洗
澡，怕父亲夜间受寒，冬日里给他穿小棉袄睡觉，父亲在她的卵
翼下仍过着无忧无虑的生活。8岁（1915年）开始读新式童话，
很喜欢。到这时父亲生活中才吹入一缕寓含现代知识的微风。同
年，先庶曾祖母携全家迁居苏州，父亲受业于先祖父的先生俞穆
卿，读完《诗经》。接着苏州兵乱，全家又迁回上海。9岁（1916
年）时继续受业于俞穆卿，读《幼学》。这年起经常看京剧，遂
成爱好。父亲看京剧爱看武打戏，而且会在家中与兄弟们仿效武
打戏"舞枪弄棒"，对武打戏的钟爱伴其终身。记得在青岛时，
父亲带我去看京戏，看的什么剧目已忘却，唯一深刻的印象是那
震撼心魄的锣鼓声及在紧锣密鼓声中令人晕眩的跟斗和目不暇接
的刀光剑影，实在令我受不了。此后，我坚决拒绝跟他去看戏，
也从此对京剧极为反感，以至梅兰芳到济南，戏票送上门也拒绝
去看。10岁（1917年），由王姓先生授《左传》，非常喜欢，常
常模仿书中人行事。父亲1962年给我讲《左传》时，仍颇投入，

尤其津津乐道战争场面。爱看武打戏，爱那热闹、震撼，欣赏《左传》中之争斗场景，与父亲平时在书斋中沉静潜心于学问的情景反差太大，也许这是他易激动甚而冲动的那部分内在心理因素的外现吧。

11岁（1918）年，继续受业于王先生，读《左传》及高级小学历史教科书。在我国新式学堂开设了20余年后，父亲才在家中接触到新式教育的教科书，其生活之闭塞可想而知。这年他开始作文，读旧小说，最喜欢的是《说岳全传》。12岁（1919年），正当五四运动风起云涌，知识青年追求科学与民主，带动全国人民为中华民族雪耻而浴血奋斗时，父亲仍在封闭的家庭中跟一位苏姓先生读《左传》、《礼记》、《过庭笔记》、《纲鉴易知录》等书。至13岁（1920年）才进了环球小学二年级，但不久又辍学回家跟先祖父读书，并受业于马先生读《礼记》、《四书》，同时读大量旧小说。所不同的是，这时先祖父大约已意识到对父亲的教育方式有问题，故正式延师教授父亲学英文。这一年先祖父娶了第一位姨太太，名杨芸卿，家庭也随之出现不和。父亲神经极为脆弱，生活略有波动即会有所反映，这年他第二次犯了轻微的强迫观念症。他在《精神病与心理卫生》一书中以自己为例，用第三人称写道："他的精神日渐紧张，就为恐惧情绪所袭击，而出现一种'怪病'……后来他因发生了搜集小说的兴趣，终日想购求小说。心思有所寄托，病才轻减下去，但并不曾断根。"14岁（1921年）时，父亲仍被关在家中从业于张是公，读《书经》、《易经》、《仪礼》、《古文笔法百篇》、《唐诗三百首》等，同时开始学作诗，跟陈蓉箴学英文。15岁（1922年），一方面跟陈蓉箴学英文，另一方面仍跟张是公学《易经》、《仪礼》、《尔雅》、《孝经》、《孙子》、《唐诗》，又读《古诗源》、《周礼》、《公羊传》、《谷梁传》、《老子》及中外史书。同时作诗，开始阅画帖。此年，先祖父又娶了一房姨太太，名陈惠卿。先祖母林贞卿是世家之女，又是正妻，但性格懦弱，对刚愎专制之先祖父虽有不满却完全无可奈何，所以先祖父接二连三娶姨太太，家庭纷乱日盛。不过，此时父亲在先庶曾祖母庇护下，虽身处如此糟糕的家庭环境，却基本处于浑然不知的状态，一味读书、作诗、学画，过着旧式世家子弟的生活。至16岁（1923年）时，父亲安静的生活终于被打破，先祖父逼他到先祖父所开办的会计师事务所作练习生。对父亲而言，一向不知钱为何物，也从不会算计，一下子被迫学那与本性格格不入的会计，是十分痛苦之事，但他也不敢反抗先祖父，只得一面敷衍，一面仍作诗、学画。到17岁（1924年）时，居然能掌握先祖父会计事务所之会计业务，但他仍深恶此行，暗中学画，主要学戴醇士、王石谷画法，同时大量翻阅画帖、画书，其绘画知识日丰。至18岁（1925年），不知是先祖父意识到父亲拙于经营的本性，还是身处上海商界，认识到英文的重要，竟将父亲送入圣舫济英文专修学校第八班学习，课后让父亲跟缪谷瑛学画。大约

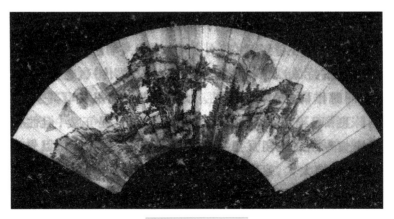

图1　父亲所画的扇面

父亲命中注定不能系统接受新式学堂教育，他刚进新式学堂，正逢"五卅"运动，上海各校停课声援工人大罢工，父亲又患了严重的猩红热，在家治疗。不过，第二学期他仍升入七班，同时从缪谷瑛等人学画。19岁（1926年），升入六班学习，但由于身体太虚弱，于暑假后终于辍学，此后专心学画。他的旧学业师张是公介绍他跟从王季欢学画。

王季欢，名修，字季欢，号杨弁，又号云蓝，祖籍浙江长兴，1898年生，1936年卒，终年39岁。王季欢是位经历颇具传奇色彩的人物。他出身官宦世家，数代嗜书成癖，长兴故居仁寿堂为其家藏书楼，收藏极丰且多善本。至王季欢时，更于京、沪、杭广为搜寻，再建诒庄楼藏之。其于书画印造诣皆深，18岁时已刻印四百方，自辑成书。因其旧学根柢极深，阅书既多，于画理、画论常有出人意外之见。又喜广交朋友，热心古籍善本及书画交流。与性喜诗画之夫人温匋伉俪情深，本可以安乐自适之名士身份安度一生，却又屡遭不幸。1927年因其家之印刷所印了"打倒新军阀蒋介石"之传单，被国民党追捕，不得不亡命日本。1930年，温匋夫人难产而逝，王季欢从此鳏居，悼亡抚幼，境甚凄凉。1931年，因深夜秉烛寻书，不慎失火，仁寿堂藏书尽付一炬，王季欢痛不欲生，自杀未遂，此后即寄寓杭州。20世纪80年代我至上海，叶笑雪带我去拜见师叔祖唐云，唐云为杭州人，原上海画院院长。他是王季欢之同门师弟，却略小于我父亲，性亦旷达、健谈，颇具名士风度，原与父亲最为相得，父亲在《赠承名世君》一文中写到唐云，其文有："沉溺风雅，罔知声利，淡泊明志，卓立而不拔，自古罕其人，余于今世得二士焉。钱塘唐云侠尘，与余交几十年，所谈无非风雅事。每至其家，辄见其埋首作画，解衣磅礴，纵横如意，或挥洒高歌，手执卷而目观画，客来如不见。其振奇拔俗，虽古名士无以远过。"此次拜见适逢盛暑，唐云体胖，饭后袒胸露腹，倚卧沙发中谈天，其谈锋极健，尤将王季欢居杭时，恰邻军医院，竟会大啖人肉且以此请唐云之事谈得绘声绘色。王季欢性本旷达，于此可窥。但现实生活却再一次给他致命打击，1936年4月，寓所墙坍，王季欢一儿一女不幸被压身亡，久病之王季欢再也承受不了这一打击，不久即逝。他与夫人之灵柩，同毁于1937年7月被日军入侵后纵火焚烧之长兴城。

1926年为父亲授画时，王季欢之一切不幸尚未发生，授课时兴致甚高，父亲随之学画，得益匪浅，《云蓝画鹰》即为父亲记王季欢之画论与自己体会对照之作。王季欢又介绍胡佩衡函授教父亲学画。父亲说过，他的画号称学沈石田，实则学胡佩衡，直至1949年后，父亲与胡佩衡还有书信往来。胡佩衡曾将王季欢送他的一幅名为《石魂》之画转送父亲以资纪念，画石为王季欢一绝，胡佩衡割爱情深于此可见。

丙寅年十一月初九（1926年12月13日）父亲以"丕绳"之名在王季欢主办的《鼎脔周刊》上发表《怡怡斋论画》短文，这应是他发表的第一篇文章，此时他尚未满20岁，且仍封闭在旧式家庭中。

20岁（1927年）时，童家家道衰落之象渐露，父亲仍在家读古文、作画，对云集于头上之乌云和即将炸响的惊雷浑然无知。

复杂、矛盾的个性心理之形成

20年封闭式的生活、求知方式，已在父亲的个性、心理中打上了深深的烙印，此后生活、治学时发生的种种事情，其主观因

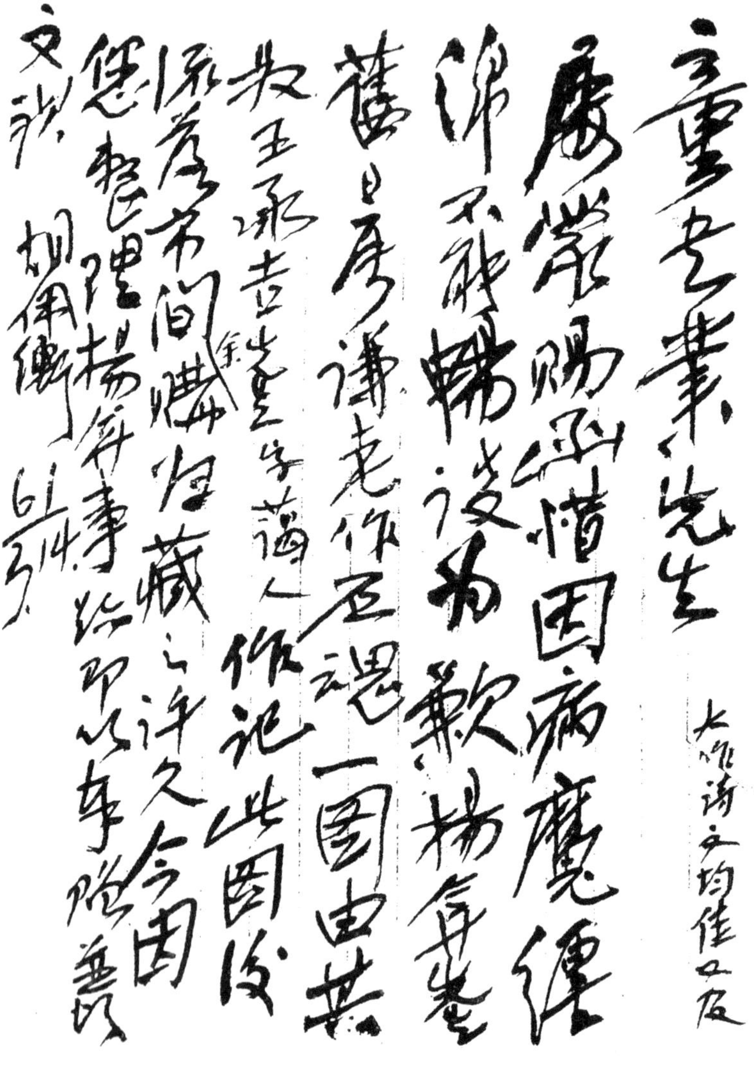

童书业先生

顷蒙赐示惜困病魔缠

绵不我畅读为歉扬年毫

旧日屡承老作互赠一回由共

牧王承志鉴录此回后

记述市间典归藏许久今因

您经理扬年事经以车赊费

文祺

胡佩衡 61.3.14.

大作诗文均佳之友

图 2　胡佩衡信件手迹

素均可由此窥测、解析。20年闭门专心致志地读传统经典，使他养就了极其深厚的传统学养。他自称治甲、乙二部，于甲、乙二部之主要经典皆熟读于胸。实则其学养远不止甲、乙二部，他会吟诗词、作古文，多阅画帖、画书，从名家学画，可谓经史子集皆涉猎，这是他以后学问精进，而且每进入一领域即会在此领域做出令世人瞩目成就的基础。

他的超常的记忆力在此时已经显露且一直保持至逝世。十三经中除《公羊》、《穀梁》、《周礼》、《孝经》为泛读之书，不甚深记外，其余经典皆能背诵如流。史念海忆及在北平禹贡学会时，与父亲同赴张国淦（石公）家宴，席中石老偶然问起《尚书》中某几个字（具体字，史念海已忘却），父亲马上说，书中共有若干，接着又举出某篇有几个，在哪一句中，说得完全正确，举座皆惊。山东大学历史系教授韩连琪听到父亲超常记忆力的诸多传闻，不甚相信，与父亲打赌。他于十三经中任翻一篇，读一句，父亲就接着背下去。徐鸿修1960年毕业时，留校分配给父亲作助手，他不信父亲年过半百还能像以前一样背书，于是借请教为名，试探于父亲，他指说《禹贡》，父亲就背《禹贡》，指说《泰誓》，就背《泰誓》。他辅助父亲工作时，碰到难字，要查字典，翻开《辞海》部首索引，只要念到某部，父亲马上就会说出页码。徐鸿修还回忆1983年在中国先秦史年会上，听到刘惠荪（刘鹗之孙）与友人闲聊，回忆父亲在禹贡学会任编辑时，写文章喜欢在夜间，写作时一气呵成，从不查书，引用史料全凭记忆，第二天起床后才复核原书，很少有错。只有一次听到他喊："糟糕，错了两个字。" 冯其庸1947年在上海无锡国专读书，他在一篇访谈录中提到他听过父亲的秦汉史课，他说："童书业先生只带一口袋粉笔……他讲课时左边一个学生，右边一个学生，在他前面给他记录，他随口讲随时拿起粉笔写，所引古书都是他拿粉笔写出来的，记忆力让人佩服。"1942年开明书店出版的父亲所著《中国疆域沿革略》就是由方闻士、张芝联在光华大学听课记录整理而成的。1962年我考入山东大学历史系，父亲一贯主张治哪段史，一定要把此段历史以前的典籍全部看过，其中几部尚需精读。考虑到我自幼体弱多病，不宜涉猎过广，春秋史典籍集中，又是他的强项，所以主张我治春秋史，自1962年起，在家为我讲《左传》。父亲特意上古旧书店为我选购了一部晋杜预注、唐孔颖达疏木刻本袖珍型《左传》。我们休息时的游戏就是我随手翻一页，念一句，他接着背下去。50年代初，先任山东大学校委会主任、后任山东大学校长的华岗，是当时共产党内少数的学者型的高级干部，他领导山东大学时，一面主持校务，一面著书立说，还给全校教职工讲社会发展史和辩证唯物主义与历史唯物主义。父亲曾在他面前背诵《苏联共产党党史》第四章第二节，获得华岗的赏识，曾请父亲到不与山东大学本部在一处的山东大学医学院传达他的政治报告，父亲平时听报告很少记录，在医学院传达时竟能几乎一字不漏地复述，当时哄动全山东大学，至今仍传为美谈。

父亲的博闻强记本领确实到了惊世骇俗的程度，不仅幼时背熟之书始终能背诵如流，就是新书，看过一遍，不做笔记，就能说出全书要点，看过几遍就能背诵。如恩格斯的《家庭、私有制和国家的起源》，他就能大段大段地背诵。唯其如此，他终身少有日记、笔记等文字材料。

父亲记忆力超常，诚然有先天因素，但也与他读书、治学皆心无旁骛、专心致志分不开。他自幼专心背书，这就是所谓"童子功"吧；从事史学研究后专注于学问，当时青岛的冬天是在房子里生炉子取暖的，父亲书房的炉子上总要烧开水或者煮稀饭，父亲写文章或和人谈学问的时候，水开了、稀饭溢了，他既不动手，也不叫人，完全是视而不见。黄勉堂曾告诉我：有一次父亲在图书馆书库看书，完全忘了下班的时间。等他看完书，已经过了下班时间一个多小时了，后来人们发现图书馆书库的窗口有个瘦老头大声的喊叫，不知道出了什么事，于是都围上去观看打听，闹得沸沸扬扬。但凡与学问无关的事，他都很"拙笨"，父亲记人、记路本领就极差。他到青岛数年，仍记不清路径，却又要看夜戏，有一次看戏出来，走不回家了，只得到附近派出所去问路。父亲一向不修边幅，派出所人不相信他是山东大学教授，打电话问学校，学校派车接他回了家。一次随历史系同人到湛山春游，一个人走散，亦无法回家，也是当地派出所将他送回。这类事越传越走样，最后竟传成童先生在马路上转来转去，被派出所抓去，打电话给山东大学，才知是著名教授云云。至于他不解人情世故更是至逝未变。可见他对书的记忆是他专心致志于学问的结果。

此时，他的伦理观也已形成。他在《学风》第一卷第二期《历史上的好人与坏人》一文中说：

> 好善恶恶，这正是人类天性中的优良部分，我们应当助长它才是。

由此可见他是个善恶分明、扬善斥恶之人。而且在这篇文字中他还着重强调，不可以表面现象、舆论来定人善恶。

父亲学古文、做古文，但这些文字几乎全毁于飘忽不定的生活中，幸存几篇收入《知非集》之《藏余集》。其中有一篇《义利辨》，在文中他用墨家的义利观驳儒家的义利观，进而阐发了自己的义利观。他说：

发一谋，行一事，必期于众有益。苟无益于众，徒成一己之私名，不义之大者也。

至《苏秦论》更直指苏秦为"秦特贪利忘义斗筲之徒耳"，其言辞颇为锋利。在略论合纵缔交至瓦解后，评论道：

秦于其时，不发一言，弃位窜齐。身为人傔，抑何前之隆而后之杀邪。盖秦所以始说六国者，以利不以义，六国之君，狃于利而忘义，其相交也，以利合也，及其离也，以利分也，无信义以持久故也。吾故曰：约从者，苏秦也；散从者，亦苏秦也，虽当时之士等信义于鸿毛，重富贵如彝鼎，皆苏秦之罪也。且秦尝云：贫穷则父母不子，富贵则亲戚畏惧，人生于世，势位富贵，固可勿乎哉。由此以观，秦之志亦可知矣，其约从也，非为六国也，非为天下也，为其一身功名富贵之私耳。吾故曰：秦特贪利忘义斗筲之徒耳，恶得为大丈夫哉。

可见，父亲认为的"大丈夫"，须大义凛然，发一谋、行一事，皆应为大众、为天下而绝不可为一己之私利。

父亲11岁始读旧小说时即非常喜欢《说岳全传》。父亲被颠沛流离、居无定所之生活弄怕了，所以1949年之后，于书籍他仍有两样"怪癖"：一是不买善本书；二是大部分书不上书架，多放在书箱中，大有万一有变即可捆起书箱就走之势。但《说岳全传》却一直是常置案头之书，连我都翻过无数遍，小说中的岳飞向为中国传统伦理观之典范，父亲欣赏、崇敬小说中之岳飞，亦可透露出他的伦理观。

从父亲行事亦可看出他的伦理观，父亲一向坦荡、助人。坦荡，甚至坦荡到天真的地步，这是自幼受先曾祖训导养成的。助人，却不必用"助人为乐"一词，因为在父亲的观念里，别人有困难，他有能力帮助就帮助，在他这是一个自然反应，不会上升到"乐"与"不乐"的感受上去。

在治学中，他会在反驳别人观点的文章中为别人的文章找证据。如发表于1935年11月14日天津《益世报·读书》之《评杨筠如著〈尚书覈诂〉》中就有：

图3 中年时期的父亲（着长衫居中者）

> 杨先生读《尧典》"蛮夷猾夏"为"猾扰"（案：此从俞樾说），此与鄙见异。但鄙人愿为杨先生举一副证，即《尧典》之"猾夏"与"奸宄"对文，"奸宄"在此处并为动词，则"猾夏"或亦为动词。

至于后来到山东大学工作，做副系主任、做教研室主任，更是将助人当作义务、责任。山东大学有人告诉我：父亲一度主张魏晋封建论，他将魏晋封建论的史料、理论根据毫无保留地介绍给山东大学历史系同人，待到他随着对马克思主义经典著作研究的深入，将自己的理解与中国史实相融，创西周为宗法封建制之说。他帮助过的教师仍坚持了魏晋封建论并成为这一学派中之佼佼者。父亲帮助别人开新课更是不遗余力，从编大纲到写讲稿，甚而确定每节课的重点。最可贵的是父亲做这一切时，从不期待回报，哪怕被受帮助者算计，他仍坦然待之。

父亲之悟性与敏感在此时亦渐显露。其对传统经典之敏锐感悟，学诗、学文、学画之成功姑不待言，难得的是，他每接触一样即能领悟一样，若童话、京剧、小说、新式教科书，哪怕他深恶之会计，仍能在一年之内边作诗、阅画边掌握它。由此可见父亲悟性之高，这悟性使他终生能在若干学术领域内精进，达到相当高的造诣。

但是，家庭生活的优裕，先曾祖父、先庶曾祖母的溺爱，亦养成父亲一些终生吃苦的个性。他在《精神病与心理卫生》一书中写道：

> 我过去是不甚能适应社会的人，但我不知道自己为什么不能适应社会。直到最近，我分析人、我心理的结果，才知道其中的一个主要原因，就是知己而不知人。

　　……

　　我从小在家庭里读死书，不知社交为何物。……21
岁结婚后，开始出外服务，在社会上就感不能适应，普
通人看我，总是一个"书呆子"，总有些"神经"，因
为不能适应社会，就渐采取退缩态度，个性"内倾"，
兴趣集中于自我。

　　……

　　别人对我的批评，是"书呆子"的脾气太厉害，就
是说我思想太集中于书本，对于其他事情太不注意，不
明人情世故，缺乏应付人事的本领。这个批评是相当正
确的。也有人说我太"自我主义"，这却是一种病态，
因为畏惧环境的缘故，事事退缩，兴趣集中于自我，
发生幻想。……此外还有许多人说我"怪"。"怪"是
有些"怪"的，不过这"怪"的由来，只是太孩子气的
缘故。别人看我已是中年人了，而且也有相当的知识，
能够教书，能够研究，并能够著书，是个胜过常人的成
人。殊不知我的心理有一部分（多在人情世故方面）和
小孩子还差不多，一个大学教员而有小孩子的脾气，怎
会不"怪"呢?

　　父亲自幼至年老未脱赤子之心，对人情世故惘无所知，却
又必须在现实中生活，于是遇事自己退缩，而依赖他人，长期如
此，养成了依赖性，只要有人可依赖，他就会像小孩一样依赖过
去。生活中依赖他人，固不必说，自小饭来张口，衣来伸手，据
说至20岁尚须先庶曾祖母助其洗澡。婚后被迫离家至南京财政部
任职时，居先外祖父家，每日由仆人叫车，付好车资，车夫拉他
上班。下班叫车回家，仆人在门口接他，付车资给车夫。偶尔自

己付钱叫车回家，家中人即称：姑老爷真能干，能自己叫车回家了。甚至抗战胜利后复员至上海，生活最困难时，他在上海博物馆之起居还是由一位叫文成的工友照顾。1949年之后，我再没与父亲分离过，每日所见即为父亲起床后，保姆张妈已为他打好漱口水、洗脸水，晚上再为他打洗脚水。饭菜也是由母亲烧好，张妈端到他桌上，吃完由张妈收拾桌子。父亲吃菜很挑剔，但也很固定。有趣的是在家他不吃猪肉炒的菜，但吃火腿、蹄膀、脚爪，到了馆子里却什么都吃。这大约都是自幼宠出来的怪习惯。正因为生活自理能力极差，使他失去了许多交流的机会。因为"文革"前学者外出不可能带夫人，所以父亲若外出，学校必须派助教跟随照顾，十分不便。

不过，父亲的依赖成性更突出为与外界打交道时，对人的依赖。20岁之前依赖家庭，20岁以后依赖岳家，乃至每至一地总要依赖一人，王季欢、顾颉刚、吕思勉、杨宽、杨向奎、赵俪生，皆是他生命历程中深深依赖之人。其中王季欢是将其引入社会之人；顾颉刚可谓一直照顾父亲之人；杨宽是父亲依赖而又对其深感内疚之人；吕思勉是宽待父亲一切怪癖之人；杨向奎为介绍父亲入山东大学并共事多年之人。

依赖别人之时，亦有不甚理智之事发生，譬如与赵俪生的关系。据我观察，赵俪生与父亲确有共同之处，如聪明、敏感、颇有名士风度，研究学问专注，有所得能自信地淋漓尽致地表达，不甚顾及他人的感受等等。但也有不同之处，父亲自幼娇惯，性格软弱，自觉不自觉地要依赖于人。在山东大学，自赵俪生夫妇来，父亲就日渐与之接近，谈得非常投机，又同住山东大学合江路宿舍，来往方便，来往频繁到父亲自语谓"一日不见如隔三秋"之境地。但赵俪生有一与父亲绝然不同之处，那就是对于人情世故之道远胜父亲，故对人际之间关系较父亲看得准、主意拿得牢。据他自传上说，他在读大学时曾"走进'左派'的阵营"但是他并不介入组织，他写道："即便当时我仅仅是个18—20岁的青年，我已懂得在介入'组织'这件事上，必须谨慎。"与父亲20岁时之懵然无知绝然不同。赵俪生胆大、非常自信、执着。在自传中他谈到如何在高中一年半时间内自己奋力改变数学差的状况后说："经过第一次考验的成功，使我在一生中多次地凭自己的信心和毅力，一桩事、一桩事地做下去。"在译完苏联小说《孤独》后说："完成这件译述工程，自己对事业的信心和毅力不知不觉又提高了一步。我从此懂得，一个人干一桩事业，不干则已，要干就叫它一定干成。"他的个性极易冲动，爆发猛烈且极具煽动性。所以不少人怕他，也不排除有人恨他。我就曾很怕这位赵伯伯，印象很深的是赵俪生孩子多，一个接一个，最大的女儿与我同年，但生日较我晚。在合江路同住一个宿舍，小孩子总是在一起玩的，一次玩跳房子，她连连输给我，大家吵了一架各自回家。不久，赵俪生带着女儿到我家，对我父母说：童先生、童太太，我给你们叩头了，请你们饶了我女儿吧。弄得我的父母极尴尬。其实，我们小一辈第二天又玩到一起了。赵俪生的火爆脾气可见一斑。但因为他敢说敢做，父亲与他是有不同意见的，特别是对杨向奎的看法不同，尤其是父亲作了历史系副主任后，赵俪生认为父亲是杨向奎私党，言辞就更激烈。父亲却仍离不开他。存在父亲生平档案中的一封写给山东大学组织的信中，父亲自陈几天不见赵俪生，就很难过，非去找他不可，甚至挨他骂，也心甘情愿，根本无法控制自己，简直已达到变态心理的地步。待到赵俪生调兰州大学，父亲竟要与他同去，只因母亲的坚决反对，山东大学组织的反对，才没去成。现在回头看看，在父亲而论，只是敏感、多疑而性格软弱，敏感多疑则易发现"问题"，且把小事看大，看出了"问题"，又无勇气去面对，只有把同样敏感多疑却敢于爆发的赵俪生当作保护神了。赵俪生也确实有这样的表现：他随意对待父亲是可以的，但如果别人随意对待父亲，他却会跳起来。这就产生了母亲所形容的"油不油、面不面"的纠缠不清的关系。

父亲自幼养成的依赖、软弱的性格确实给他后来的生活造成不少麻烦，尤其在动辄以政治论事的极左年代，一些个体气质性的事也要上纲到阶级立场、政治态度。父亲在向组织检讨他与赵俪生的关系时就写道："我过去是拿'变态心理'来解释的，但这样的解释，许多同志都不相信：我现在一再分析，觉得还有两点可以说明：第一，阶级本质相近，我认为赵的阶级本质主要属于封建性的，我的阶级本质也是这样，而且我与他的家庭都本属官僚地主的家庭，彼此都是'少爷'出身，所以气味相投。第二，反动的地主阶级的自高自大，亦即特权思想，我与赵都很浓重，在这一点上，彼此也容易接近。此外如'浪漫性'、'名士气'，我与赵也都有些。在历史系，我感觉只有赵俪生的个性与我最相像，与别人我无法谈得很深入，这些似乎都是我与赵特别接近的原因。"（《生平档案》）然而，父亲检讨到此程度是否已让追问此事的人们所罢休；赵俪生被划为"右派"后，历次运动有无重提父亲与赵俪生的关系，如何提法，这均已是被时间湮没而无法追寻之事了。

父亲的依赖人，如真到了一切软弱、听由人摆布的地步，倒也会省却许多麻烦，因为毕竟还有不少具有传统道德观念的人，看重他的才学，理解他本性的天真，尽可能地关照他。问题出在他自幼娇惯、任性且十分自信，加上患有强迫观念症，将敏感推向神经质的方向。而且在先庶曾祖母去世前，他一直没受过委屈，因而也受不得任何委屈，一旦他认为别人对他评价不公，尤其是对他视为生命的学问、清白评价不公时，他就力争要弄明白、弄清白，于是常常像做学问那样锲而不舍地申辩，结果往往是小事化大。我常常不明白，父亲在做学问时，尤其在考据时，非常明白不同时代有不同的观念、不同的思维方式和行为方式。他可以从毛公鼎的文法判断出毛公鼎是周宣王时代制作的。80年代曾见过一篇文章，记冶金研究所有人从毛公鼎底部刮下一点金属末进行成分分析，判定其为西周后期之作，与父亲结论不谋而合。父亲能对任何一部古籍进行辨伪，常常指认这部书中哪些是真的，哪些是后人窜入的，什么时代的人窜入的，其根据即为这些事在哪个时代可能有，哪个时代不可能出现，不可能如是想。但到了现实生活中，他却始终无法了解他所处的时代，他所处的环境，他自己在这时代、环境中的位置而泰然地处理他所遇到的问题。可以说他20岁之前的经历形成的思维脉络、个人气质和性格使他从未融入现实生活中去。他像鸵鸟把头埋在沙中一样把自己的注意力埋在书中，但一旦一些事触碰到他了，他又很敏感地做出反应。这触碰究竟是有意还是无意，于他会产生什么影响，他其实一无所知，只是很强烈地反应了，此时也像受惊的鸵鸟会飞快逃奔一样，鸵鸟却又是地球上跑得最快的动物之一。所以，父亲的心其实始终封闭在原来的小天地中，单纯得犹如赤子。与他最适应的是衣食不愁，专心做学问，治学之暇游山玩水、吟诗作画、欣赏古器物的士大夫式的生活，但时代和家境都使他一直向往的名士生活成为不可能。于是怀着这种赤子之心的父亲，被无情地抛入一个复杂之极的时代环境：晚清时被列强的欺凌、封建弊端造成家庭与社会的混乱、辛亥革命后的军阀混战、国共内战、日本侵华、胜利后国民党统治时的民不聊生、解放后的历次运动，使拖病弱之躯而怀赤子之心的父亲常处于动荡、困顿、紧张的左冲右突之中。他拼命想适应这变化无常的时代以求生存，却想适应而无法适应；想防范而不会防范；想豁达而不容豁达；

想名士而无法名士，其体味的艰辛困苦实难以常人之心度之。即或随波逐流庸碌一生也已艰难，他却在这炼狱般的环境中，执着地做学问，在文字一再被毁于离乱后，仍留下了现在能找到的若干研究领域的500万字左右的学术成果，内中不乏真知灼见，即便有些被现代考古发现所推翻，有些与现代流行理论相左，但以他那个时代和学术研究状况来考察，仍可清晰地解析出父亲学术上的成就。可以认为，他经历20年封闭后，一下子被抛入社会后所走的人生道路，确如炼狱般的苦难重重，而他在学问上之升华，也确如火中飞升凤凰般的壮观。

第二章

初涉世事

南京供职

父亲21岁（1928年）继续自学。是年与母亲蒋庆芳（詠香）结婚。蒋家是金陵世家，先太外公蒋师辙是前清举人，曾任安徽无为州知州，生前被誉为"石城七子"之一，谅文才必佳，官声亦极佳。据说有一年无为州久旱不雨，先太外公带领当地人设坛祈雨，连跪三日，卒于任上。先外祖父蒋仲翔亦是前清举人，曾与先曾祖父共事，母亲小父亲一岁，隐约听说过是指腹为婚的，可见先曾祖父与先外祖父颇为相投。

先外祖母罗氏，亦为金陵大族。先外祖父母感情极深，双双活至80余岁，相隔一星期先后逝世。

先外祖父家是个大家庭，兄弟五人，另有一妹，嫁安徽张家，张家亦为安徽大姓。张家颇出人才，姨婆生二子一女。长子就是有名报人张友鸾。张友鸾性活跃，才气横溢，自幼聪慧，1921年曾入社会主义青年团，师从李大钊及著名报人邵飘萍，毕生致力于报业。20岁出头时，著名报人成舍我聘其为《世界日报》总编，三日后将其辞退，他愤而写信骂成舍我："狐埋狐搰，反复无常。"成舍我见后不以为忤，反极欣赏其才气、胆识，说："此人非用不可。"此事在报界传为美谈。不过，张友鸾更多的是主办民间报纸，惨淡经营30年，以"不做官，不入官报"为宗旨，却因同情学生运动，反对内战而受国民党迫害。张友鸾报界奇才之名声太响，反致其他方面才气被淹，实则他的古典文学研究造诣亦深，而散文、小说写作之文采更令人瞩目。次子张友鹤，与兄长活跃外露性格相反，东南大学毕业后，自1929年始一直自办《南京晚报》，但更喜静心做学问，校点古典名著，最有名的可谓《聊斋志异》之校点，深受文学界赞赏。女友

图4　父母亲结婚照

鸠却是很早参加共产党，随夫李家桢做地下工作，1949年以后为共产党高级干部。兄妹三人现皆已作古。

先外祖父家五兄弟共组大家庭，他们所生子女皆按出生年月来排定长幼，即旧时代称之为大排行的排列法。我有13位姨妈、8位舅舅。非先外祖父所生姨妈、舅舅情况皆不甚了解，只知大姨善书，三姨善画。先外祖父子女中活下来的有四男三女。大舅基本生活在南京，育有三男二女。二舅大学毕业后，在上海的银行工作，生有四女一子，生计甚艰，举毕生之力将子女皆培养至大学毕业。三舅读的是电讯技术学校，毕业后在《中央日报》任报务员，1949年随报社迁至台湾，后由台湾去美国。小舅是共产党的地下工作者，曾被捕入狱，经营救出狱后，继续做地下工作，娶国民党一高级军官之女为妻，于1948年以做茶叶生意为掩护赴台湾，此后无确实消息；传闻其隐蔽甚深，但"文革"中中央档案泄密，在台被捕牺牲，不知确否，小舅妈后亦携家移居美国。大姨妈与小姨妈嫁陈氏两兄弟，家景甚好，在南京西路（原静安寺路）769弄（原月华里）有两楼两底之居室，有私家汽车。大姨夫抗战胜利后病逝，小姨夫1949年后任中学化学教师，所有这一辈人亦陆续离世。在大陆开放后三舅母曾从美国回上海探亲过，但未能通知到我母亲，故未见面，只听说她给在大陆的亲戚每家留一百美元。我们亦未与在美表亲再续联系。

先外祖父相当开通，母亲出生于1909年，是第二个女儿，那时世家女子最重要的事是裹一双漂亮的小脚。裹小脚是很残酷的，要在骨骼尚柔软之时，硬将四个脚趾弯倒，用带子缠紧使其定型，肯定痛彻心肺。母亲相当任性，每每于晚间将带子解开，第二天被发现后再度裹上，晚上再解，如此反复数次，先外祖父就说算了，故母亲是一双天足，小姨妈也顺理成章地免受缠足之苦。当时女子就读新式学堂还不多见，母亲一直读到初中毕业，这是当时世家大族中少有的现象，这与南京地处长江下游，开放得比较早有很大关系。母亲在开通、宽松的家庭中长大，又接受新式教育，所以对社会的适应能力较父亲强得多。在婚后40年的生命历程中，作为大家闺秀的母亲，受自幼庭训之拘束，固然不会挺身而出以泼辣的姿态保护父亲，但常常会以其通情达理去化解父亲不通人情世故所造成的紧张气氛。孙思白曾对我说过，在他与父亲关系最僵之时，适逢其夫人坐产，母亲很自然地带着送婴儿的礼品前去祝贺，在闲谈中力求缓解紧张关系，孙思白夫妇皆深感动于母亲的得体和通达。

父亲最感激母亲的有两件事：一是在家人都不相信父亲研究历史会成功之时，独有20余岁的母亲相信他，这坚定了父亲治史的决心，在失业的情况下沉心研究学问。二是在最困苦的时候，有人认为父亲是书呆子、没出息，劝母亲离婚，母亲仍坚持与父亲共渡难关。所以父亲对母亲始终是感激的。

婚后，父亲就被先祖父强迫至上海随其工作。但在上海的家庭中亦无法存身。先祖父有几房姨太太，彼此争宠，勾心斗角使家庭纷乱姑且不说，共同的眼中钉自然是正妻，但先祖母虽与她们不和却懦弱无能，争不过也就不想争。于是，父亲就成为他们排斥的对象，因为非常现实的问题是，在一个传统的世宦人家，嫡长子的当然继承权会妨碍姨太太们为自己及自己的孩子攫取童家家产。所以，父亲在上海做着与他本性毫不相投的工作仍逃脱不了被排挤的命运。在1928年底由大庶祖母杨氏的亲戚刘锡堂介绍到南京财政部工作，初属总务司，后调烟酒印花税司，月薪80，居于先外祖父家。在当时，月薪80已经是不错的收入了，生活起居皆有先外祖父家照顾，因此颇有闲暇读书。

随着走出封闭的家庭及先祖父的专制管制，父亲所接触到的新人新书，有力地冲击着敏感的父亲。说来可笑又可怜，在孙中山提出旧三民主义二十三年，重新解释三民主义四年之后，父亲才读到阐述三民主义的书，非常崇拜孙中山，却把孙中山视为能继续孔子道统之人。父亲努力学习三民主义，但直到1949年国民党结束大陆统治，他也没参加国民党任何组织。可见，他从一开始接受的就是三民主义理论，对标榜三民主义的政党活动全不留心。到22岁（1929年）时，才在时隔10年后读到五四新文化运动的新书及以后称之为"国故学"的书，对引导中国新思潮的章太炎、梁启超、胡适、陈独秀等人大感钦佩，自称"思想为之大变"。

在学问的酝酿上，这一年他实际上受着两方面的影响，一方面是读了顾颉刚的《古史辨》，1926年《古史辨》第一册出版后，在学术界掀起轩然大波，到1929年正是争论最激烈之时。顾颉刚的旧学根柢极深，进行的又是古籍、古史之考辨，与父亲所具有的传统学养一拍即合，因此，一读之下即深受影响则毫不足怪。也在此年，父亲又读了郭沫若的《中国古代社会研究》。郭沫若有些考证之精，尤其治甲骨文、金文功夫之深是学界共赏的，但郭沫若的学问还有一个方面是探究社会发展的规律，他的《中国古代社会研究》是他第一部史学名著，不论现在对他书中的观点如何看待，当时他总是试图用唯物史观研究中国的古代历史，寻求中国历史的发展规律。由于郭沫若的文学天赋，他将枯燥的史学著作也写得极为生动，吸引了不少人爱好史学，激发人们去思索中国历史的发展规律，也引发了30年代由《读书杂志》发起的中国社会史的大论战。父亲读郭沫若的《中国古代社会研究》后也受其影响，这应该是他1949年之前就开始研读与马克思主义相关的著作，1949年以后很快接受马克思主义理论，用它去研究中国历史并用相当大的精力致力于中国古史分期等历史理论研究的发轫吧。不过，在1929年之际，父亲更为深信的却是顾颉刚古史辨派的治学方法。

父亲此时也开始结交新式学堂的朋友，他在自编的《简谱》上记有："识金陵大学学生武西山于书肆。"

此时，父亲旧家子弟的习气仍浓郁存在，许多时间用在作画上，而且仿照胡佩衡的《山水入门》等书，写了《学画初步》。

此稿毁于离乱。

父亲初涉世事，即入国民党政府部门，而且是财政部。一个毫不谙人情世故之人却周旋于最讲人际关系的国民党官场，一定不知闹了多少笑话，得罪了多少人。因此，当他沉溺于大量读新旧书籍，写《论语解诂》，又去学西洋画的忙忙碌碌中时，到23岁（1930年）下半年就被财政部借口人事调整，将他列为"另候任用"之人，迫使父亲离职了。

初尝困顿

父亲失业后不得不携母亲和大姐回上海，依靠大家庭生活。好在此时先庶曾祖母尚健在，大家庭人还不敢欺侮得太过分。所以虽然二姐接着出世，父亲仍能读书、作画。不过也不得不努力求职。至1931年的冬季，郑曼青介绍他到当涂县政府任课员，他即前往。到当涂县后未及受职即病倒，又返回上海，此次求职以失败告终。

25岁（1932年）由郑曼青介绍，为帮会中人陈一帆编写《中国秘密党会全史》，杂采手本、小说、正史等书，用小说体写成初稿。父亲研究学问、写作，搜集材料广泛，不拘泥于甲、乙两部，在不经意间已有显现。接着陈一帆就任象山渔业管理局局长，认为父亲下笔很快，就委任父亲作其文牍，父亲随陈一帆到象山。这是父亲第一次孤身外出就职，既无童家、亦无蒋家人照顾，生活上肯定一塌糊涂，父亲以不修边幅出名，大约就从此时开始。1998年1月我去拜访承名世，承名世中风数载，许多事已记不起了，但对初次见父亲时的印象仍极深。承名世家境清寒，以致不能入学读书，但有艺术才华，在常州拜师学画，颇有所成。1942年父亲路过常州，由蒋克钧介绍认识承名世。承名世的印象是父亲穿着破旧，头发蓬乱，他的母亲以为见着一位……讲到这里，大约怕我难堪，承名世顿住了。其实，我早已从不同人的口中听到以不同语言讲述父亲的不修边幅。如他的助手徐鸿修在《敬佩从欢笑中开始——回忆童书业先生》中写他见到父亲的第一印象中有：

> 大约几个月没有理发，须发长而且乱。身穿一套旧中山装，脚着力士鞋，一只裤脚还挽到脚踝上面。

冯其庸在访谈录中也说，当时走进课堂的父亲"穿着长褂子，里面的褂子比外面的长，外面的褂子短了一大截他都不在乎。"

甚至有人说父亲从不洗澡。我与父亲从1949年起，一起生活了20年，我知道父亲是不修边幅的，而且有些"怪癖"，如从不带手表、手帕，这是因为他精神专注于学问，不及旁骛，大约过去带了就遗失，索性不带。怕疼，所以漱口而不刷牙。怕脏，所以擦身而不坐浴盆。生活长期困顿，在精神上造成永久的创伤，哪怕是1949年以后有了稳定而较高的收入，他这从不过问家事的人，却一定要看到母亲为他备好一套新装存箱中，他才肯换下旧装将原存的新装穿上。这已是强迫观念症的症状了。对父亲这样的人，陈一帆怎能理解？陈一帆做了官，小人得志，对父亲的不修边幅、不通人情世故经常横加凌辱，这是父亲绝对忍受不了的，于是很快辞职再返上海。受此挫折，心境极差，这年父亲读书、作画都较少，只是用映模法临摹了几幅古画。至1933年又定下心来读书、作画，并写有《礼记考》、《虞书疏证》（两文皆不存），他在《简谱》中自称：

> 从是时起余治经史渐取古史辨派门径，以顾颉刚先
> 生为私淑之师。

杭州求职

1934年春，先庶曾祖母过世。父亲在大家庭中最后的依靠倾
倒了，纷争频乱的大家庭抛掉了最后的面纱，肆无忌惮地表露出
他们对父亲排挤的面目，先祖父公开出面强令父亲自谋生路。父
亲于无奈中怀揣5元钱到杭州投靠学画之师王季欢。此时的王季欢
已频受命运的打击，一年之中，做事时少，缠绵于病榻时多，但
他仍接待了父亲。

父亲居于王季欢家，将作好之《虞书疏证》稿寄顾颉刚，表
示愿追随为弟子。在王季欢的指导下，撰写《版本述》，以王季
欢之名发表于《浙江图书馆馆刊》。文中言简意赅地历数中国版
本之源流。其旨要如父亲在文章开头所述：

> 求简略又冀毋疏漏，挈领提纲，析刻版与活字为两
> 类，不作骛远之辞，不受无稽之惑，言唐以来之大概，
> 影抄影印，原所自出，义不能删，纸墨行款装制，虽格
> 于专言版本，连类而及，势难逃免，况斯篇献等曝芹，
> 非所以言撰述乎？

以几千字的篇幅，从唐的雕板印刷直写至北平、南京图书馆

30年代集辑之影印，旁及日本、朝鲜之活字版本，并说明不言越南之故，真可谓"简略"而"毋疏漏"了。

至1934年夏，王季欢介绍父亲入浙江图书馆所属印刷厂任校对员，月薪只有15元。父亲严谨之个性与校对工作颇为适应，这项工作虽为时不长，但对父亲此后做学问、写文章，于校勘上之细心还是很有帮助的。史念海曾说过，他比父亲年轻，在《禹贡》时写文章，往往是他作初校，父亲帮他作二校、三校。有一次"豫州"之"豫"字印成"矛"字旁，他没校出，是父亲代他校出的，此后还时时以此作例提醒他。史学通也告诉我，他校对《中国瓷器史论丛》时隔了一行没校，父亲很严肃地向他指了出来，这对他此后校对任何文字时都一丝不苟很起作用，他也以此要求他的学生。父亲于校对之用心，随处可见，打开他亲手整理的书箱，多本已发表之作，都是再校对后才保存的。这细心校对的习惯，可谓性格使然、学风使然，却也不可否认与校对员之经历有关。

在浙江图书馆父亲遇到一位不计较他的外在表现而赏识他的才气、热忱帮助他的好人夏定域。夏定域原名廷棫，字朴山，浙江富阳人，生于1902年，卒于1979年，先后任浙江图书馆编纂、浙江大学教授（抗战期间）、浙江图书馆研究员、推广部主任、阅览部主任、古籍部主任。尽毕生精力潜心于版本学、目录学及明清史料的搜集、校勘、研究，于南明史尤有心得。令人敬佩的是夏定域在抗战期间奋力承担护送、保管文澜阁《四库全书》及浙图特藏书之重任，历尽艰辛辗转万余里，将《四库全书》护送至贵阳，抗战胜利后完璧归杭州，在保存传统文化事业中作了件功德无量之义举。此后，整理古籍、编纂善本书目录始终是他科研的一个重要部分。父亲在浙江图书馆工作时，夏定域将父亲所写文章发表在当时颇有名气的《浙江图书馆馆刊》上，直到父亲离开后，文章仍能在馆刊上发表。做校对员的薪水是无法维持四口之家的生活的，于是夏定域又介绍父亲到杭州惠兴女子中学（现在为杭州惠兴中学）替干人俊代课，教三年级外国史，父亲在《简谱》中写道：

> 是为余教学之始，亦为余教外国史之始。

一直封闭于中国传统文化中，后又以中国史研究闻名于世的父亲竟以教外国史作为其教书生涯的始点，真可谓造化弄人。但有了这份兼职，父亲之月收入逐渐上升到40元左右。40元左右的收入在抗战前已可从容生活了，所以父亲又可以专心做学问了。

学术发轫

《版本述》虽为父亲发表的第一篇长文，但毕竟是以王季欢的名字发表的。父亲在学术上引起学界的注意，恐怕要算1934年12月发表于《浙江图书馆馆刊》第三卷第六期的《评顾著〈尚书研究讲义〉第一册》了。父亲对顾颉刚极为敬佩，但一涉及学问就率然直言了，诚如亚里士多德所言："吾爱吾师，吾尤爱真理。"文章开头即言：

> 余固私淑顾先生者，读是书初则疑焉，继乃深服，更进则觉顾书尚有未尽之点，夫顾先生此书本为草创之讲义，自亦屡言尚待讨论修改，余既有异见，不容缄默，爰草是篇，用资商榷。

顾颉刚认为《尚书·尧典》全为汉武帝时作品。父亲用极简练的语言将顾颉刚之《尚书讲义》第一册归纳为10条48要点，然后用古籍旁征博引，反驳顾颉刚并提出自己的看法：今本《尧典》为"战国中世人先造其一部分，而西汉人足成之也"。父亲不仅用大量古籍反驳顾颉刚的结论，甚而直指顾颉刚对《尧典》本子之评介亦为"凿空"之言：

> 最后吾人将再补论《尧典》之本子问题焉。《尧典》之本子，除今本及伪孔三本外，顾先生谓尚有四本，吾人今除承认战国一本外（但吾人所认之战国《尧典》，与顾先生所认之战国《尧典》之内容不同），余三者顾说似皆不免凿空。

这是父亲在杭州初次见顾颉刚时，将曾寄给顾颉刚的《虞书疏证》草稿呈顾颉刚，顾颉刚将《尚书讲义》第一册送父亲后写的一篇文章。顾颉刚此时是成名已久的古史辨派领袖，父亲却是一个还没出茅庐的小小校对员，身份悬殊，与这篇不论内容还是语气上都毫不客气的文章反差太大，因而引发了一个流传颇广的"轶闻"，说是父亲很敬仰顾颉刚，但身份悬殊，无缘接近，王季欢给父亲出了一个主意，要父亲注意顾颉刚发表的文章，他出一篇，父亲就驳一篇，定能引起顾颉刚的注意。后来果然以反驳顾颉刚著作而引起顾颉刚的注意，到杭州奔母丧时亲访父亲。这纯然是空穴来风之言。事实是这年春天父亲寄《虞书疏证》，顾颉刚就已经惊讶于一个校对员竟能作出如此文章，待顾颉刚8月20日奔母丧至杭州时，其8月28日日记就记有"童书业来"，父亲是由夏定域陪同先访顾颉刚的，顾颉刚9月2日奉柩回苏州，18日返杭后，多次见到父亲。9月23日、10月6日、10月14日日记都有记录。除见面外，在杭期间还两次写信给父亲，彼此商定父亲赴北平之事。顾颉刚在杭州应酬极忙，却仍频频与父亲联络，其爱才之心切确非常人可比。父亲文章发表于是年12月，此时顾颉刚已返北平。父亲写驳论文章向来锋利，这恐怕与其不谙人情世故有关系，而此时正处学术上蓄势待发之状，初生之犊则更为无忌。

至28岁（1935年）时，父亲辞掉校对工作，专在惠兴中学任教，教二、三年级的中国史和国文，这是父亲教中国史和国文的开始。停止校对工作，更有自由支配的时间，因而在《浙江图书馆馆刊》上连续发表文章。《馆刊》第四卷第一期发表《〈国语〉与〈左传〉问题后案》，"后案"者谓前已有人争辩过，父亲略述己意而已。文章开始简述各种意见，然后说：

> 吾作此文，拟与学人共同讨论之问题有二：（一）《国语》与《史记》、《左传》著作时代之先后，（二）《国语》与《左传》是否确非一书。请分四层，以申吾说。

四层之第一层即为"《国语》与《史记》著作时代之先后"：

> 欲明《国语》与《史记》著作时代之先后，应先取《国语》、《史记》中相同之文字比较之，兹取《周语》、《郑语》与《周本纪》相同文字中之异文，列论如左表。

接着列出20条"相同文字中之异文"指出"厉王近荣夷公"、"国人谤王"、"太子静匿召公之家"三事，《史记》与《国语》写的顺序不同，举出若干文字比较后，说：

《史记》叙事为系年体，且为汉以后古史学之权威著作，《国语》若在《史记》后，何必更何敢倒乱《史记》之文乎？至《国语》本为杂记本，《史记》整理之，正其职也。

第二层为"《国语》与《左传》非一书改作"。父亲从古史说之矛盾、纪事之重复、记载之冲突、文法之不同、文体之不类来论证《国语》与《左传》原非一书而二者。又说：

此外，孙海波氏发现《左传》与《国语》相同之文字，《史记》所引者皆为《左传》而非《国语》一节，亦足以证明《左传》与《国语》非一书之分化，更足以证明《国语》与《左传》相同记载中之异文，在《史记》以前，已存在矣。

第三层为"《国语》与《左传》著作时代之先后"，父亲用四件《国语》与《左传》同事不同文之文字，使人看出《国语》之文字繁琐，直率而涩晦；《左传》文字简练、语意委婉而较近当时情势。故得出"据上比论，《国语》成立在《左传》之前"的结论。第四层为"《左传》之原名问题"，父亲以《史记·十二诸侯年表》中自"孔子……论《史记》旧文，兴于鲁，而次春秋"至"上大夫董仲舒推春秋义，颇著文焉"，认定"《史记》只认左氏春秋为各种春秋中之一种。并未明言此书为春秋之传"。

父亲接着于《浙江图书馆馆刊》第四卷第二期发表了《二戴礼记辑于东汉考》，其前言中写道：

业之疑《礼记》，自研今古学始。20年夏，家居尝为《礼记考》，仍沿旧说，以二戴记为二戴所编纂。越数月，渐明旧说之误，乃考检群籍，定今本二戴记为东汉之书。因与友人张治中、武酉山、余直庵诸先生往复函讨，愈觉其说可立。亟思改订前稿，因循人事，迄未果。22年冬，曾集所记札记为《礼记考后记》，以正前谬；草创敷衍，未尽欲言；置之书筬中，聊备参考而已。客岁来杭，发旧筬，得前稿，读之，益觉改订之不容已，乃复检群书，时为札记，迄今岁，又得数十条，爰缀为是篇，就正大雅，如蒙指疵，不胜感幸！

可见此篇亦为引用大量史料排比考辨古籍著作时代之文。

父亲用大量史料排比考辨古籍真实写作时代的方法，是他学术发轫时之特征。此后，父亲的任何领域的文章，哪怕是理论性文章，都是就某个问题，尽可能搜集完备史料，作精审深入的排比、分析，归纳出尽可能符合历史真象的结论。

以上数文，对父亲而言不过小试牛刀。至是年夏，辞惠兴女子中学之教职，至北平为顾颉刚之研究助理时，其积蓄已久的丰厚的传统学术素养，在合适的环境中一泻而出，进入了他学术的黄金时期。

第三章

京华风茂

顾颉刚与古史辨派

　　父亲辞去杭州教职，于1935年6月27日抵北平。作为数代都城的北平，像任何封建城市一样，失去了昔日的政治地位，也就失去了昔日的繁华，在平静中趋于颓败。父亲到北平时，已是军阀混战结束，日寇在山海关外虎视眈眈，北平更显得萧条。但由深厚的文化积淀外化的丰富文物典籍、名胜古迹仍蕴养着一流的学校，吸引着一流的学者。颇具名士风度的父亲以低微的身份进入北平，却有着重温旧梦、如鱼得水的感受，他的潜能将在这块充满传统学养的土地上喷薄而出。

　　父亲抵北平时，顾颉刚亲自到车站迎接，陪他吃饭、洗澡，将他安排在燕京大学附近成府蒋家胡同家中居住。据杨向奎说，当时他也住在顾家，与父亲同受顾颉刚夫人殷履安的照顾。父亲由于拿不出学历证明，无法在北平的大学得到正式教职，只是做顾颉刚的私人助理，每月薪水由顾颉刚从自己的工资中取出数十元给他。抗战前的数十元足以养家，父亲可以全身心地投入学术研究。

　　顾颉刚是史学界的泰斗，亦是父亲生命历程中一位最重要的人物。近年来国内外研究顾颉刚及古史辨派的人越来越多，就生活与治学之详尽而言，莫过于顾潮之《顾颉刚年谱》、《历劫终教志不灰——我的父亲顾颉刚》，顾潮和顾洪合著之《顾颉刚评传》。就学术渊源及成就之总结而言，莫过于刘起釪所著《顾颉刚先生学述》。刘起釪在书中精辟地分析了顾颉刚学术渊源诸因素及其学术成就。若论顾颉刚考辨古史、古籍引发的一场大论战之发展脉络之清晰，当数杨宽自传《历史激流中的动荡和曲折》。尚有若干学界精英从不同方面评论顾颉刚及古史辨派，至

2011年由中华书局出版了全精装的《顾颉刚全集》。

据顾潮于《历劫终教志不灰——我的父亲顾颉刚》一书中介绍顾颉刚于1893年5月8日生于江苏省苏州市悬桥巷顾家花园祖居。顾家是世代书宦人家，曾被康熙誉为"江南第一读书人家"。后家境虽起起伏伏，但书香之气不绝。

顾颉刚的认知过程是非常宽泛而复杂的，有家教，有私塾，有高小、中学、北大等系统的新式教育，参与五四风潮。加以阅览更多的杂书，又迷恋戏剧，还喜欢游历。最为难能可贵的是，他对所见之事皆不迷信，常有独自的见解记于书页或自己装订的本子上，笔又勤，一有想法即记录，故顾潮、顾洪整理的他的读书笔记竟有200册之多。这多方面的知识综合、熔聚成顾颉刚深厚的学术素养，支持他在治史之路上奋进并独树一帜。

我偏居一隅，自忖无资格评论在学界影响至重的顾颉刚及古史辨派。只是开放之后，当西方学术理论涌入中国，在各个领域冲击着中国学术界时，作壁上观的我常常思索一个问题：人们在探寻这渊源那渊源、标榜这新意那新意时，有没有看到或思考过，在全然隔绝、互不相干的时空中，人类思维会有不期而然的相合之处？记得我于90年代初，一时兴起欲写一妇女贞节观的系列论文，后因唐代有台湾人写了，宋代有大陆人写了，明清之贞节观世人皆知，故只写了先秦贞节观就搁笔。当时写到春秋时，因《诗经》、《左传》两书中春秋时民间、贵族的婚姻及与贞节相关观念之资料都较集中，念及1985年给学生上课时讲过中西史学方法论的比较，其中有西方风行一时的历史统计学，一时发痴，用手工方法将《左传》中所提到的有关妇女的记载逐条摘录并与顾颉刚发表的《由烝报等婚姻方式看社会制度的变迁》一文所引《左传》妇女问题的记载相对照，意欲比较一下中外学者收集资料的方式。令我惊讶不已的是除极少数不重要的材料外，

我仔细摘录的材料顾颉刚文中几乎全有。顾颉刚大约没见过有关
历史统计学之介绍，也绝不会用计算机输入《左传》再行统计，
仅在传统学术之力求史料全面的思路支配下搜集资料，却与历史
统计学之统计有异曲同工之妙。又如我1985年闭门写《中国古代
绘画简史》时，因此书要作我在浙江大学所开的《中国古代绘画
史》全校选修课之教材，念及理工科学生历史文化知识较欠缺，
故于每个时期都交待了历史文化氛围及其与当时审美观的关系。
两年后，见到王朝闻所作《中国美术史》总序，言及西方于20世
纪初由德国兴起之艺术史研究方法是将艺术品放入其产生之时代
研究，以写文化通史的方式写艺术史。我赶紧到美院找书看，看
到西方艺术史近期研究著作中仍将此法称为"前卫方法"。当时
惊讶其巧合之余，仅感侥幸而已。但此种种巧合一直潜沉在我的
意识里，总想找出个所以然来。待见到学贯中西之陈寅恪的《金
明馆丛稿》中多次用"暗合"、"冥合"、"冥会"之词，如：

> 平生不解黑格尔（一译"墨格尔"）之哲学，今论
> 此事，不觉与其说暗合，殊可笑也。
> 昔王静安先生论《红楼梦》，其旨与西土亚里士多
> 德之论悲剧，及卢梭之第雄论文暗合。
> 考陶公之新解仍从道教自然说演进而来，与后来道
> 士受佛教禅宗影响所改革之教义不期冥合。

心中疑惑稍解。此次写父亲传记，遍阅我所搜集的父亲遗
文，在尚待整理之考证论著诸文中，有他发表于1936年3月《文澜
学报》第二卷第一期（《文澜学报》由浙江省图书馆创刊于1935
年1月）之《墨翟为印度人说正谬后案》一文，文中赫然写道：

> 中国有诡辩学家，希腊亦有诡辩学者，其之学多相
> 类，此正足征人类思想之相同。

一语足以振聋发聩，令我顿开茅塞，难怪余英时1976年在台北发表《历史与思想》一文中评论清代思想史时会说："无论多少外缘因素皆无法充分地解释知识发展的内在逻辑。"那么深深浸润于数千年传统文化中的顾颉刚，据其自述，受胡适影响仅在演变一点，其日记中亦鲜有阅读西方历史理论的记载，则其学术研究中与西方学术研究相合之处，与其强去挖掘与胡适之关联，不若归之于人类思维的共同规律。当然有共同规律并不能抹煞世界各国、各民族由于种种因素，其自身逐渐积累的文化各具特色，否则，世界如何会如此绚丽多彩。

顾颉刚之学术确有与西方学术演变进程中若干观点并行不悖之处。我手边有友人所赠台湾学者黄进兴所著《历史主义与历史理论》，黄进兴在书中概述了18世纪至20世纪西方史学中历史主义之产生及其演变为历史相对论，乃至历史相对论又被批驳的过程中，各阶段代表人物及其主要观点。略拾几段与顾颉刚学术相较，若介绍威科（Giambattista Vico 1668—1744.）理论所表现的历史主义的特征为：

> 每一时代有其自身的问题，对这些问题的反应，必须视其文化成就的理性层次而定；每一时代有其自身的需要、能力、先念，对这些事情的处理，必须依时代的制度、价值去考虑。（第42页。以下称黄文）

顾颉刚在《汉代学术史略》中淋漓尽致地阐述了汉代儒生、方士如何在"时代的制度、价值"需要下，依其时代"自身的需

要、能力、先念"，造就了汉代的经学。而顾颉刚"层累地造成的古史观"何尝不是五四运动思想解放和反封建的时代需要的产物。

多年来学术界对史料考据的看法抵牾激烈，有将考据奉为神明，终身孜孜以求的；有将考据贬若敝屦，弃之唯恐不及的。一生绝大部分学术精力用于对古史、古籍审定、考辨的顾颉刚也屡屡受如何评价考据争论的困扰，尤其是1949年之后。这问题实则他在《古史辨》第四册序中已明确说过：

> 近年唯物史观风靡一世，就有许多人痛诋我们不站在这个立场上作研究为不当。他人我不知；我自己决不反对唯物史观。我感觉到研究古史年代，人物事迹，书籍真伪，需用于唯物史观的甚少，无宁说这种正是唯物史观者所亟待于校勘和考证学者的借助之为宜；至于研究古代思想及制度时，则我们不该不取唯物史观为其基本观念。唯物史观不是味之素，不必在任何菜内都渗入些。在分工的原则之下，许多学问各有其领域，……他们（指清代学者）的校勘训诂是第一级，我们的考证事实是第二级。等到我们把古书和古史真伪弄清楚，这一层的根柢又打好了，将来从事唯物史观的人要搜集材料时就更方便了，不会得错用了。是则我们的"下学"适以利唯物史观者的"上达"；我们虽不谈史观，何尝阻碍了他们的进行，我们正为他们准备着初步工作的坚实基础呢。（第22—23页）

如此明确区别虽欠辩证，但顾颉刚已自承其所治考据为考辨古史、古籍真伪，且曰只能近真而无法说是绝对真，将此作为史料学的成果供会通者以唯物史观贯通为中国通史。这项辨伪工作确是治史的基础。黄进兴在分析韩培尔（Hempel）的观点时说：

> 传统论者和社会科学家在方法论虽有显著歧异，在程序方面却是意见一致：他们咸谓历史研究必须从资料着手，倚此为据，再作深层的探讨。这种观点的根据是明显的：双方鉴于历史证据的限制，皆认为资料无法与测验命题和衡量程序的预存理念吻合，以致必须先检视资料，方能知晓能够回答什么样的问题。（黄文第225页）

黄进兴还介绍了1936年出生之亚瑟.马威克（Arthur. Marwick）于1970年出版的《历史之本质》，其书第五章中有：

> （作者）一再申明仅是研究史料，并不能构成历史；但是不研究史料，历史根本无从产生。同时，新史料不一定就比老史料来得可靠，也不见得比较逊色。主要在史家自身的运用与研究对象的选择。（黄文第255页）

引到70年代西方著作，从若干例证可以看出中西方学术研究的思维进程确有不期而合之处，顾颉刚正如他自承的那样，是从事史料辨伪一类的学者，而且甘愿为他人研究工作准备近真史料。至于顾颉刚对古史、古籍之考辨是否正确，有待考古发掘之印证和学者的进一步研究。但无论如何，在1923年他提出"层累造就"的古史观，将以神话、传说为正史的伪古史系统揭穿，确实起了振聋发聩的作用，激励一代史学家为追寻中国历史的真象奋进。1949年至今，我国的考古工作、自然科学都有了长足的发展，蒙在中国古代历史上朦胧的面纱逐渐揭开，中华民族在自己的土地上创造自己绵绵不断的文明，从蒙昧走到野蛮，再进入文明，这历史的足印，日渐在黄河流域、长江流域被考古工作者寻出，至于跨入 文明的夏、商、周三代更是物证累累。《史记·五帝本纪》之记载，不论是否有名实相符之实人存在，还是后人将传说整理之结果，都可推定他们会是华夏族逐渐融合时的强有力的酋长们的代称。我们期待从事上古史研究的学者能厘清中国古史之面貌，列出古史演进的纪年。尤其期待古文字学家破译新石器时期陶器口沿上被郭沫若称之为"有文字意味的符号"，它们被近期某些古文字学家称为"陶文"。那样，则可更确切地揭开中国远古史的真象。这些都是二三十年代古史辨派学者难以梦见的，是考古和科学发展使然，时代发展使然。但无论现代考古和自然科学的成果如何使我们日渐清晰地看到中华民族发展的足迹，仍不应否认古史辨派在二三十年代在史学界掀起探究历史真象的热潮，推进历史研究向更深、更广层次的发展的历史功绩。

顾颉刚精力旺盛，活动能力、组织能力极强，其活动范围极广，从某种意义上看顾颉刚，不仅是位学者，还是位社会活动家。从其数十年日记看，其从事社会活动除抗战前及抗战中激于爱国义愤，用很大精力搞通俗读物，进行抗日宣传外，绝大部分的社会活动都是为保证他及他组织起的学术团体、他提携的青年学者的学术研究而为。父亲仅参加顾颉刚的学术工作，余者非其所能。

古史辨派后期中坚

自1935年6月27日至1937年七七事变起，父亲一直在北平。

父亲爱下馆子、爱看戏，当时的北平环境实可得其所哉。但从父亲此段时间的学术成果看，他定无暇顾及他的爱好。父亲在北平只是专心致志做学问。到北平时，他是顾颉刚私人之研究助理，1935年顾颉刚应聘为北平研究院史学研究会历史组主任，7月1日开始办公，即聘吴丰培、张江裁、吴世昌、刘厚滋等任编辑，常惠、许道龄、刘师仪、石兆原等任助理，孙海波、徐文珊、冯家昇、白寿彝、王守真、邝平章、杨向奎、顾廷龙、王振铎、童书业、杨效曾、王育伊等任名誉编辑，父亲至京方3日即忝列名誉编辑，后又聘父亲为禹贡学会名誉编辑，再改为正式编辑。

顾颉刚提携后进一般取如下方法：代其搜集资料；合作论文；代写论文；同意以其名义发表自作之文章。父亲在顾颉刚身边做事也不外这几种形式。在数种形式磨砺中，日渐脱颖而出。

顾颉刚邀父亲本为助其编《尚书学论文集》的，故父亲一到北平即受命代顾颉刚编《尚书通检》，至翌年编成并出版，顾颉刚1936年11月26日日记记有：

> 修改丕绳代作之《尚书通检》序及凡例。

除此之外，父亲还代顾颉刚准备材料，顾颉刚1936年9月24日日记有：

> 到研究院，乘九时车到燕大，预备下午功课，由丕绳准备材料。

1936年8月26日记有：

> 将丕绳、侃燅代作播音稿修改，即寄教育部。

1937年5月12日记有：

> 看丕绳搜集春秋县制材料，并作补充。

1937年6月8日记有：

> 《九州之戎与戎禹》一文，自5月7日始草，至26日
> 草毕，历20天，得万余言，《春秋时代的县》一文，自5月
> 29日始草，至今日毕，历11天，得两万余言。后一文比前一
> 文作得快而且多，以大部分材料已由丕绳代为搜集之故。

对于《春秋时代的县》一文，顾颉刚在若干场合都说此文为
其最得意文章之一。

同时，父亲自至北平即代顾颉刚写其在燕京大学所授春秋史
之讲稿，起草过程中顾颉刚亦不断对此讲稿作修改。1936年9月
15日、18日、28日、11月5日日记中都有修改《春秋史讲义》的记
录。这部讲义即为1941年写就，1946年由开明书店出版的父亲所著
《春秋史》之底本。父亲在《春秋史》序言中将出书经过及书之
体例写得很清楚：

> 这部《春秋史》，原稿本是顾颉刚师在北平燕京、
> 北京两大学所用讲义，当时由我着笔，然宗旨全是秉承
> 顾师的（所以书中议论有与本人不合处）。事变之后，
> 我带着这部讲义避地到安庆，又由安庆带到上海，虽在
> 十分为难的时候，也不曾离开它。去年夏间，接着顾师
> 从成都来的信，命我替齐鲁大学撰写《春秋史》，我当
> 时回信说：“《春秋史讲义》的体裁尚好，当年写时也

曾用过一番力，如把它就此废弃，未免可惜；不如就讲义修改，另撰考证，这样可兼收普及和专门之效。顾师复信同意这一点，不过他说：这书本是你写的，现在我们分处遥远的两地，无从仔细商讨，就用你一人名义出版罢！我即遵命于去冬开始着手修撰，因人事的牵缠，直到今年六月才得勉强竣事：凡原稿缺略处，已大致补充；错误处，也已大致修正；体例次序等也略有变更。虽不能说十分惬意，但总算尽过一番心了（原稿文字有稍嫌繁赘处，因曾经顾师阅定，除必须修改处外，一概仍旧）。

本书分"正文"、"考证"两部分，正文部分约16万言，考证部分预定30万言；正文用叙述体（必要处也参考证），文字以浅显为主，除必不得已处，不引原文。考证部分拟仿崔东壁《考信录》的体例，定名《春秋考信录》（可作为《考信录》的续编看），与正文可分可合。这考证部分的材料已大致搜集完备，正拟着笔，而时局人事都不允许我在短期内完功，只好暂时搁置了。好在正文本是独立成书的，先行出版，亦无不可。

正文中只有第一章有附注，这因第二章以下都另有考证，为免重复起见，所以从略（考证部分既定名为《春秋考信录》，作为崔氏《考信录》的续编，则春秋以上便不必追述，所以只得把这部分的考证附在正文中作注。因本是考证而不是注，故稍嫌繁琐；其用文言文写，也因此故）。我向来主张："凡著通史，每一件大事都应该详其来龙去脉；每一个时代的前后关系，不可割断。"为贯彻这个原则，所以本书以春秋的历史为中心，而附带述及太古至西周（愈前愈略）的历史（第一

章定名为《西周史略》者，以西周史事较详之故）。我
本另撰有《战国史略》一章附在正文的最后，因友人杨
宽正先生（宽）也正在替齐鲁大学撰写《战国史》，体
裁完全和这部《春秋史》相同，可以合成一书，故我把
已写成的《战国史略》和附注约二万余言统统删去，以
免重复。

父亲极为佩服崔东壁，他1936年在北平时即精心搜集和考
订春秋史史料，作成《春秋考信录》。至辗转到上海时，此稿已
不完善，再作搜集工作，遗憾的是1941年以后更为动荡的战乱生
活使父亲花费多年心血所作的《春秋考信录》遗失，《春秋史》
之另一部分终未能与《春秋史》合璧。晚年是作了《春秋左传考
证》，但其考据风格已变，学界终无法见到父亲30年代所作《春
秋考信录》的原貌了。

《春秋史》是一部将极深奥繁复的考证化为极通俗浅显的
白话文写出之作。就在这深入浅出中显示出父亲国学的功底和学
术见解。同时，《春秋史》也深深贯注着父亲治学的"会通"理
念。他在序言中说："我向来主张'凡著通史，每一件大事都应
该详其来龙去脉；每一个时代的前后关系，不可割断。'"确实
整部《春秋史》从纵向而言，大至从太古直至战国的发展变化，
尤其是二百四十二年春秋时期周王朝及各主要封国的经济、政
治、社会、民族关系各方面的发展变化脉络，小至某一具体现象
的缘起、发展、结局，都梳理得清清楚楚。从横向说，对春秋时
期各个阶段的周王朝和各封国，以及各封国与夹杂在封国间或周
边的少数族之间错综复杂关系，此消彼长的势力，乃至各自内部
微妙嬗变，无不一一交待明确。这梳理清晰的纵横交错的网络，
将我国动荡变化最激烈时期之一的春秋时期的各个方面动态地展

示给读者。

吕思勉在此书序言中将《春秋史》的特点和优点作了总结：

> 鄞童君丕绳，笃学好古，于乙部书尤邃。年来专
> 治春秋史，最其所得，成此一编。其体例极谨严，而文
> 字极通俗。征引古书，率多隐括其辞，出以己意，盖今
> 世史家之例然也。其考证所得，著其立说之所以然，
> 与此编相辅而行者，则取崔东壁之书之名以名之，曰
> 《春秋考信录》，其言古事，多据金石刻辞及《诗》、
> 《书》、《左》、《国》中散见之文，而不径用经传说
> 记诸子之成说。大体以金石刻辞证《春秋经》，以经定
> 传，以传正说；于《左氏》，取其纪事，而舍其释经之
> 辞；则其法之可言者也。以余所见，言春秋者，考索之
> 精，去取之慎，盖未有逾于此书者矣。

《春秋史》一版再版，至1989年中国书目出版社出版《中国
历史学四十年》时，李学勤主撰《先秦史》部分，写到春秋史研
究状况时，还说：

> 就专著而言，迄今还没有代替建国前出版的童书业
> 《春秋史》这一部书。

1966年父亲回顾自己学术成果时，曾写道，他在序言中未
曾涉及的一点是，在写这部断代史时已开始用经济史观解释历史
了。《春秋史》中确实有不少地方强调社会存在决定社会意识，
强调经济关系决定社会的一般过程，经济的变化是社会一切变
化的根本原因。如第二章第一个小标题即为《经济是历史的重

心》，开头就写道：

> 无论哪种社会组织，都逃不了被经济状况所决定。"经济是历史的重心"这个原则，是近代东西史家已经证明了的，所以我们要讲社会的情形便不得不先讲经济的情形。

在写到封建社会的瓦解时，说道：

> 封建社会动摇的外在原因——也可以说是摧毁封建社会的原动力——便是产业的发达。铁制耕器与牛耕的发明和农业一般技术的改进，使农村日加开发。同时铁器又使手工业进步。农业的进步又促进了商业的发达。进步的农工商业便提高了人民的地位，使上层阶级格外容易倒塌。到了大夫取得诸侯的地位，武士成了文士，吸收下层阶级的优秀分子，另组成一个社会中最有势力的阶层时，封建社会的命运已大半告终了！

从顾潮所撰《历劫终教志不灰——我的父亲顾颉刚》一书中可以看到，父亲在北平时期是顾颉刚学术活动、社会活动最繁忙的时期，但从顾颉刚日记中可查出记录与父亲交谈、写信、看父亲所作文稿处有70条左右。除上述合作外，更多的是合写文章，往往在交谈时，师生观点颇相投，即由父亲搜集材料，写出初稿，然后由顾颉刚修改成定稿。《禅让传说起于墨家考》、《墨子姓氏辨》、《鲧禹的传说》、《夏史三论》、《汉以前人的世界观与域外交通的故事》等皆如此作成。

顾颉刚周围始终有大批专心治学之学者追随，与顾颉刚向不据后学发明为己有之美德分不开。如1936年发表于国立北平研究院的《史学集刊》第一期之《墨子姓氏辨》，顾颉刚在前言中即说自己在读《墨子》时，在卷端曾写有"伯夷、柳下惠、孔子即代表墨道儒三派思想"之意见。而：

> 数月前，此本为童书业君所见，因前项意见之提示，忽然发现墨子为宋公子目夷之后；时颉刚适撰《禅让传说起于墨家考》一文，即将此说增订收入。近童君尚嫌所论未备，复与颉刚合作此文，以正式的将此问题向学界提出。

1936年《史学集刊》又登《禅让传说起源于墨家考》，顾颉刚在后记中写道：

> 去年童丕绳先生（书业）来平，把这个意见（案：指禅让说由墨家传入儒家）向他提起，他亦具有同心，因托他搜集资料，往返商榷，成此一篇。此文中，如论"明贤良"即是"昭旧族"，禹得天下由于征有苗，荀子承受墨家的影响诸条都是童先生读书的心得，不敢掠美，谨记于此，并志感谢。
>
> 　　　　　　二十五年三月二十日，顾颉刚订于杭州。

> 四月初自杭回平，童先生又给我许多材料，让我补入文里，遂穷六日之力修改一过。其中墨子为宋公子目夷之后一则，切理餍心，足破近人墨子为印度人之妄说，记此志感。
>
> 　　　　　　五月三日又记。

至于《夏史三论》实是1929年顾颉刚写了《启与太康》数千字文后，因事繁而搁置之作：

> 去年童丕绳先生来平，我检出旧稿给他看，他以为不谬，且说他也早有这样的感觉。我说："这好极了，就请你替我完了篇罢！"不料他一动笔就是数万言。我说："这更好了。夏代史本来只是传说的堆积，是我们的力量足以驾驭的材料，不如索性做一部《夏史考》罢！"他为了这件事情，到今足足忙了半年，尚未完工。今值《史学年报》征文，便将属稿略定的三章——《启和五观与三康》、《羿的故事》、《少康中兴辨》——钞出付刊。

此文发表后，引发钱穆与父亲书信来往之讨论及后来吕思勉写《唐虞夏史考》等文章，当时学术界为此着实有点热闹。近人刘起釪因《史记》殷世系之被证实而断定夏世系的可靠，因而认为顾颉刚和父亲"对夏王朝的怀疑是不确的"。未看遍顾颉刚之全部著作，不敢乱评。但看遍了搜集到的父亲的全部考据之作，看到父亲从未否认夏朝的存在，只是说，到了《诗》、《书》时代，"对夏的早世情况已经不大明白了"。发表于1935年之《"帝尧陶唐氏"名号溯源》如是说，在此文中还认为夏商周之前的虞代是墨家加上去的，墨家的虞代是包括尧舜的。文章列举《吕氏春秋·应用篇》以五德始终说述说朝代的更替后，说：

> 这里以黄帝为土德，禹为木德，汤为金德，文王为火德，禹汤文王都是一朝的始王，那么黄帝也就是一朝的始帝了。大约当时已有一派人以五帝——黄帝、颛

项、帝喾、尧、舜——为一线相承的系统，以颛顼、帝喾、尧、舜都是黄帝的子孙（这里黄帝一系比《鲁语》多出一个帝喾），都是虞朝的嗣帝，所以他们都是兴王，但都用不着改德了。

此文的注八还说："有虞大约是个很长的国家"，后面列举一系列古籍来说明此假设。

可见，在写《夏史三论》之前，父亲就没否定夏及夏以前的文化，在写《夏史三论》之后，父亲的文章中更多地谈到黄帝等人，包括禹，都影射着古代著名酋长，更不会否认中国原始文化及夏文化。通观顾颉刚和父亲合著之《夏史三论》，诚然显著存在"层累造成的古史观"理论中明显的今古文学派之自觉为时代政治伪造古史之影响而过分"辨伪"之弱点，但就文字看，他们进行的是对古籍中凿凿有辞的夏朝事迹之真伪，尤其是在当时考古条件之下，文献记载矛盾重重之时，对夏世系某部分怀疑之考辨，并非考证夏代之虚无，亦或整个夏世系之无稽。幸今学界颇关注夏商周史，在国家和考古学家、历史学家、古文字学家大力投入下，谅能早日破译夏世系之谜。只有这样，才不负30年代史家对夏代某些史实之质疑激起的学界对夏代的关注。

在北平的两年时间内，顾颉刚的若干著作皆有父亲之序或跋，如《三皇考序》、《〈潜夫论〉中的五德系统跋》、《九州之戎与戎禹跋》等。父亲与顾颉刚在学术观点上契合处颇多，且能理解顾颉刚之观点并加以补充、阐发。1937年之后的年月里，不论同处一地，还是异地而居，学问之切榷从未间断。当父亲去世，在1972年形势略为宽松时，我曾将父亲遗作《春秋左传考证》第一卷抄稿寄顾颉刚处，请他审定，顾颉刚给我一信，告知将用一年时间为父亲之作进行校勘。同时深为悲哀地说：他原拟

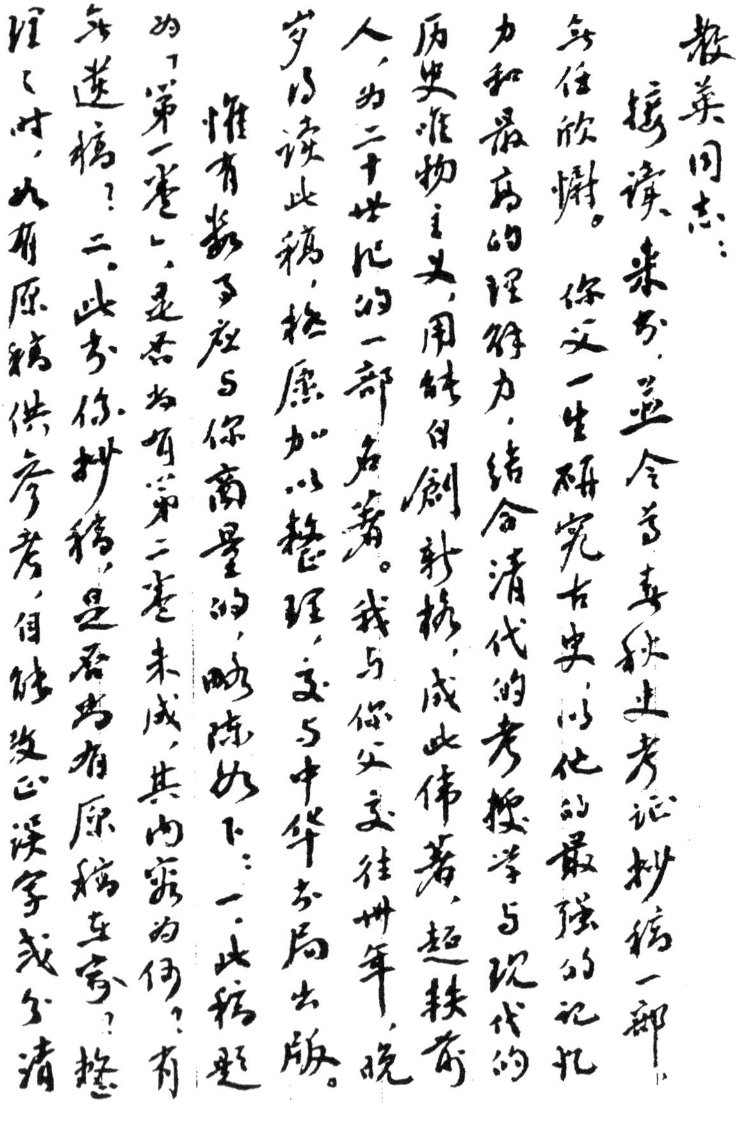

毅美同志：

接读来书，并令尊春秋业考证抄稿一部，不胜欣慰。你父一生研究古史，以他的最强的记忆力和最高的理解力，结合清代的考据学与现代的历史唯物主义，用新的创新格，成此伟著，超轶前人，为二十世纪的一部名著。我与你父交往卅年，晚岁内读此稿，拟原加以整理，交与中华书局出版。

惟有数点与你商量的，胪陈如下：一、此稿题为"第一卷"，是否尚有第二卷未成，其内容如何？有无遗稿？二、此为你抄稿，是否另有原稿在否？整理之时，如有原稿供参考，自能改正误字戈争清

图 5 顾太先生给我的亲笔信函

自己身后之文章请父亲整理，父亲会将他未完篇之作接续完整的。不想现在反倒替父亲看遗文。

正因为父亲考据功力之日益显现，顾颉刚亦日益看重他，命他编辑《古史辨》第七册。父亲在自序中说明了编辑过程：

> 我受顾师的委托，开始担任这册《古史辨》的编著工作，是在民国二十六年的春天。文章刚刚集齐，七七事变便发生了，我与顾师分奔东西，一年逃难，两年教学，把我整个的时间差不多都消磨了。直到去年暑假中，我接得顾师从昆明寄来的信，仍命我继续编著这册书，于是便在这百难的环境中，重新搜集材料，编辑成书，交给开明书店。

由于父亲要与杨宽同去苏北，所以将校阅之事拜托吕思勉。父亲在自序中说：

> 这册《古史辨》有三分之一以上是吕先生独立校阅的，其他三分之二，是我和吕、杨二先生合校的。

这册《古史辨》用杨宽序言之语说：

> 童丕绳先生这《古史辨》第七册的结集，乃是这几年来从事古史学研究者研究夏以前古史传说的总成绩。

出版后在学界的反响是巨大的。时至今日，中国人民大学出版社出版的由马金科、洪京陵编著的《中国近代史学发展叙论》中还说："第七册是对十余年来古史辨活动的总结。"顾颉刚本人对第七册评价亦甚高，他说：

> 这一册的文章讨论得最细，内容也最充实，是十余年来对古史传说批判的一个大结集。这本书分上、中、下三编，上编是古史传说的通论，收了我所著的《战国秦汉人的造伪和辨伪》和杨宽的《中国上古史导论》；中编是三皇五帝考，以我和杨向奎合写的《三皇考》和吕思勉、蒙文通、缪凤林等关于三皇五帝讨论的论文为中心；下编为唐、虞、夏史考，以我与童书业合作的几篇论文和吕思勉、陈梦家、吴其昌等的论文为中心。中下两编从三皇一直讨论到夏桀，当时研究古史的重要文章，基本上都收入了（《我怎样编写古史辨的？》，刊于《古史辨》1981年3月重印版总序）。

父亲在北平的两年中除作顾颉刚私人助理，为顾颉刚搜集材料、编书、合写文章外，还在《浙江图书馆馆刊》、《文澜学报》上发表了《丹朱商均的来源》、《丹朱与獾兜》、《帝尧陶唐氏名号溯源》、《墨翟为印度人说正谬后案》、《〈三统说的演变〉案语》、《"尧舜禅让"说起源的另一推测》、《评卫聚贤〈古史研究第二辑〉》、《董仲舒思想中的墨教成分》（此文以顾颉刚名义发表）；在天津《益世报·读书》发表《评杨筠如著〈尚书覈诂〉》；天津《益世报·史地》发表《读容肇祖先生〈月令的来源考〉质疑》；《北平晨报·学园》发表《道家出于儒家颜回说评议》；《北平晨报·思辨》发表《许行为墨子再传弟子说质疑》；《北平晨报·学园》发表《孙著〈先秦杨朱学派〉评议》；天津《大公报·史地》发表《读缪著〈中国通史纲要〉第一册》，他还用大量古籍排比写成在美术界产生巨大震动的《中国山水画南北分宗说辨伪》发表于《考古社刊》，此刊为容庚等人1934年9月发起的考古学社的社刊。还写了大量历史地理考据文章，受顾颉刚命编辑《禹贡》半月刊《古代地理专号》。以如此大量的考据文章源源而出，若称父亲为古史辨派后期中坚，当不为过。

学术思想和治学方法

学术思想和治学方法应是里表关系，无学术思想作内涵，则无所谓治学，更无"方法"可言；无恰当的、好的方法，亦无法淋漓尽致地表达学术思想，而两者又可互相促进，只是浮现于人们眼前的往往是史家如何治史。

余英时曾说："在现代中国史学的发展过程中，先后曾出现过很多的流派，但其中影响最大的则有两派：第一派可称之为'史料学派'，乃以史料之搜集、整理、考订与辨伪为史学的中心工作；第二派可称之为'史观学派'，乃以系统的观点通释中国史的全程为史学的主要任务。从理论上说，这两派其实各自掌握到了现代史学的一个层面：史料学是史学的下层基础，而史观则是上层建构。没有基础，史学无从开始；没有建构，史学终不算完成。所以史料学与史观根本是相辅相成，合则双美，离则两伤"〔中国大百科全书出版社《台湾学者中国史研究丛书·史学方法与历史解释（下简称'解释'）》之《中国史学的现阶段：反思与展望——〈史学评论〉代发刊辞》第1页〕。父亲的治学大概可归于"合则双美"之伍。1946年11月28日父亲即在上海《东南日报·文史》发表了《"疑古"、"考古"与"释古"》一文，文中非常清晰地表述了他的观点。他认为：

> 近人把研究古史的人分为四派："信古"、"疑古"、"考古"与"释古"，这四派之中，除信古者确自成一派外，其他三派其实并不能算做"派"，只能代表研究古史的三个阶段而已。

> 所谓"疑古"，其真正的精神不限于疑古，凡是不合常情、不合理性的事情都可以用疑古的精神去怀疑。怀疑乃是治任何学问的初步方法，没有怀疑便没有发现、没有进步。"疑古"不过是把怀疑精神应用到古史方面去，乃是治古史的初步方法……

> ……"考古"是发掘新史料，研究新史料，以准备真古史的建设工作，疑古的人需要考古，考古的人也需要疑古，破坏与建设实是一事的两面：破坏伪古史，同时就是建设真古史；建设真古史，也同时就是破坏伪古史。所以"疑古"与"考古"是相需而成的两种工作……

> "疑古"与"考古"还都只是建设真古史的初步工作，真正的建设真古史，还需要经过一个"释古"的阶段。"释古"是根据"疑古"与"考古"的成绩，对古史作一种近情的解释工作。有了解释，再加以证明贯述，真古史便建设起来了。所以"释古"也并不与"疑古"、"考古"相冲突，也是相需而成的工作……

> 无论站在任何立场，抱何种态度去治史，都应该牢守一个原则，这个原则就是求真……

> 无论站在任何立场，抱何种态度去治史，都应该牢守一个方法，那便是科学的治史方法。怎样的治史方

法才是科学的呢？第一是尊重客观事实，每一件史事的史料必须搜集完全，然后加以整理分析，按照其出处排列时代的先后，用最客观的态度，去衡量它的可信的程度，史料的可信的程度衡定之后，其所表示的事实便显露了出来，一个科学的史家对于史料所表示的事实，实当极端尊重，而不应加以曲解，以迁就自己的意见。第二是重视证据，史家研究每一件史事，起初常不易得到结论，所以应根据史料的指示，作种种的假定；假定不就是真理，须得广集可靠的证据去证实它；同时须注意有没有反证，如没有反证而正面证据很多，假定便可改成结论；如有了反证，就须加以细密的研究，看这条反证有没有推翻自己的假定的力量，反证如有力量，便须根据它来修改自己的假定；如反证有疑问，也须证明其可疑之点，而对于自己的假定，并不能就算为结论，只能把它存案，或发表出来，供大众的讨论。

第三是多用"归纳法"而少用"演绎法"

根据上面的理由，所以我们敢断言："疑古"、"考古"与"释古"乃是研究古史的三个阶段，是一件工作的三个方面，并不是三个学派。

至同年12月13日又于《上海益世报》上发表《新汉学与新宋学》阐述他的治史理念。他说的"新汉学"意思是：

五四运动的考证学称为"新汉学"，其异与旧汉学之点，一般人所知道的是：旧汉学不能打破传统的观念，脱不了"经学"的色彩，新汉学能打破传统的观念，完全抱着为学问而学问的态度去治学；旧汉学的范围狭，新汉学的范围广。其为一般人所忽略，而实为新汉学最主要的特色的，是它的批判精神，这实是宋学的遗产而为新汉学所吸收的。

他说的"新宋学"的思是：

所谓"新宋学"运动，是指近来一班喜讲道理的学者的讲道理运动……目前的"新宋学运动"的根柢，当然还很浅薄，它还不曾成为学术的主潮，然而其趋势已很明显，是应用汉学的实证精神来讲道理，这是它与旧宋学不同之点。旧宋学是完全主观的、独断的，而新宋学则是客观的主观的、批判的；旧宋学所发挥的是个人的玄想，而新宋学所发挥的则是依据科学的发现的相对的真理和社会政治的实际情况而产生的理论，旧宋学是宗教化的玄学，新宋学是科学化哲学或思想。

父亲是在他全身心投入史学研究，在此前已发表若干学界认可之作后总结出上两文的，这"疑古"、"考古"与"释古"相结合；"考据"与"理论"相融合的方法贯穿了他治学生涯的始终。

钱穆认为研究中国学术史，"首先注重其心性修养与人群实践，换言之，须从学者本身之实际人生来了解其学术。若漫失了学者其人，即无法深入了悟到其人之学。"（台北三民书局，钱穆《中国历史研究法·序》第72页）。故对父亲学术的了解也离不开父亲的人生轨迹及进入他人生轨迹的各色人等。其学术成果汩汩而出是建筑在他深厚的学术功底之上的，而这学术功底绝非一日而就的。推其考据学源，除自幼熟读古籍，中国传统文化学养在心胸中烂熟已久外，从残留的父亲所作《古文约编序》及《桐城文选序》中可见父亲深受桐城派影响。《古文约编序》中说：

> 昔曾涤生氏欲抄古文五十篇，以为揣摩之资，又极推崇桐城姚氏之学，以为古文正宗。余读方、姚诸君文，信乎举天下之美无以易，而惜抱轩所辑《古文辞类纂》，尤精粹详备。惜其篇帙繁重，学者苦难卒业，久思订为约编，而未得闲。癸未春，余自张渚返皖，家居多暇，乃取姚氏《类纂》选文六十四首，为此约编一卷，以便初学，亦曾氏之意云尔。

在《桐城文选序》中言：

> 余自束发受书，即闻桐城古文之名……岁丁丑，东事起，避地枞阳。枞阳，桐城之名镇而刘才甫先生之故里也。……悉心采访，城乡僻邑无不涉足，得桐城一邑名流所为诗文集几百通，去芜存精，益以县志所载，凡得文六百余首，汇为一集，其闻名天下者犹不预焉。戊寅六月，皖城既陷，余与舍弟柔嘉间道走沪滨，教读之余，复搜采传世桐城名家文集，自姚惜抱以降，更得二十余家，又增以他乡人之为桐城古文有名者三十余家，合前所集得人百四十七，文千七百五十有二，亦可谓集桐城古文之成矣。

惜此二部文集皆毁于战乱，现已无踪可觅。但父亲的桐城派情结是伴其终身的，晚年所作《谈艺随笔》中之文学部分绝大部分为评桐城名家之文，父亲的《谈艺随笔》及其搜集的绘画史、瓷器史资料，亦分类列入中华书局所出版之书中。

皖派治学向来善于在一个个专题范围内对一个较小问题进行十分精深的研究，得出创造性的结论。而桐城派大家文章气势之磅礴、逻辑推理之精密、结构之严谨是早有定评的。父亲的考据文章也是推理严密，论证有力，如他的《郎窑考》和《郎窑再考》，是从各个方面，甚至细微到从《茶余客话》不同版本所言不同处，令人信服地证明郎窑作者是郎廷极而不是郎廷佐，更不是郎世宁，推翻了若干瓷器史文献所载郎窑作者为郎廷佐的已成定论的结论。纵观父亲史籍考证、历史地理、绘画、瓷器等方面的考据文章，都会深为其起疑巧妙、断案周密所折服，更会为其文章之气势所慑服。这与父亲深受桐城派大家影响不无关系。

影响父亲疑古观念最深的一个人物，则是清代的崔述。崔述信经疑古，虽还没走到疑古之极，但从顾颉刚穷十五年之功搜集整理而成的《崔东壁遗书》看，崔述对春秋史之疑，可谓疑之有理，辨之有力。父亲非常推崇崔述，崔述有《上古考信录》、《唐虞考信录》、《夏考信录》、《商考信录》、《丰镐考信录》，父亲亦作《春秋考信录》且欲将此作为崔述《考信录》之续编；崔述有《知非集》，父亲将自己的诗文集亦定名为《知非集》，并将1958年自撰的个人简谱定名为《知非简谱》；而且一度以"童疑"为自己的笔名，可见他对崔述推崇之极。

至1929年读到《古史辨》，父亲以他的敏感性很快接受顾颉刚的"层累地造就古史"的观点和考据方法，其积蓄已久的学识素养便触机而发，喷薄而出了。

值得注意的是，父亲在其学术生命的整个过程中，自己不断创新，同时还不拘于一格、一派，不断兼收并融，40年代他在上海，就吸收海派治学的优点，密切注视学术发展新动向。

黄勉堂在《怀念童书业先生》一文中说：

在新中国建立前，研究我国国学的人在唯物史观外，一般都分属于经派和海派两大营垒。经派是指以绍述清代考据学——乾嘉学派统绪自期的一帮学人，其代表人物为当时北京大学的胡适和南京高等师范学校（后改名东南大学）的柳贻徵（学界称南高派）。海派是指以西方现代科学思想为指导而从事国学研究的一些人如周谷城等。经派的优点是学风笃实严谨，格外重视资料的搜集、考辨和运用，但往往有闭门造车或食古不化等倾向；海派则恰好相反，其学术根底虽不及经派深厚，但却较能密切注视学术的新发展和动态信息，在方法上亦较能冷静权衡，不断改进。童先生是胡适派核心人物之一顾颉刚的门徒，当然属经派成员。但童先生对海派学术也不是一概排斥。经派与海派的主要分歧之一是：在治学道路上如何读书？读哪些书？记得我毕业留校任助教之初，教研室的老先生曾专门开会讨论如何对我进行培养的问题。童先生考虑我在开头的几年的最紧迫任务是准备开课，晋升讲师，主要还不在研究方面。所以，他主张我多读近人论著和《通鉴纪事本末》等二类文献，避免走弯路。而其他的老先生则几无例外地都强调要直接阅读正史或《资治通鉴》等最原始和最可征信的文献。实际上，童先生也不是不主张阅读最原始的文献，他仅只认为后一种阅读可暂缓一些时间，其读书法实际上包容了海派学术的积极成分。因此，童先生的学术思想是宽宏的，确乎存在着一种不主先入和兼容并包的美德。

至于当时在上海并存的西方美学、心理学、精神病学、苏联的巴甫洛夫学说、唯物史观等都在父亲的文章、专著中有所反映。不论与哪种学术观点相融，他都不盲从，而是与自己的学术素养相融合并力求会通，这就使他的学术生命总是生机勃勃，新见迭出。

父亲的上述特征在他以古史辨派门径治史时即已显现。他的30年代中期的考据之作，若《二戴礼记辑于东汉考》、《帝尧陶唐氏名号溯源》、《夏史三论》、《三皇考序》等等，其某时代人因政治需要有意作伪之"层累地造就古史"的观点是非常明显的。如《三皇考序》中说：

> 战国本是个托古改制的时代，一般思想家眼看着当时时势的纷乱和人民的痛苦，大家都要想"拨乱世而反之正"，大家都提出具体的政治主张来救世；然要谋主张的实行，必先要得当时的君主和人民的信仰，这本来只是学说上的问题；但是不幸，我们的先民向来有一种迷信古初的病根，以为无论什么都是愈古愈好，愈古代便愈是治世，愈到近代便愈乱了。这种病根，在我想来，是敬祖主义的流弊，是宗法制度的结晶。战国的思想家本来没有什么历史的观念，又困于这种国民性之下，便不得不编造些谎话出来骗人了。〔《古史辨》第七册（中），第23页〕

但是贯穿于他这时期的考据文章中已有有些传说并非有意作伪，是后世引述者不理解传说的时代，于是去"纠正"了的说法。就在其剥脱有意作伪之典型文章《夏史三论》中就有：

（二）《史记·吴世家》里的少康中兴故事是后人所加入。关于这点，或许有人会说后人为什么不同时把少康中兴等事也加入《夏本纪》和《越世家》及《子胥列传》呢？我们的解释是：改《史记》的人未必是有意作伪。他们已读了改窜过的《左传》，再读《吴世家》，看见所录子胥谏吴王的话太不完全，因替它增补了一下，于是少康中兴的故事便被插入了（这种情形在古书上的例子举不胜举）。但是上下文他们又忘记拿《左传》来校改，因此弄得《史记》之文在一人一段话里既有从《左传》的，又有背《左传》的。〔《古史辨》第七册（下），第263页〕

而且已经提到传说的分化。如《丹朱与獾兜》中有：

综上各证，吾人可决丹朱之即獾兜，二人为一传说之分化。

《夏史三论》中也有：

有仍二女与有虞二姚分明是一传说的分化。〔《古史辨》第七册（下），第202页〕

浇与象更有一传说分化的可能。〔同上，第217页〕

《墨子姓氏辨》中有：

伯夷与目夷让国之事既甚相近，姓又相同，即名亦有一半相同，说为一人传说之分化，固未为武断。

（《童书业史籍考证论集》上，第192页）

父亲在学术研究过程中，逐渐将"累层地造就古史观"与"分化说"融汇贯通，至《古史辨》第七册自序中他明确提出：

> 古史辨有名的贡献是"累层地造成的古史观"，一般人已承认它的价值了，其实这个观念还有应补充的在。因为所谓"累层地造成的古史观"乃是一种积渐造伪的古史观，我们知道：古史传说固然一大部分不可信，但是有意造作古史的人究竟不多，那末古史传说怎样会"累层"起来的呢？我以为这得用分化演变说去补充它。因为古史传说愈分愈多，愈演变愈繁，这繁的多的，哪里去安插呢？于是就"累层"起来了。举个例子来说：春秋以前历史上最高最古的人物是上帝和禹，到了春秋战国间，禹之上又出来了尧舜，这尧舜便是上帝的分化演变，并不是随意假造的。到了战国时，尧舜之上又出来了黄帝、颛顼、帝喾等人，这些人又都是尧舜等的分化演变，也并不是随意伪造的。到了战国的末年，五帝之上又出来了三皇，这三皇的传说又都是黄帝等上帝传说和哲理中的名词的演变分化，也并不是完全伪造的。大约演化出现愈后的人物，他们的地位也便愈高愈古，这便产生了"累层地造成"的现象。所以有了分化说，"累层地造成的古史观"的真实性便越发显著：分化说是累层说的因，累层说则是分化说的果。

"累层说"是顾颉刚首创的；"以为夏以前的古史传说全出于各民族的神话，是自然演变成的，不是什么人在那里有意作伪"（见《古史辨》第七册自序二）是杨宽坚持的。父亲的"累层说"与"分化说"为因果关系的观点是在考辨古史、古籍过程中逐渐明确的。这是他力求将古史、古籍之考辨置于更客观、更科学的基础上努力的结果。

在父亲进行考据时，中国的考古事业尚不发达，因此许多考据不得不依据文献，从传世文献的矛盾处力求揭示近真的历史面貌。但他像若干治学严谨的学者一样主观上是非常重视考古的。只要有甲骨文、金文、地下发掘的器物，他总是尽力地运用。尤其1945年之后，他在上海博物馆工作，有幸接触到馆藏文物，因此更重视考古成果。至今在学界传为美谈的是1948年中，在长长的半年时间里，父亲以《评唐兰先生石鼓文刻于秦灵公三年考》（上海《中央日报·文物周刊》1948年1月7日）、《论石鼓文的时代再质唐兰先生》（同上，1948年3月17日）、《论石鼓文的用字三质唐兰先生》（同上，1948年5月26日）与金石文大师唐兰就石鼓文的年代进行的一场颇为轰动的论战。而文章中除文献外，大量引用的是考古发现的周代铜器铭文。

除上述论战外，从1946年起在《中央日报·文物周刊》上，他还写了因考古发现而作的20余篇考据文章。1947年11月5日他还写了论说性的文章《实物史料与文献史料》，文中列举历代文献中诸如服饰、器用、建筑等之样式、变迁，皆可用考古材料作补充考据之后，作了如下结论：

> 凡是文献上史料不足的东西，都可以从实物上去寻求史料；研究文献的史料是考据，研究实物的史料也何尝不是考据？中国文人的传统习惯，专翻书本，不问实物，实在是要不得的。不过我们同时也要向一班考古家进几句忠告：专翻书本，不问实物，固然不可；但是

专看实物，不翻书本，就凭想像推测，也是同样要不得的。我们必须把文献史料与实物史料配合起来，把二重证据法应用到一般历史上去，才能适应现代世界的史学潮流。

父亲的考古与文献结合进行考据才能得出历史真貌的思想是非常明确的，这观点在1946年7月18日上海《东南日报·文史》上所载《论神话传说之演变质李季先生》一文中已有阐述，不过此文强调的是轻视考古的危险性："我们并不否认：古史传说从神话来，而神话又从人事来，和一部分的神话是由人话转变而成的假定。不过，我们认为从神话里探索人事或人话是进一步的工作——是更艰苦的工作，须得地下有大量的新史料出现才可着手，现时冒险去探索，结果有成为全盘附会的危险的。"可见父亲一贯主张考古与文献史料结合进行考据的。在今日考古发现日新月异、验证手段更科学化之时，父亲这种治学思想应更有益于现在的史学研究了。

由大量遗文可看出父亲在考据中总是尽量利用考古成果，尤其在入博物馆工作后进行的中国瓷器史研究中，更重视地下考古发现。1949年之后他从不间断订阅的杂志，一份是《历史研究》，另一份就是《文物》。

父亲学术研究的另一源头是与接受古史辨派治学方法同时接受的马克思主义理论。非常巧合，也是在1929年，他读到了陈独秀的著作，思想为之大变。1949年上海解放后，父亲在上海博物馆的同事蒋大沂曾说过，父亲修读马克思主义著作20年，大约就是指的这时期读陈独秀著作，接受经济史观。同年"复读郭沫若先生《中国古代社会研究》，亦受其影响"（《简谱》），这是受唯物史观影响之始，亦可视为其治学融合"讲道理"萌发之

渊源。1935年父亲到北平，1936年暑假后进京华美术学院二年级
肄业。这时，上课虽少，但却在父亲闭塞的生活中开了另一个窗
口，由同学李女士介绍认识傅安华，由傅安华介绍认识王宜昌。
这两人，特别是王宜昌，1949年后是被作为"托派"处理的。
"托派"是学习和研究马克思主义理论的派别，父亲从无参加政
治斗争的勇气和能力，但与这些人接触，使原本潜于意识中的唯
物史观治学方法的影响被激发，也反映到学术思想上。他在1936
年才结识傅安华、王宜昌，对社会发展的理论知之不深，且正沉
溺于与其传统学养非常契合的考据中，不可能参加1927年至1937年
中国社会史的大论战。但在他的考据文章中却非常明显地强调考
辨古史事件、古籍真伪，必须放入它们所产生的时代中去考察。
如在《三皇考序》中他就写道：

> 我们知道要研究一个传说的来源，必须首先问明
> 白这一个传说出来的时代和那时代的社会背景，然后观
> 察其历史上的根据和这传说本身演变的经过情形。这样
> 才能把问题彻底解决。〔《古史辨》第七册（中），第
> 22—23页〕

父亲的治学，正是这样在古籍中游刃自如地将一个一个问题
推本溯源，推到哪一个时代，就以那个时代的社会背景及文化特
征进行考查，所以才会从毛公鼎铭文文法考证出它制于周宣王时
代。父亲在1935年至1937年虽然还不是一个唯物史观者，但在他
的论著中，除了注重时代性外，还多有社会发展观念的印痕。在
1935年12月作的《帝尧陶唐氏名号溯源》中说：

> 缙云氏、太皥氏、共工氏等本都是古代部族的名

字，后来渐渐变为古帝号的名字。

1937年3月发表于《文澜学报》第三卷第一期的《"尧舜禅让"说起源的另一推测》中也说：

> 经济史观认为"唐虞的禅让说只是一种氏族社会中王位选举制之粉饰的记载"。

在《读缪著〈中国通史〉第一册》中说：

> 我们以为"母系社会"、"杂交"等的事实古时自曾有过，但感生的神话却绝不足以证明这些，正同图腾主义在古时也必曾行过，而白虎星（案：指薛仁贵为白虎星投世之传说）、大鹏金翅鸟下凡（案：指岳飞为大鹏金翅鸟下凡之传说）等传说绝不能证明它一样。

在《鸟夷》一文中说：

> 考东方民族多以鸟为图腾。

如把"民族"改为"氏族"或"部落"，则可见父亲一直确切承认在夏、商、周之前中华大地上是有许多民族、部族存在的，它们有各自的图腾，历经了由"杂交"至"母系氏族"社会的变迁。

由上可知：父亲的学术渊源是两部分组成的，那就是传统的考据学和马克思主义理论。随着学术研究的深入及地域、时代的变迁，父亲兼收并蓄，由经他的会通思想的引导，水火相济，融汇贯通，形成他自己学术研究的特色。这特色即为1946年时他自己所说的，是将"疑古"、"考古"与"释古"这研究古史的三个阶段融汇贯通，亦是他由"新汉学"进入"新宋学"进程路径的体现。

父亲的学术研究是文献尽量与考古合而观之的考据与理论相贯通的，不过其表现形式，在"亚细亚生产方式"的研究和古史分期的研究中，考据多隐伏于理论中外，其余学术成果皆多为理论隐伏于考据中，只是将考据升华了。以时代顺序纵观他的论著即可清晰看出他学术发展的路径：30年代父亲写了大量的考据文章，从这些文章中可以看出他求真、求实的考据风格。到40年代，尤其是1945年之后在上海，上海向以开时代之风气著称，父亲在学术上更多的受唯物史观的影响，但当时上海以唯物史观治史自承者中，教条主义、武断者比比皆是，父亲对此很不以为然。这反而促使他从理性方面考虑考据方法、考据在治史中的位置和作用。他认为考据是史学研究的基础，是想要写出中国历史发展真貌的通史必须先行的、大量的、细致的工作，没有经考据而出的真实的、客观的史料，就不可能写出真实的、客观的通史。他在《时代思潮与史学》中肯定："史学的研究是需要客观的精神和态度的。"而在《唯物史观者古史观的批判》中开头就说：

　　我们不承认考据家就是史学家，也不承认经过考据的材料就是历史。因为历史是有生命的，不是零零碎碎的一些材料，历史学是整个的，也不是一些零零碎碎的考据。但是如果要做真正的历史研究工作，考据史料的一个阶段是必不可越过的。否则运用了不可靠的史料，筑成了伟大的历史金字塔，这金字塔也是不久就要倒塌而暴露出里面朽腐的木乃伊来的。

又说：

> 要造历史的楼阁，一定要先造成稳固的考据的基础。

在《给李季先生的一封信》中说：

> 我现在依旧承认考据是治史的正当方法之一，依旧承认不经过考据的阶段，历史的真相是无法出现的。

既然将考据置于治学的基础地位，必然会在任何领域的研究中运用它。父亲所进行的考据，不论古史、古籍、历史地理、美术史亦或后期历史理论研究中运用的史料，都力求搜集大量材料，当然包括已有的考古材料及能见到的外国史料，然后进行排比、归纳、分析、推理，在当时所可能的条件下求真。在《给李季先生一封信》中说：

> 我们所用的考据方法，以史料为依据，以假设求证为步骤，而以求真为目的。

在《从石鼓文的问题谈到考据的方法》一文中说：

> 我目前所认为正确的考据方法，是先归纳，后演绎；先假定，后证明的极普通的治学方法。先应有尽有搜集所有的史料，加以分析归纳，得出假定来，然后从各方面观察，看其能否成立，经证明修正后，得到结

论，再根据这结论，作范围内的推论，这样方算尽考据
的能事。

既或是最激烈的持历史相对论的学者贝克（Carl L. Beckei1873—
1945）也承认"历史有两类：一是实质的历史，一是史家的历
史。……这两类历史多多少少是相符合的，史家的用心也就在于
将此种对称性达到真理想的境界。"（黄文第76页）中国的考据
史家，包括父亲，都是想从文献（过去史家的历史）中寻出历史
事实的真象（实质的历史）。父亲以求真心态进行考据时，从一
开始就遵循孤证不立的原则。在《帝尧陶唐氏名号溯源》之注
十七中有：

> 我所以怀疑《孟子》这条也是后人加入的文字者，
> 第一是因为唐虞连，汉以前的书除《论语》外，仅见于
> 此。《孟子》这条有孤证的嫌疑；第二是因为《孟子》
> 书中除这一条外，未见唐虞的代名。
> 晚于《诗》、《书》的是《论语》，《论语》中除
> 极可疑的"唐虞之际"一章（《泰伯篇》）外，也只有
> 夏殷周三代。

在《从石鼓文的问题谈到考据的方法》一文中，父亲对拿
"有某字"和"没某字"来决定器铭的时代的考据方法提出四个
先决条件，其中有两条强调孤证不立：

> （一）根据的材料必须丰富，单文孤证，是不能解
> 决问题的……（四）必须有坚强的旁证，如无坚强的旁
> 证，则至多只能成立假定。

同时，父亲主张对与己有结论相悖的材料亦不可忽视不顾或不予承认。在《给李季先生的一封信》中他写道：

> 我们主张殷商为铜器时代，对于我们"疑古"见解并没有什么帮助，只因这是事实，在求真的目标下，不容我们不作如此主张。

一直到1949年之后，父亲仍坚持其考据求真，证据广泛、孤证不立、与己有结论相悖之史料不弃之主张，给他的学生们、助手们的印象至深。

父亲在1935年至1937年对疑古是相当痴迷的，不仅写了数量惊人的若干领域的考据文章，而且以"童疑"、"疑"为笔名。不过他并没有停留在一个个问题的考证上，也就是说并不以提供"真"或"近真"的历史材料为满足，而是进一步进行研究，用他活跃的、精细的思辨将他所考证的史料演绎出上古史的真貌，他的《春秋史》就是在《春秋考信录》的基础上用浅白的语言写的断代史。此后，父亲的学术研究循此路径精益求精地发展着，他的《中国手工业商业史》可谓五十年代后期的一个典型。中国封建社会一向不重视手工业和商业，故正史中相关史料极少、极零碎，父亲除正史外，又从野史、笔记、小说中搜集、考证史料，理出中国的手工业、商业、城市在中国各历史时期的状貌及相互关系，更阐明前后发展的渊源，成为真实、可信的一部专史。可见父亲的考据是与历史研究交融在一起的，他始终认为考据是研究历史的基础，没有经过考据而得的真实史料就无法建设真古史。

1949年以前父亲的考据活动是自如的，在考据基础上研究历史也是自如的。其天赋的敏感性及上海的社会文化氛围使他在进行考据时更注重理论，更注重对历史和历史事件的研究，这一切是自然进行的。这种自然的发展会不会最终导致父亲成为一个真正用唯物史观研究史学的学者，已是不可推测了。建国后，主观意愿和客观要求都促使他致力于马克思主义历史唯物主义的研究，他倾注大量精力于历史理论的研究和著述，在50年代颇引起国内外学者关注，史学界甚至有人把他划入理论家队伍。此时他对考据持何态度呢？应该说是一如既往。1955年他也参加了对俞平伯《红楼梦》研究的批判，收入作家出版社出版的《〈红楼梦〉问题讨论集》第二集的一篇文章《论考据方法在研究古典文学上的作用和限度》，其中有：

> 在历史和古典文学的研究上，考据的功夫自然是必要的，因为研究历史不能离开史料，研究古典文学也不能离开作品的时代，以及作者的生平等等。要使得我们所讲的历史有正确的史料作根据，要使得我们的文艺批评不脱离时间、空间和社会条件，能揭发作者的真实思想和他作品的价值，就不能完全放弃考据的功夫。

可见他仍认为考据是史学、文学研究的基础。至1962年以后他给我讲治史方法时，还是将史学研究分成低级和高级两个阶段。他说低级阶段，第一是搞通文献学，文献学中最主要的是辨别真伪；第二是建立深厚的古汉语基础；第三是古文字基础；第四是注重研究方法。他认为低级阶段的研究方法就是史料学的方法，属考证范畴，要学会考证必须搜集广泛、完备的材料，然后考订史料真伪，最后考证历史事件的真相。考证的最重要方法一是溯源法，二是校勘法，三是训诂法。高级阶段是熟悉马、恩、列、斯、毛的有关著作；阅读外国学者阐发马列主义理论的论著；做学习理论的札记；把理论与史料结合，与现实结合，为社会服务。

父亲的学生和助手徐鸿修在《敬佩从欢笑中开始——回忆童书业先生》一文中曾写道：

> 据我个人的观察，他心目中的考据依内容的广狭和考证者的水平分为几个不同的档次。考订某人的生卒年代，某件具体史实的细节等等，只是初等的考据。清理某种事物或历史现象的演变脉络，探明它们在不同历史时代的异同之点，为探究它们的演变规律奠定基础，这是中等的考据。探求各种历史现象演变脉络之间的相互关系，从中发现演变的规律，再反过来用它指导历史现象的清理，则是上乘的考据。初等考据只求个别事实之真，上乘考据则要求以此为基础进一步求关联和整体之真。求个别事实之真有普通的抽象思维能力就能做到，求关联和整体之真则须有较强的辩证思维能力。在他看来，三个层次的考据都是必要的，但最可贵的还是上乘考据。

父亲的考据情结一直维系到逝世。父亲晚年的两部考据著作《春秋左传研究》和《美术史札记》是近人所见、所知晓的，但他在逝世前写的不少考据文字生前却未曾面世。谁能想到在1966年12月，他拖着重病衰弱的身体，戴着"反动学术权威"的帽子游街、挨斗、进行惩罚性体力劳动之后，明知不可能发表，竟会重写《二戴礼记辑于东汉考》，其序言曰：

> 余青年时曾著《二戴礼记辑于东汉考》一文，以书

籍未备，见解亦未成熟，虽已发表（前《浙江省图书馆馆刊》四卷二期），怀疚于心甚久，亟思改作，数十年来均以事未果。近以肺疾严重，休养在家，即以修改此文为消遣。

至1967年4月5日，距逝世仅有8个月时间，父亲仍念念不忘考据，写了1200余字之文《考证学的科学规律》，文中写道：

考证学是史学中的一门工具性的科学，它有一定的用处，通过它可以弄清楚历史上的许多事实，作为研究历史的基础。

又说：

我们现在也还需要考证，在必要的时候，一件历史事实弄不清楚，会妨碍我们对这时期某些历史事实的认识。考证学主要是鉴别史料，弄清事实的功夫。

文中还为现代考据学总结出七条规律。还写了一页短文，罗列古史辨派的六点成绩和六点错误，如果考虑到此时正是"文化大革命"极"左"狂潮巅峰时期，父亲还在为考据学作澄清其位置和作用之文，实不能不敬服他治学求真之执着。

父亲从1929年读《古史辨》，大受影响，此后以顾颉刚所创之"累层地造成的古史观"进行古史、古籍之考辨，并将"累层说"建立到"分化说"基础上。在1935年至1937年间，考据成果可谓硕果累累。40年代中期以后，由"新汉学"渐进到"新宋学"，考据中渗入了一定的理论，从考辨古史、古籍中一个个较小问题扩大到对历史事件、历史时期的求真、阐述，1949年以后，即或在以极大精力从事古史分期研究时，其中仍不乏史料考订的真知灼见，既或是对马克思主义著作也会去搜集资料进行"考证"。最典型的是他对"亚细亚生产方式"的研究，在与其他史家论争中，他将不同时期马、恩对"亚细亚"的定义搜集、排比以证明自己的结论。由于他对中外史料的搜集、排比、考辨、求真，使他的古史分期观立于坚实的基础之上。可见，他整个的学术生命始终与考据融合在一起，考据是他在各领域治学的得心应手的工具，也是他学术生命的灵魂，同时他已将考据从单纯事件的求真升华到历史发展面貌的求真。至生命之烛燃至最后时刻，他念念不忘的仍是考据。真可谓春蚕吐丝，至死方休！

禹贡学会

顾颉刚在各大学教授中国上古史，从1931年起涉足古代地理的研究领域，到1934年即达到古代地理研究的高峰。也就在这一年的2月，他与谭其骧商议成立学会，借用《尚书·禹贡》之名，将学会定名为"禹贡学会"，又联合燕大、北大、辅仁三校学生，出《禹贡》半月刊。刊物宗旨原是为大家看见的材料、研究的问题提供一个发表的园地，以便互相观摩、切榷。禹贡学会成立之初，会址设在成府蒋家胡同顾颉刚家，所需经费大都由顾颉刚和谭其骧分担，少部分为会员所交会费，经费局促，故《禹贡》半月刊始终不支稿酬。待谭其骧1935年夏南下广州就教学海书院后，禹贡学会与《禹贡》半月刊即由顾颉刚独力掌管，其最得力的助手是冯家昇。正当禹贡学会为经费困扰不堪时，地方志专家、前教育总长张国淦慨然给予了支持，他于1935年9月初将自己所办培德学校的基地进行修葺且加盖房舍捐给禹贡学会，地址在西皇城根小红罗厂。从此学会有了正式办公之处。1936年6月顾颉刚又争取到中英庚款董事会的拨款15000元。禹贡学会从此越办越兴旺，有了长驻的会员，有了丰富的藏书，并不断出版各类地理书刊，绘制地图等。由于日寇侵略的逼近，亡国危机日深，《禹贡》半月刊内容也更偏重边疆问题的研究，《禹贡》同人的爱国之情越来越激昂。

父亲适逢其时到了北平。父亲一直居于顾颉刚家中，初在成府蒋家胡同，至1936年9月顾家在北平城内几经搬迁后入住西皇城根5号，父亲与顾廷龙一家仍居蒋家胡同，后来才迁至西皇城根。禹贡学会会址亦在西皇城根，两处相距不远。

父亲是在极偶然的情况下进入历史地理研究领域的。一个偶然是既做顾颉刚私人研究助理，虽原意为助顾颉刚编《尚书学

图6　禹贡学会同仁合影

论文集》，但到北平后与顾颉刚在学问上日益相契，则顾颉刚研究古代地理、办禹贡学会、出《禹贡》半月刊并聘父亲为名誉编辑，1936年改为正式编辑，这一切对父亲不会没触动。父亲奉命代顾颉刚写《有仍国考》，又与顾颉刚合作《汉以前人的世界观念与域外交通的故事》，便是明证。另一个偶然是禹贡学会成立时会址在蒋家胡同，父亲到北平时住蒋家胡同，后禹贡学会迁西皇城根小红罗厂，父亲又随顾颉刚住西皇城根5号，两处很近。这时常住禹贡学会从事研究和编辑的人有后来在史学界颇有名望的杨向奎、史念海、韩儒林、陈增敏、张维华、李秀洁等。禹贡学会环境清静，是个看书、写作、与人切榷学问的理想环境，顾颉刚在那里设有工作室，父亲亦常到那里去。据史念海回忆，父亲研究古代地理一发不可收似与他甚有关系。史念海年轻时即才华横溢，读大学时在谭其骧介绍下，参加禹贡学会并向《禹贡》半月刊投稿，引起顾颉刚的注意，大学未毕业即受邀入住禹贡学会。1936年初，受顾颉刚命与杨向奎一起为顾颉刚搜集和起草《中国疆域沿革史》。1936年夏，大学毕业后，即在禹贡学会全力研究、著书，杨向奎写好上古到秦的部分后即出国，后面全由史念海承担。史念海自谦当时由于暑假前所写几章草稿都不能用，心中颇感彷徨，难于措手足。此情此景被父亲觉察，就主动提出，如果有困难，他可以相助。此后每一章史念海都与父亲商量，先编拟大纲，经顾颉刚审定，再起草书稿。父亲在编拟大纲和起草书稿时，为史念海出了不少主意，提供了不少资料；在史念海作地图时，父亲也帮助他考核地名并代其作二校、三校。大约在此时激发了父亲对历史地理研究的浓厚兴趣，父亲在历史地理的研究领域中急速前进。这急速前进的背后有一强大的推动力，那就是日寇日益逼近华北，策动华北"自治"，这激发了全国人民同仇敌忾的爱国激情。父亲在北平虽埋首学问，但内心对自己历史悠久的国家是无限热爱的，只是不善表达而已。但这种感情在历史地理的研究中却能淋漓尽致地表达出来。1937年在中华民族生死存亡关头，父亲主编《禹贡》半月刊《古代地理专号》，在序言中他写道：

> 我们要明白现在中国现象的成因，无论如何不能不追溯到古代。举个人人知道的简单例子来说：要抵抗人家的侵略，说明满洲和蒙古很早就已成了中国的领土，我们便不能不研究些战国秦汉的历史地理，才好把那时的历史地理来作证明。

直至1949年，他仍没有放弃古代地理的研究，在复旦大学、光华大学讲授历史地理课程，并于1941年将在光华大学讲中国历史地理时由学生张芝联记录的听课笔记编著成《中国疆域沿革略》交开明书店（此书直至1946年光复后才得以出版），还写了若干论文，这些论文全为考据文字。徐鸿修在《敬佩从欢笑中开始——回忆童书业先生》一文中，写到父亲给他讲考据的方法要领时，强调"读书间得"，举春秋末吴、越两国国都变迁的考证为例。徐鸿修说父亲当时所讲的大意是：

> 关于春秋末年吴越国都的所在，一般人都沿用传统的说法，以建都时的地望当之，认为吴都苏州，越都绍兴，一南一北纵向相对。我在整理春秋史料时，联想起《吴语》里伍子胥因遭吴王夫差猜忌而自杀前说的话："以县（悬）吾目于东门，以见越之入、吴国之亡也。"又想起《史记·仲尼弟子列传》里子贡为鲁游说吴王的话："臣请东见越王"，"县目"与"东见"所

示的方向都是由西指东，与吴越南北相对的说法恰好相反，这里肯定有问题。东汉时《吴越春秋》的作者大概发现了这个问题，所以把"东门"改为"南门"了。殊不知问题不出在《吴语》，我考证的结果，认为春秋末年吴曾徙都江北扬州一带，越在太湖流域，正是东西之国，《吴语》、《史记》没有错。

徐鸿修听后觉得从"县目"中发现问题很"奇巧"，不禁拍手称快，父亲却说："这个考证的结论还只是一个假设，并没有最后解决问题。"

父亲1949年以前古代地理方面论著除《中国疆域沿革略》、《禹贡》半月刊《古代地理专号》外，所作论著有踪可觅的尚有：《四岳考》、《蛮夏考》、《说獾兜所放之崇山》、《汉代以前中国人的世界观念与域外交通的故事》（与顾颉刚合作）、《〈天问〉"阻穷西征"解》、《有仍国考》（以顾颉刚之名发表）、《〈天问〉"阻穷西征"答书》、《为〈中国疆域沿革略〉答春斋先生》、《春秋末吴都江北越都江南考》、《顾颉刚著〈九州之戎与戎禹〉跋》、《夷蛮戎狄与东南西北》、《春秋王都辨疑》、《晋公墓铭"□宅京自"解——春秋晋都辨疑》、《从地理上证石鼓文的时代——春秋秦都辨疑》、《春秋楚郢都辨疑》、《楚王酓章钟铭"西殤"解》、《春秋郢都的筑城时代》、《春秋时郢都不在江陵辨》、《春秋末吴越国都辨疑》、《释"攻吴"与"禹邗"》、《古燕国辨》、《古巴国考》、《城虢仲毁》、《"鸟夷"说》、《"姬姜"与"氏羌"》、《春申君的封邑》、《"盟津"补证》、《目夷亭辨》等。到1949年，父亲古代地理的研究基本画了个句号，除《春秋左传研究》中尚有一些古代地理的考证、与顾颉刚通信中偶存"象郡不在越南"之考（1951年2月5日信，见《顾颉刚读书笔记》，第2712页）外，不见有什么重大的古代地理研究论著出现。他的古代地理研究成果经他自己精选加些附录、附记、后记，于1962年，12月以《中国古代地理考证论文集》之名由中华书局上海编辑所（现名上海古籍出版社）出版。

父亲的古代地理研究偏重于古代政区、疆域、城邑，尤其是都邑的变迁，从严格意义上说，并没有超出沿革地理学的范畴。

涉足明史

1930年吴晗至北平，顾颉刚推荐他到燕京大学图书馆中日文编考部任馆员，吴晗是国人皆知的明史专家。父亲1935年至北平后，与吴晗相谈甚欢，在学问上亦深受感染，竟也去研究明史，发表过两篇有关明史的文章，一为《重论"郑和下西洋"事件之贸易性质》；一为《李自成死事考异》，后一文1957年修改后曾再次发表。父亲曾说：《李自成死事考异》一文他是下了功夫的。功夫究竟也不负人，他这篇文章至今还有人记得。1999年第四期《新华文摘》中有刘重日一篇文章《四十年来历史疑案追踪——谈谈李自成"归宿"问题》一文，文章梳理了李自成死事考辨的历史，其中有：

> 通山说的解释漏洞太大了，也是牛头不对马嘴的硬伤，怎么办呢？童书业先生在此根本问题上倒是本本分分写着"也许"、"或者"、"假定是否事实"、"有待进一步研究"等等，其实事求是的态度，与那些强词

夺理者不能同日而语。（见《李自成死事考异》）

……

李延根本就不是李自成，连博学的童书业先生也未敢说是"自成别名"。

……

李自成"为僧说"，真正有学问的人虽不相信，不予肯定，但亦未敢断然否定，斥为荒诞……童书业先生是饱学之士，以科学态度，大家风范，讲道理、谈依据。尽管他为通山说而"考异"，但结束语用词也不盛气凌人，只云通山说"是比较可靠的"。而对李自成"变"的关键问题，没解决就是没解决，直书曰："自然还待继续研究。"……童先生不否认为僧说"言之凿凿"，只是由于偏信通山说而认为越说得"详细"，"所以考据家多不相信"。

父亲在天之灵若知此文，知他一生求真的治学精神在他逝世30年后仍有人醒发，定会欣慰不已。

父亲对明史的兴趣一定给顾颉刚很深的印象，因此他在成都齐鲁大学国学研究所任主任，拟二十四史标点计划时，即将父亲列入明史标点者之一。在其1941年3月31日日记中详列了二十四史各史标校拟请之人名单：

……

明史——章慰高、童书业、王崇武、黎光明。

……

但此后父亲并未再在明史上用心，他于明史研究不过是惊鸿一掠而已。

父亲在北平期间还在《北京考古学社社刊》第四期发表了

《中国山水画南北分宗说辨伪》一文，在画学界引起极大关注。

由上列各节可以看到1935年夏至1937年夏，父亲在北平因生活安定、图书丰富、师友皆为专心治学之人，无任何世俗事务相扰，不谙世事、无力应对人际复杂关系的父亲得以全身心浸沉于学问中，这短短的两年真可谓他学术上的黄金时期。历史是不可以假设的，但如果不是七七事变起，北平那样好的一个治学环境被击得粉碎，父亲不得不离开北平，过了那么多年颠沛流离的生活，而是一直在1935年至1937年那样的环境中埋首学问，其成就究竟会达到何等地步呢？

正当父亲埋首学问时，先祖父又娶了第三房姨太太余和莹，萧墙之内纷争愈烈。

—第四章—

八年离乱

避乱安徽

顾颉刚激于爱国之情，四处奔走呐喊抗日救国。七七事变起，顾颉刚与燕京大学同事一起分别致电国民党中央及宋哲元，要求他们抵抗日寇侵略。7月18日宋哲元通知顾颉刚，他已被圈入日寇黑名单，且名列第二。顾颉刚匆匆结束北平事务，北上绥远，后辗转赴川。当时北平学界之士亦纷乱不堪，有职守者或随校内迁，或应聘他校，多以生存兼治学为准则。父亲在北平原无公职，仅为顾颉刚私人助理，此时顾颉刚随波飘泊，自顾不暇，亦无法安顿父亲。母亲和两位姐姐此时都在安徽大渡口竹石山庄居住，因此，1937年9月父亲启程南归。9月至11月在大渡口田庄中，父亲将随身带回的资料写成了《中古绘画史》（后称《唐宋绘画谈丛》）。11月随着日寇急速南逼，管庄曹景波携田庄人等避居枞阳朱家嘴至次年夏。

枞阳地处安庆东北，背山临水，风景极佳。父亲极爱枞阳山水，他的一部绘画史专著就题名为《枞川画论》，至晚年自命为"枞阳老人"，送我的唯一一幅画题名为《枞阳春早》。父亲在这风景如画的世外桃源作诗、文、画颇多。现存的《知非集》即父亲1958年将回忆起的诗文旧作录出油印的，这是仅存的父亲的文学作品之大部。顾颉刚1927年为中山大学至杭州购书时，在致傅斯年信中说："……我们要收'个人生活之记载'，日记尺牍是很难收到的，诗文集却是个人生活之记载，我们用历史的眼光看去，差不多一部诗文集就是一部自传。"父亲这本《知非集》薄薄的18页，确实浓缩了不少父亲的家世、伦理观，尤其是鲜为人知的感情和审美情趣的信息。

含蓄之极的内心世界

父亲身后给人留下的印象不外两点：一为不谙世事，颇有"怪癖"，为此还闹出不少笑话，作为逸闻越传越奇。二为聪明绝顶，专心学问，成就可观。父亲被重重裹于其中，其余一切似乎已全然消失，一个有血有肉有感情的人变成了契诃夫笔下的"套中人"。幸而有这薄薄的18页诗文，使我们得以略窥"套中人"的内心世界。

父亲逃难返皖，在枞阳若隐于世外桃源中，但忧国思乡之情仍汩汩然。其《八堵山庄晚眺》曰：

> 国事蜩螗不忍知，茫茫云水欲何之。
> 疏黄林顶青枫赤，正遇江南秋冬时。

秋冬萧索之自然映衬不堪闻知之蜩螗国事，悲凉、哀婉、无奈之情明见。《避地偶感》中有：

> 抛舍离乡亦可怜，长江万里尽烽烟。
> 身居江北青山里，心在江南绿树间。

枞阳在长江以北，被视为第二故乡之大渡口在江南，一江之隔，有家难返，思乡之情跃于纸上。《步如叔四十书怀原韵四首》中有：

> 文章报国平生在，一恸危巢祗苟完。

思乡之情伴其离乱生活始终，在孤岛生涯中亦如是，《题画》即为在上海所作，其中有：

> 羁旅年年鬓欲斑，西风又渡玉门关。
> 故园荒草归无计，却画吴山作皖山。

在北平时，远离自幼生活的长江南北，未见他有思乡之作，在逃难时却时时怀念故乡江南景，这思乡之情影托的是"国破山河在"的忧国之心。

父亲一生，内心感情是丰富的，凡是触及他的事，他会敏锐地感知，但与他于学问必定滔滔不绝、淋漓尽致相较，于感情却极少溢于言表，更拙于行动，忧国也罢、思乡也罢，其最终结果是安于环境，甚至想逃避。在《新秋即事》中就有：

> 山河破碎何从整，历劫归来且学禅。

他只是渴望和平宁静的生活，渴望有一个若同在北平那样可一心治学的环境。在《步如叔四十书怀原韵四首》中有"一轨还期进大同"，在《寒食偶作》中有"客里生涯原寂寞，最惘人事是无书"之句。

父亲的内心感情以诗文流露者，最典型莫过于一词、一文。其词为《双双燕》：

> 云收雨敛，正时节清明，小园泥蚀。新蔬待植，蛙
> 鼓满池声逼。梦觉相思不克，此夜景、深长可忆。月明
> 柳絮狂飞，风压花枝无力。
>
> 只惜，东方欲白。畏霎地晓寒，露珠侵陌。知心

归否，已是去年今夕。此刻形单影只，想忘了、芳芜如碧。望断万水千山，赢得相思更积。

若非抗战胜利后，父亲与顾颉刚重聚，亲口对顾颉刚说此词是因思念远在巴山蜀水间的顾颉刚而作的，而顾颉刚于日记中亦写之甚明。单从词中思念之深、之苦而言，我初见此词时就曾以为是为远居外祖父家的母亲而作的。

一文为《记赵君肖甫》：

> 余友赵君肖甫，工文章，圣俞（案：梅圣俞）侔也。自居乡时即不得志，凡有遇合，辄遭排挤，困处故都，穷累日甚，而朋侪有论及者，辄毁多于誉，盖亦其处世之道未尽耳。……余师顾先生颉刚拔之佣书之中，携与同游燕都，读书既多，学问弥博，而其倨傲不逊之性，亦与学俱进。燕都故多文学士，其学专一门者，随处可遇，而肖甫自大其学，辄谓他人所为为不足观，以是遭众人之忌，终致抑郁困穷，为世所弃。余与肖甫交三年，既深知其为人，重其才而悲其遇，于众人之环攻之也，常左右之。肖甫不知，视余如众人，余亦未之辨也。当世重学校之士，而肖甫未尝出身于学校；
>
> 当世重资历，而肖甫出身佣书，其不为人所重视也固宜。肖甫疾人之轻之也，乃益轻人。其与众不洽，固有由矣。惟余与肖甫同病，故能相怜，然亦畏其狂直，不敢过与之近。……
>
> 余与肖甫不见五年矣，其声音笑貌如在目前，偶一念及，未尝不北望流涕。……山居乏友，缅怀故人，濡笔记此。

父亲对人，尤其是落魄之人的同情、理解，在这篇短文中表露得淋漓尽致。这种感情也只有不是直面而仅在文字上，才会表露。

父亲甚至在家庭中都不善表达感情。在父亲生前，我亦少有感觉，只有父亲逝世后，随着社会阅历的增长，对世情百态的感受日深，回思与父亲相处的时日，才如同口嚼橄榄，回味无穷。

我是家中第三个女孩，与两位姐姐年龄相差甚大，从二姐名叫教悌可想而知，父母在抗战艰难时期再要一个孩子，盼的是男孩。结果，又生一女且是早产儿，先天、后天皆不足，体弱之躯给父母增添的烦恼可想而知。但自我记事起，尤其1949年之后与父亲从未分离过，却不记得父亲抱过我或抚摸过我。和别人一样，我印象中的父亲是位终日伏案而书的学者。现在回想起一些事情，却感受到父亲对孩子的感情至深。记得1949年以前，父亲只有过年才回苏州住一段时间，当时过年，小辈一定要给长辈叩头的，但父亲总说："免了，免了。"至今，我将叩头当作极大之事，似乎一生都不肯屈膝，与父亲之"免了"是大有关系的。

多年以来，人人都说我的母亲很能干，我们家的事都是母亲做主。确实，由于父亲太不谙人情世故，不理家务，许多事是母亲出面的，但论到"做主"二字，却也不像人们想像的那样单纯。母亲毕竟是大家闺秀，又从未在社会上工作过，有父亲的声望在，母亲处理人际关系时，底气甚足，非常通达洒脱，确实较父亲通达得多。但其内心深处仍是世家女子的庭训在起作用，还认为女人应靠丈夫生存，所以到父亲真正去了，母亲独力支撑父亲的善后之事，方寸颇乱，我惊讶地发现她在"文革"后似乎换了一个人。这大约是母亲心态历程的反映。这种心态在父亲生前偶有流露，那就是父亲真正"做主"或坚持什么，母亲往往不响。只是父亲极少这么做，大约在我身上才略有表现。

　　当我们到青岛后，住在合江路一号山东大学宿舍，对面住着一家很有钱的朝鲜白侨，挂着行医招牌，但朝鲜战争期间，谁也不会去请他们看病。我自幼心脏就不太好，一夜我发高烧，心慌得无法控制，父亲在床前站了很久，才对母亲说："还是请那位医生来吧。"那位医生确实高明，吃了他的药，后来就没犯过此病。

　　现在想想，父亲当时思想斗争一定很激烈，在那样的政治氛围中请那样身份的医生，是冒政治风险的。但是父亲的感情还是占了上风。

　　我的个性并不很好，平时可以温文有礼，但如果有人做了我无法忍耐之事，尤其是冒犯了我的自尊心或伦理观，我的反应会很冲动。记得初中时，我沉溺于小说，一星期会看厚厚的三四部小说，以致学校图书馆的老师会将刚买而没编号的小说先借给我看。母亲大约担心我的学业，却采取了不恰当的方法，即偷偷翻我书包，寻找我的考卷。有一次被我撞见，我一声不响地将书包中东西全部倒出给她看，这是很伤母亲尊严的。母亲大声训斥我，父亲闻声从书房中走出，只说了一句："她会读好书的。"母亲就不做声了。我也没做声，但此后每一学期成绩单一下来，我总往父母跟前一放，现在想想，颇有示威心态。每当此时，父亲会放下一切工作，马上与母亲一起请我上馆子吃饭。父亲喜欢吃馆子，尤其喜欢西餐，我也喜欢西餐，母亲则喜欢广东菜，平时是父母带我，只有每学期结束，是父母请我，但永远是上广东菜馆。回思此事，父亲是很细心地平息着我的受伤害的自尊心，却又顾念母亲的尊严。谁能说父亲不善处事，他只是与人交往时，尤其是与有利害关系的人交往时，手足无措，而自然处世时，他是细心、妥当的。还有一事足以说明父亲的心有多细：我的父母都吸烟，但我对烟味却极反感。1962年我入山东大学历史系就读，父亲在家里给我讲书时，从不吸烟，即或休息时，他也是走出书房吸烟。其实，我是知道父亲烟瘾极大，从未要求他不要吸烟的。

另一事也令我至今难忘。我高中毕业高考体检时，发现有轻微肺结核，只能考文科，不许考理科。可我一直想学生物化学，然后考童第周的研究生，从事生命科学的研究，这在当时是很尖端的学科，父亲也支持我学生物化学，也相信我会学有所成。所以我提出放弃此次考试，养好病再考。母亲见我如此天真，但也知不可硬做，提出要我参加文科考试，考取了读不读无所谓。当时改考文科是来得及的，我颇自信地认为一定能考取，却也知道考取了不去恐怕过不了母亲这一关，所以坚持不考。结果一等三年，其间母亲有些话颇令我难堪，一次被父亲听到，重重地"嗯"了一声，此后母亲不再做声。到第三年仍不许我考理科，父亲才劝我跟他学历史，我才改考文科。为助我静心养病，父亲寻出十余年未动过的画具，要教我画中国画。我当时心烦气躁，什么也不想学，半年沉溺于小说，半年复习高中理科。在家我是有单独房间的，但当我不得不复习文科考试科目时，母亲却在外面借了一间房间，让我单独在那里复习文科考试科目。父亲教我学画不成，倒勾起他的画兴，作了五幅山水画及一幅未完成的扇面成为永远的纪念。进入山东大学历史系学历史，父亲为我用心深。他要我治春秋史，在家给我讲《左传》、讲先秦史、讲治学方法。但那时的学术空气是批判厚古薄今，要求史学为现实服务，实际是为日益极左的政治服务。父亲一面引导我治春秋史，一面又担心我为此受累，是他建议我学年论文做近代史的。但最令我终身难忘的是"文革"中，由于我与父亲同处山东大学历史系，因此，在那非理性的疯狂时代，我也受到极大冲击，最难应付的是红卫兵们要我揭发批判父亲，我真不知如何"揭发批判"，因为父亲一向要我读马克思主义原著，一向强调理论结合真实史料是治学的高级阶段，除非我说谎，如真实说出则不是批判而是吹捧、庇护了，"反动学术权威的孝子贤孙"、"狗崽子"的辱骂更会劈头盖脸而来，故我只能沉默以对。当我得知宿舍很多人家被抄家，甚至连存折也被抄的消息后，担心父母生活无着落，半夜翻墙回家把几年没用完的生活费交给母亲应急时，父亲在心身俱焚的情况下，为使我"过关"，竟对我说："他们对我的批判都没击中我的要害，甚至用反马克思主义的观点来批判我。我的要害我自己最清楚。我起草一份批判稿，你抄了贴出去，他们就会放过你。"多么天真，却蕴含着多么深厚的爱。如果真这么做了，那些只会空喊"反共老手"、"反动学术权威"的人会如获至宝，父亲将遭怎样的雷霆轰击，现在想想都会不寒而栗。我没接受这份牺牲，但父亲为我欲牺牲自己的深情却永志难忘。这就是我在"文革"后甘愿放弃父亲为我规划好的春秋史课题，不求闻达，默默在一个虽为名牌却是以理工科为主的大学里，用心教书之余，无怨无悔地将全部时间和精力用于整理父亲遗著的原因。

所以，父亲的亲亲之情、朋友之义皆是深厚的，只是不溢于言表而已。似乎应了《庄子·知北游》之语："天地有大美而不言"，也恰似他自己在《铭弟夭亡周年纪念十首》中所言："多情却似最无情。"

父亲20岁以后碌碌于生计、学问，尤其是1935年至1937年间，学问是精进了，其他一切皆隐晦了。只有在枞阳逃难的一年里，学问上只写了一部早有腹稿的《中古绘画史》，搜集桐城派文章600余篇，编为一集，余则因无书而无所作为。先祖父带家眷在上海，父亲靠着大渡口的田产，在暂无压力的平静境遇中，在枞阳这恍若世外桃源之地游山玩水，大作诗、文、画，这种兴致一直延续到避居常州乡下时。他劫余的诗文为我们展示了他在其他领域未曾展示的审美情趣。

父亲热爱大自然，常陶醉于大自然中。如《夏晚偶成》中有：

幽人吟罢浑无事，为听蝉声步出门。

《适意》中有：

春耕望绿畴，秋雨煮黄粟。
最爱枫赤时，临流洗浊足。

《孤岛集·题画九首》中有：

策杖出柴门，回峰寻野寺。
山深云自生，林乱路难识。

《胥井山居偶作》有：

我岂逃名者，避地隐山丘。
闲听林鸟唱，时见涧水流。
信步出山外，山田碧油油。
归来逢时晚，新月弯如钩。
晨兴出门啸，白云空闲流。
朝阳出山角，豁我睡中眸。
高蹈羡五柳，闲逸似白鸥。
即此亦足乐，何事复乡愁。

没有了国忧，没有了乡思，没有了学问，没有了生存的窘困，一切都溶入了寂静的、优美的大自然中，浑入了物我两忘中，父亲的心灵在大自然中获得一时的宁静和舒畅。

父亲常以不修边幅、不理俗务而被目为名士派头，他于1949年之后所做的自我检查中在在亦语以名士自居为非无产阶级思想，寻其根源为封建意识。在他的诗文中也确有名士狂狷之语。若《适意》中有：

> 著书藏胜地，出语骇庸俗。

不过更多的是以倪云林自比，追求淡泊人生。若《题画九首》中有：

> 最爱倪黄枯淡笔，漫将淡墨写秋云。
> 世人共怪迂倪淡，我比迂倪淡几分。

《枞阳吟》中有：

> 俯观清涧水，淡然似我心。

生不逢时，若童家能保持原有的盛况，社会不如此动荡，父亲就可以诗书画和作学问并举，安适地度过名士生活的一生。

人是否真的会做到完全的心如止水？甘居枯寂淡泊于永久？很难下判断。不过我知道父亲不能，在他的内心仍有着骚动的部分。在大自然春日万物生机勃然中，他对花簇似锦、娇艳无比之桃花情有独钟，遗存的7页诗词中赞赏桃花的就有12处。忆起小时候曾见父亲兴致极高时，会赞母亲"面如桃花"。父亲内心向往热闹、美艳之情从喜欢武打戏、爱桃花处泄露无遗。从诗词中还可以看到父亲多愁善感的一面，如《春日偶成六首》中有：

> 莫道西风愁旅客，东风也会瘦词人。

《江城子·胥井山居》也有"无限客愁谁可诉"，"不堪东望路绵绵"等句。

从父亲极少的言行和大量（相对而言）的诗词中，可以看到他的内心对自然、对亲朋都蕴含深厚的、丰富的感情。

父亲诗文的创作手法，虽有借古人之处，如"斜月穿窗分外明"、"土阶苔痕侵"、"水云深处子规啼"等颇借李白、刘禹锡、倪云林、苏武牧羊之典，但通观其诗文，与其画一样，亦如其人一般，平实、自然，天然流露处多，人工雕凿处少。其《心画集·诗词》开宗第一首《诗旨》即言：

> 本是穷经客，今为琢句生。
> 不求诗律细，惟喜意天成。

"天成"二字应是父亲向往的诗文创作的最高境界。其审美意趣除了"天成"，就是"含蓄"。父亲是极力推崇含蓄的，他将含蓄与否作为艺术审美的评判标准。在《南画研究》中论及南画笔法时，说：

> 我们所说的"滑"，是指用笔太速而易，没有含蓄的意思。……因为南画的用笔，必须含蓄、自然，最忌矜才做作，造成习气。南画笔线两面，不能太光滑，光滑则有笔痕，不能纹理自然，且缺乏含蓄的意味。

在《沈石田的绘画》一文中说：

> 石田本家画的用笔，主要是他的画法用来苍劲而又
> 含蓄，不善学者流于霸气，石田本人则绝少霸气。

父亲推崇含蓄至极，以致对自己敬重的老师，亦本着"吾爱
吾师，吾尤爱真理"之精神而直言不讳。在《论胡佩衡先生的绘
画》中说：

> 他的用笔有时过于刻露，特别是画树干，有时用力
> 过甚，劲拔有余而含蓄不足。

父亲在艺术审美上的强调含蓄在他的美术论著中随处可见。
父亲是研究美学的，1949年后还在山东大学开过美学课。但他留
下来的纯美学的作品已不多见，现存的四篇：《旧诗的"蕴藉"
趣味》《"神韵"与"格调"——旧诗新解之一》《"快感"与
"美感"》《所谓"意境"》是1946年至1949年间在《东南日报》
和《文史杂志》上找到的。内中亦多赞赏含蓄美。他对亲友的感
情不轻易流露，应是他将其含蓄的审美意境推演至感情世界的
反映。

孤岛生涯

先外祖父辛亥革命后即不工作，成为真正的清朝遗老，居家
南京，以积蓄维持生计。日寇占领南京前，对南京进行大轰炸，

先外祖父家的大宅被炸毁，占领南京后又进行了骇人听闻的大屠杀。先外祖父收拾细软举家逃难，深知父亲无力照顾妻女，于1938年夏弯道安庆，携母亲和两位姐姐一起逃难。据母亲说，她带着两位姐姐随先外祖父一家南逃，历尽艰辛，当时逃难者拥挤于道，一大家人带着箱笼挤火车、抢雇马车，有时不得不负行李步行，还必须日日寻觅一大家人的饮食。辗转直至越南海防，再经缅甸入重庆。但在1939年即从重庆返上海，这一路艰难的行程将先外祖父的家财耗尽，此后先外祖父母即依靠大姨妈生活。这对父亲以后的生活影响甚大。过去，由于先外祖父与先曾祖父颇相投，先外祖父总是照顾父亲和我们一家，而且有能力照顾。此后，先外祖父已心有余而力不足，再也无法照顾父亲，父亲失去了最后的依靠，在全国绝大部分人在艰难中挣扎时，父亲也一步步陷入生存的危机。

不过，1938年母亲他们走后，父亲的生活并没有马上起变化，只是从枞阳返回大渡口家中。不久日军进攻安庆，父亲随管庄曹景波等人逃到大龙湾。7月父亲与三叔柔嘉从大龙湾步行赴上海，行至芜湖，被日军拘于难民收容所，不得不写信到上海向先祖父求援。先祖父托陈企白设法，使父亲和三叔由芜湖转南京至上海。

父亲到上海时，上海租界已成孤岛，四周都被日军占领，要道上都有日军站岗看守，出入要凭日军核发的所谓"良民证"，要脱帽表示尊敬，还要经过严密的检查。孤岛仅有的一个对外通道是乘挂着洋商旗帜的轮船由海道进出。但在孤岛内至少还有一些居住、出入、言论和出版的自由。所以很多有钱人麇集于此，挂洋招牌的中文报纸在这里作抗日宣传，更重要的是一些尚有民族自尊心的学者，也聚集于此，一面求生，一面仍在做学问，尤其注重弘扬中国传统文化的优秀部分，以示抗议日本的侵略。父亲与其一生中两位重要的朋友杨宽、吕思勉的聚会就在此时。

杨宽也是疑古派，读大学时即发表文章，引起在北平的父亲的注意，曾写信给他为《禹贡》约稿，后有数度书信往来。父亲到上海后在湘姚补习学校的广告上看到杨宽也到了上海，就去找他并为《古史辨》第七册约稿。杨宽将20多万字的《中国上古史导论》交给父亲，父亲读后在有些地方加了案语，全文刊于《古史辨》第七册。同时，父亲又从《上古史导论》中抽出两篇《鲧共工与玄冥冯夷》《丹朱獾兜与朱明祝融》交卫聚贤所主持的《说文月刊》之创刊号上发表。父亲与杨宽聚会后，在学问上颇能互相启发。1939年12月在一次科学书店的宴会上，当讨论到古代神话时，父亲提出伯益为鸟神的见解，杨宽进一步认为益是《吕氏春秋·音初篇》所说"鸣若嗌嗌"的燕子，因而写成了《伯益考》发表于《齐鲁学报》并在《古史辨》第七册序中作了阐发。此后父亲与杨宽的命运时时会合，而且在学问上也互相呼应，父亲之《春秋史》与杨宽之《战国史》向为被史学界并举的先秦史研究名著。

在杨宽的介绍下，父亲认识了吕思勉。吕思勉是杨宽的老师，此时学问已臻炉火纯青的境界，更可贵的是为人随和、宽厚，奖掖后学不遗余力，父亲是执弟子礼与其交往的。吕思勉一涉及学问即侃侃而谈且不修边幅，钱穆在《八十忆双亲·师友杂忆合刊》中回忆当年在常州府中学堂学习的情形，内有"诚之师不修边幅，上堂后，尽在讲台上往来行走，口中娓娓不断，但绝无一言半句闲言旁语欲羼入而时有鸿义创论"的描述。在思想上由向往"世界大同"转而向往社会主义（见张耕华所著《人类的祥瑞——吕思勉传》）。这一切与父亲之不修边幅，在学问上谈锋甚健及后来关注理论都颇相投合，故两人一见如故。父亲与吕思勉在一起时最为放松、随意，据吕思勉的学生李永圻说：1945

年之后，父亲在上海博物馆工作，离吕思勉家很近，他做学问一有心得就去吕家，只见他走来走去侃侃而谈，吕思勉边吸水烟边很耐心地听，父亲常常谈到深夜方休。我想，此时父亲全然没顾及到吕思勉及其家人的休息。

1939年吕思勉介绍父亲到光华大学历史系任讲师，这是父亲在大学任教的开始。教授中国历史地理。光华大学是中国人激于爱国义愤办的私立大学："1929年，上海发生'五卅'惨案，圣约翰大学暨附属中学爱国学生为悼念被害的工人，举行罢课，并在校内下半旗示哀。美籍校长卜舫济从中阻挠，又毁我国旗，激起师生义愤。师生570余人愤而离校，筹谋自办学校，得到社会各界人士的同情和支持。王省三捐出沪西大西路地皮90余亩，张寿镛、朱经农等积极筹划，成立了私立光华大学。……1951年全国高等学校院系调整时，光华大学并入华东师范大学。"（见张耕华《人类的祥瑞——吕思勉》第110—111页）吕思勉终生为光华大学效力，故能介绍父亲入校任教。第二学期由俞剑华介绍，兼任民立女子中学教员，教历史、地理并任上海美术学校国画系讲师，代俞剑华讲授中国绘画史。

俞剑华（1895—1979），是国内外享有盛誉的中国美术史论家、画家。父亲与之相识大约是经由胡佩衡介绍，因父亲之《简谱》记1926年因王季欢介绍"从胡佩衡先生函授学画"，其旁注之证人即为"俞剑华及其子、妻，胡佩衡子及妻"。不过从山东美术出版社1986年出版的由周积寅编辑之《俞剑华美术论文选》书后俞剑华年谱看，1939年之前父亲与俞剑华并未同处一地过，他们之间大约是通信来往或神交。至1939年父亲到上海时，俞剑华已于上年离开上海从军，在7月返上海接家眷至衢州任上，此时彼此才有可能见面。俞剑华既极信任地介绍父亲工作，甚而让父亲代其任课。此后两人联系不断，在学问上不同见解常有，但更多的是不约而同的感悟。如1941年父亲在由钱穆主持的在上海印刷的《齐鲁大学学报》上发表《中国山水画南北分宗说新考》，立即寄在暨南大学内迁建阳之处任教的俞剑华征求意见。俞剑华立即写了《读〈中国山水画南北分宗新考〉》一文发表于上海《益世报·文史》，其中有：

> 童君以考据之所得，每与"拙见"印证，往往不谋而合，大有"相视而笑，莫逆于心"之慨。

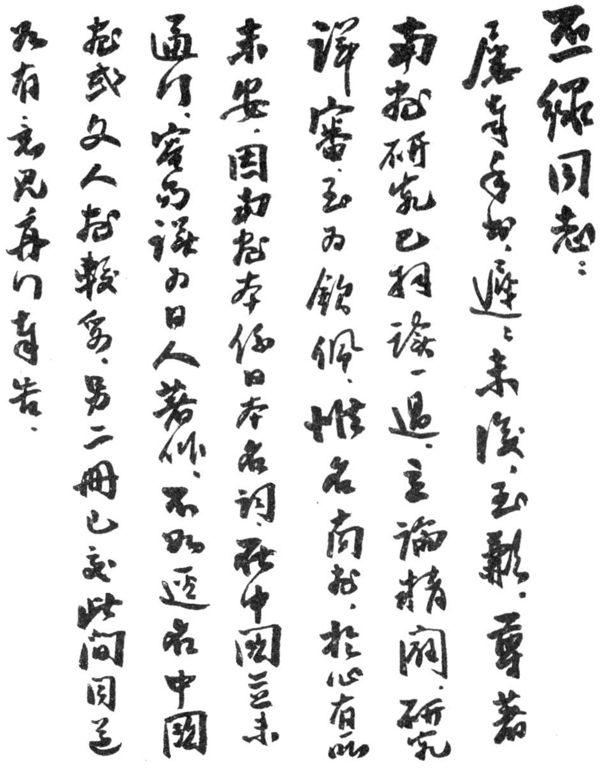

图7 俞剑华致父亲信函手迹

　　1945年之后父亲与俞剑华同处上海，彼此切磋中国绘画史论处更多，1949年后分处南北，但书信仍不断。学问之交能至于是，可谓中国知识分子传统美德之佐证。

　　这期间，父亲在上海另一乐事是教吕思勉的女儿吕翼仁作画。吕思勉子女颇多，但多夭折，至中年仅存一女，即吕翼仁。

　　吕翼仁颇具艺术天赋，读书时即习画，1939年认识父亲后即随父亲学画。父亲在《简谱》中称："吕翼仁女士开始从余学

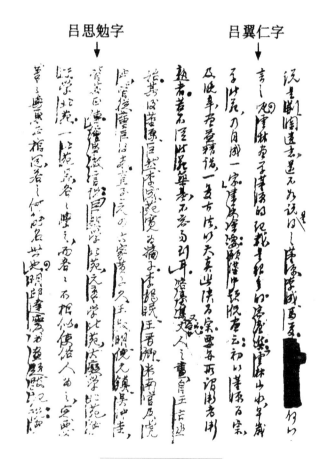

图8　吕翼仁听课笔记之一

画，不数月即有可观。"李永圻也说吕翼仁随父学习后画艺大进，画论、鉴定皆有独到见解，她生前常说父亲是她第一位学画之真正老师。她将听父亲讲画之笔记一直保存着，笔记上吕翼仁的笔迹、吕思勉和父亲改动的笔迹，至今还在默默诉说三位作古

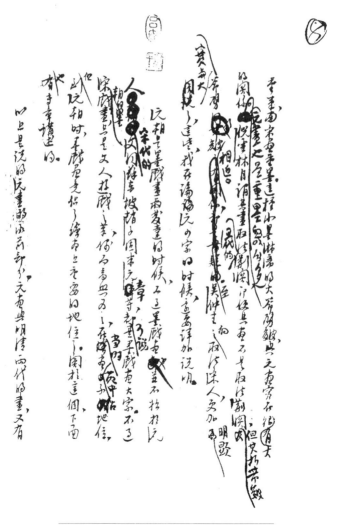

图9　吕翼仁听课笔记之二（改动处为父亲字）

之人生前相契之情谊。吕翼仁亦颇有个性，结交人甚挑剔，但据李永圻说，她认为父亲坦率、规矩、勤勉、穷困、博学多闻、对书画鉴赏能力极强、辨别真伪十分敏锐，有时失之偏见，却仍是忠实的见解，绝不敷衍迎合古今权威，但是对待前辈、朋侪、后进的长处，都是很尊重的。唯其如此，吕翼仁与父亲颇为相投，经常与父亲同出入。据李永圻说两人同行颇引人注目，一位是身着旧长衫、足套破球鞋、须发不整的三十岁男子，一位是光华大学历史系才毕业的青春女子，旁若无人地在上海马路上边走边谈，连巡捕房都注意起来，而他们俩仍毫不在意地并行谈讲。吕翼仁在吕思勉去世后，边译书维持生计，边整理吕思勉遗著，时有书信给父亲。1949年以后每当母亲南归，只要到上海，定要去看望吕翼仁，而吕翼仁也必定送母亲一些南方物品。吕翼仁于1994年4月25日在上海逝世。

父亲在上海有三份职业收入，已可养家，又有如许性情相投

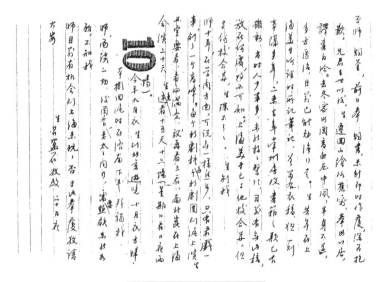

图 10　吕翼仁致父亲信函手迹

之朋友，心情是愉快的，因此仍有兴写文、作诗、作画，和一些相契朋友共同研讨学问。他每周六晚上与杨宽在吕思勉家聚谈，讨论学问，也讨论当时的战争形势。每周日出席吕思勉主持的志同道合者于冷僻茶室的聚会，吕思勉会提出各种学术问题，侃侃而谈、循循诱导。大家除了讨论治学门径、心得，评论某作或探讨一些有争论的和疑难问题外，最关心的仍是抗战和国际形势的发展及应付的方法。其实亦不过是书生论战，并无实效，但爱国

图 11　吕翼仁所作之水墨山水画，上为吕思勉先生题跋

忧时之心亦由此流露。会面不能尽兴或有急事时，同处一地还会书信往来。

不过，上海孤岛绝非世外桃源。上海当时文化学术界也不尽为埋首学问之人。汪精卫等人1939年12月从重庆逃出后，以上海为基地开展所谓"和平"运动，积极准备在南京成立汉奸政府。他们对上海学人又打又拉。父亲之不谙世事此时显露无遗。1939年他与杨宽、沈延国合创兼明社，办《兼明月刊》，但汪馥泉从中离间，父亲和杨宽怀疑沈延国为汉奸，就脱离兼明社，致使《兼明月刊》停刊。汪馥泉后来倒真正到南京做了文化汉奸，但在他汉奸面貌暴露前，父亲一直把他当作学人。1940年当汪馥泉在上海创办《学术月报》时，向父亲约稿，父亲从杨宽的《中国上古史导论》中抽出《三皇说之起源及其演变》一篇及《古史辨》第七册序送去发表，后又从《春秋史》讲义中抽出一篇以顾颉刚名义发表在《学术月报》上。这时上海已有传说《学术月报》与汉奸有关系，父亲还懵然不知，上海学人对父亲还是了解的，都说"童书业上了汪馥泉的当"。远在四川的顾颉刚却被流言定成了汉奸。顾颉刚1940年2月29日日记中有：

> 昨锡永告我，谓渠在渝见卫聚贤，卫谓我与童书业已投降伪组织。归告履安，曰："然，卫某在沪宣传汝已得伪组织五万元！"呜呼，卫之造谣一至此乎！

此事的结果是，顾颉刚在重庆报纸上发表声明：他未曾向《学术月报》投稿，《学术月报》之文是别人未经他同意，从其旧讲义中摘送出去的。

父亲还由吕思勉介绍认识金勤昌。金勤昌是上海一所市立中学的教务主任，他介绍父亲为《正言报》副刊写些文史方面的

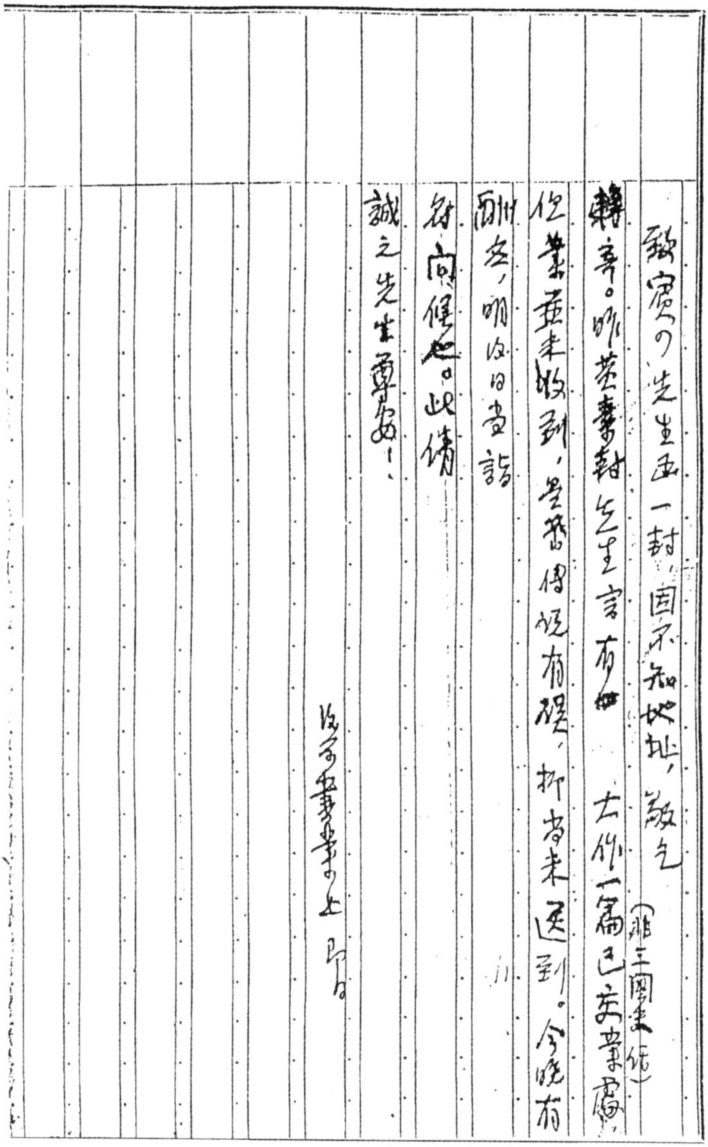

图 12　父亲致吕思勉信函手迹

文章。由金勤昌介绍认识吴绍澍及朱雯，吴绍澍是当时国民党上海市地下党部主任委员，他当时要办《独立周刊》，拉上海文化人参加，父亲被任命为七个编辑之一，但从未做过编辑工作，只写了几篇史学方面的文章。这些皆非真正学人，父亲交游圈子日杂，这种日渐复杂的环境不是父亲所能从容应付的，但为生计故，又不得不身陷其中。

1940年还发生一件对父亲以后生活影响甚大之事，即父亲曾随杨宽到苏北东台，在江苏文化社工作了两个月。从杨宽的自传可以看出这事的始末：1939年在上海时，杨宽和父亲认识了一位化学家兼化学史家黄素封，因其爱好科技史，所以很喜欢同历史学家交朋友。黄素封与出版界人很熟悉，在上海办了一个小书店，名为"科学书店"，出版一本小杂志《知识与趣味》，自任主编，邀杨宽和父亲参与杂志的编写和审稿工作。

黄素封是江苏徐州人，在家乡颇有声望，所以苏北游击区来的人不少都去找他帮忙。江苏文化社要创办印刷所和成立编辑部，也派人来找他。黄素封帮助他们采办印刷机及其他设备，劝说有经验的排字工人进入游击区，指导训练一班新的排字工人。到1940年3月，江苏文化社的印刷所已经办成，可以出版定期刊物了。黄素封约杨宽同去游击区创立编辑部并出版刊物，杨宽和黄素封化装前往苏北。苏北游击区的军事力量由两个部分组成，即共产党的新四军和国民党军队。与黄素封关系密切的是国民党方面，而国民党在苏北的军事力量也由两个系统组成，一是中央系统，叫鲁苏战区总司令部，总司令由当时江苏省代省主席韩德勤担任；另一个是地方系统，叫鲁苏皖边区游击总指挥部，总指挥李明扬是当地著名的国民党军官。杨宽和黄素封到达泰州，乘李明扬接见之机，杨宽说："我们前来参加工作，想为抗战尽一份力量，我们希望会集一切力量，一致对日抗战，争取团结作，争取最后胜利。如果卷进任何派系的纠纷，将要对消抗日力量，抗战就会失败。这是中华民族生死存亡的关头。"黄素封接着说："想必领导上早已看到这点，抗战要注意天时、地利、人和，看来人和最是重要，这是取得胜利的关键。"两人以此表明了一意抗战，决不卷入任何派系斗争的宗旨。江苏文化社设在东台，此时东台住着一位朝鲜爱国人士柳树人，据《人类的祥瑞——吕思勉传》载：柳树人曾参加朝鲜革命党，日本侵占朝鲜后，流亡中国，与其他朝鲜爱国志士在上海某次集会上炸死、炸伤若干日本人。解放后在苏州大学任教，对朝鲜历史深有研究，曾编《朝鲜史》一册，被用作全朝鲜中学生的教材，1975年因心脏病去世。他是杨宽的好友，也是父亲的好友。黄素封、杨宽、柳树人等将编辑部迁到兴化江苏文化社总部，对韩德勤系统也表明自己的抗日宗旨，然后创办独立的《文化周刊》，其宗旨为分析国内、国际形势，鼓励军民坚持长期抗战。1940年12月底，杨宽回上海休假，他已看出苏北各军事力量之间硝烟味日浓，不想再去。但是，文化社多次向黄素封恳求，希望他动员杨宽继续办下去，黄素封请父亲陪杨宽去，他们于1941年2月去苏北，不到两个月，由于那里内战激烈，他们不想放弃原来的教学和研究，卷入内战中去，于是就回上海了。

不过，杨宽自传中提到与父亲同去苏北时间为1941年2月至4月，父亲《简谱》中记的是1940年9月至10月：

> 九月，随杨宽赴苏北东台，任韩德勤部所办文化社研究员。与杨宽、柳树人编辑文化社出版之《文化周刊》，写文多篇，……又与杨宽任柳树人所办文化中学校董。十月，韩德勤部进攻新四军，大败。余与杨宽、柳树人率文化社及文化中学教职员、学生等自东台文化

社逃难，辗转至兴化（未遇新四军），复与杨宽自兴化返沪。

不知杨宽与父亲的记忆何者有误。

父亲自幼养成的依赖性仍时时作祟，这时的生活日渐艰辛，父亲很想依赖同在上海的大家庭，为了依赖大家庭人大肆渲染他与杨宽如何带着文化社及文化中学的人逃难与新四军遭遇，如何冲出来。其目的是表明他与国民党的关系已很深，将来国民党回来，大家庭可以依靠这重关系。想以此博取极为势利的先祖父欢心，收容我们一家，同时免去亲友的轻视。这就为1956年肃反埋下了祸根，同时也连累了杨宽。

父亲回上海后，继续在各校任职。1941年12月，太平洋战争爆发，日军侵入上海租界，孤岛沦陷。吕思勉、杨宽和父亲共同商量去留，一方面各校停课，无固定职业难以维持生计，另一方面顾虑沦陷后上海文化界的汉奸势力日炽，会与他们纠缠，想要不做文化汉奸，不能再留上海，三人决定离开上海。

画史研究

离开北平后，失去一个安定的、学术氛围浓郁的环境，加上逃难及为家庭生存而奔波，父亲已不能全身心投入学术，但亦未置学问于不顾。上海活跃的学术环境使父亲开始有意识重视理论，构筑其学术思想体系，将原有的经济史观改为"三合史观"，即以经济、地理、民族性为历史中心，不过很快又回到经济史观。此时学术著作虽不及在北平时多，但亦有相当凝练之作品完成。

顾颉刚1939年5月应聘为内迁成都的齐鲁大学国学研究所主任，即聘父亲为齐鲁大学国学研究所名誉研究员，父亲为齐鲁大学国学研究所改写《春秋史讲义》为《春秋史》专著，编著《中国疆域沿革史略》，编成《古史辨》第七册，在于上海印刷的、由钱穆主编的《齐鲁大学学报》上发表了《中国山水画南北分宗说新考》和《没骨花图考》。这一时期还完成专著《中古绘画史》（后改名《唐宋绘画谈丛》于1958年由中国古典艺术出版社出版）。父亲中国绘画史研究的构架此时基本完成。

父亲自幼阅画、习画，又从绘画名师王修、胡佩衡学画，以绘画史研究造诣极高之俞剑华为师友，又与书画大家启功订文字交。他是集作画、烂熟画史文献、对画论有创见于一身而又是历史学家之绘画史研究专家。他曾不无自豪地对我说过：研究绘画、瓷器的画家、鉴赏家，虽在绘画技法，古画、古瓷的鉴赏方面造诣皆颇高，却可惜不懂历史，不能以发展的观点探讨绘画、瓷器史，对于有关的许多问题，往往不能放到具体的历史环境中进行考察，不能前后比较、贯通研究，因此挖掘不深，甚至出现错误。有些研究历史的人，虽有发展的观点，但对绘画技法，古画、古瓷赏鉴不甚了然，同样也大受限制。唯有他既是历史学家，又是绘画行家，兼涉博物考古，自然在绘画史、瓷器史研究上占尽优势。因此，至今国内外研究中国美学、绘画史的专家对父亲画史研究的成果仍极为重视。

父亲在绘画史研究中作了若干考证，这些考证与他的古史、古籍、历史地理及瓷器史考证一样精到。不过，他在画史研究中最为突出的，可以说具有里程碑式的不朽贡献，却是第一个全面彻底辨析画界流行300年之久的山水画南北宗说，为明末莫是龙、董其昌、陈继儒等出于宗派目的而伪造的画史，揭示出中国山水画发展的真实进程并创中国山水画南北派说，对江南画派绘画之意境、构图、笔法、墨法、设色作了详细的阐述。同时对花鸟画中之徐、黄二体也作了合乎画史发展的剖析。

在1941年发表于《齐鲁大学学报》第一期的《中国山水画南北分宗说新考》中，父亲简述了这项研究的过程：

> 中国山水画分南北两宗之说，自明以后，只要略懂绘画的人无不知道。宣之于口，笔之于书，大家都想不到这里面有绝大的问题。到了近年来，考据学大兴，历史上无论什么事物都要经过一番考据，才能继续存在。于是就渐有对这种说法怀疑的人。……
>
> 我近日以为明人"南北宗"之说虽极谬误，但中国山水画未始无真正的南北派可分：荆、关、李、范为北派；董、巨、二米及元四家等为南派。其与旧日"南北宗"说最不同者，在旧说以禅家宗派比拟画家宗派，我的新说，则以地域、画风分别画派。一则为宣传化的议论，一则为考据的结果。

父亲在文末列了一表，列出"南北宗"说的体系及他创的南北派体系。其列之"南北宗"体系为：

南北宗表

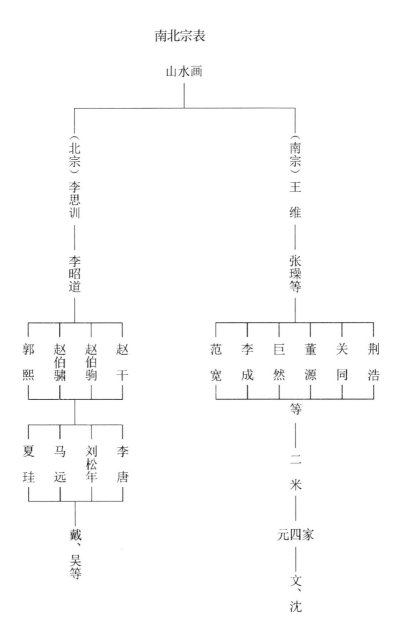

南北派系统：

南北派表

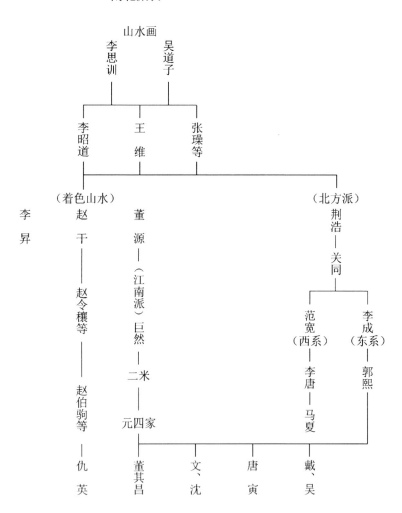

　　父亲从两个方面对山水画"南北宗"说进行辨伪。第一方面他将明末"南北宗"说出现之前的画史古籍筚梳了一遍,证明明末以前之书上并无"南北宗"说。第二方面他将莫是龙们所提出的禅宗式衣钵相传的南北宗画家的画风与古籍中所记这些画家的画格相较,证明南宗、北宗中皆大有南宗不南、北宗不北的人在,可见南北宗区分之不确。而莫是龙们又将浙派与北宗连在一起,贬北宗即贬浙派,其门户之见昭然。

　　对"南北宗"说进行辨伪难在与世人,尤其画界先入为主观念之冲突,而不在据古籍进行确切的考据上。倒是创南北派之说在学术上更为困难。父亲在阅读大量绘画古籍,进行梳理、考据后认为山水画在吴道子、李思训父子时成熟。吴道子是写意山水画的创始者,李思训是工笔着色山水画的创始者,李昭道继承、发展了李思训之格律严整、骨力健劲、设色富丽的工笔着色山水画而更见精致。王维兼宗吴道子、李思训而又自具面貌,其自具之面貌为笔意清润秀丽、诗画合一。张璪笔法豪放奇诡,直承吴道子却善用墨,与王维相近处也就在水墨渲淡,却绝非王维传人。至五代十国山水画南北派分化逐渐显现。父亲认为这是画家生活在不同地域,面对不同自然景观,在对自然深深体味后创造出不同的笔墨技法以表达不同的意境,于是出现南北不同的绘画风格。北方派雄壮豪放、用笔方硬、设墨浓厚,一派阳刚之气;江南派秀丽天真、用笔圆润、设墨淡雅,阴柔之美感人。

　　北方派山水先于江南派山水成熟,成熟的代表人物是五代后梁之笔墨兼重、画势"四面峻厚"(米芾《画史》)、"恣意纵横扫"(刘道醇《五代名画补遗》),充满豪放特色的荆浩。荆浩嫡传弟子为居于华山之关同。关同画风峭拔豪放而笔简气壮,体现北方派山水雄壮气象。荆、关之后为李成、范宽。李成世居齐鲁,故虽学荆、关,颇有危峰乔木、格老墨浓之作,终因长期生活在齐鲁平原，更善以淡墨写平远寒林之景，因而若细分，则李成为北方派之东系。范宽为华原人，虽学李成，最终还是体味关陕雄杰风景而创浑厚、雄强、质实、骨气凛凛之画格，此画格更具阳刚之气，可谓北方派之西系。至此，北方派山水达到高峰，这是北宋前中国经济、政治、文化中心在北方，人才亦多聚北方使然。到北宋中期之郭熙，宗法李成，也以雄壮峭拔之北方派画风见长，却另有一摅发胸臆之自家面貌，那便是"云烟变灭"的画格，这实是米芾的先驱，是北方派向江南派转化的先声。

与北方派水墨山水长足发展的同时，十国的李昇、赵干和董源继承了二李的着色山水。这三人都身处江南，但李思训曾作江都令，所以三人画山水虽"多作江南景"，却设色艳丽，作风与李思训相近。着色山水此后体系尚清晰，即延续至赵令穰等，然后是赵伯驹等，他们多为宗室子弟，不论身居南北，皆习见富丽典雅之景物，故多作着色山水，不过更精致而有士气而已。明代仇英远接此风，更趋典雅。最值得注意的是董源，他虽善着色山水，却并非不能水墨法。所以《图画见闻志》称他"水墨类王维，着色如李思训"。而此时恰巧是王维笔墨兼到之画风在北方流传，李思训之着色山水却在江南流传，以《宣和画谱》所记："大抵元（源）所画山水，下笔雄伟，有斩绝峥嵘之势，重峦绝壁，使人观而壮之。"可见董源虽是江南画家，其画风也受北方影响，他只能算是承北启南的人物。父亲不信传世董源之作真为董源所作，他认为是米芾伪造之作，因为他们太符合高抬董、巨的米芾所鼓吹的"董源画格"了。若干画学古籍载有所谓董源嫡传巨然，其画格较董源之作江南色彩更浓一些。父亲对董源画格承北启南是深有研究的，也认为巨然发展了江南画派，却有一短文考证巨然非董源弟子。真正能表达江南山水"难状"之景的是创米点、画山水"信笔作之，多以烟云掩映，树木不取工细，意似便已"（米芾《画史》），以"墨戏"之法作云山的米氏父子。米氏父子是推动江南画派渐次建立的干将，米元晖尚善着色山水。父亲说到水墨与着色的关系时，说：

> 盖用色如用墨，始能灿烂辉发；用墨如用色，才能明润鲜微。善用色者必善用墨，善用墨者亦必善用色。此所以江南派山水以用墨见长，而其源则出于着色一派。（《中国山水画南北分宗说新考》）

以描绘江南景色著称的董、巨、二米与在江南发展的着色山水派交流，直至元初赵孟頫、高克恭辈出，渊源于赵干、王诜、董源、二米，力趋简化，江南画派遂抵于确立之境，其真正确立在元四家。

在江南画派发展的同时，北方派山水也在变化，尤其是宋室南迁，中国经济中心南移完成，江南，尤其是江苏、浙江成为政治、经济中心，也成为文化中心。南渡画家及其后学学的是北方派技法。面对江南真山水和江南派的影响，画格逐渐向江南派嬗变。元代江南派大盛，明代山水画流派众多，各有师承，创始者往往能融多家之长，成自家面目。江南派之主导地位却一直持续下去。明末董其昌、莫是龙们倡"南北宗"说，江南派之松江派成为清代执画坛牛耳者。

为了更深刻全面地阐述他所创的山水画南北派说，父亲在60年代初写《南画研究》，文中首先说明他仍用"南画"名称的缘由：

> 南画这个名词，原是南派绘画的意思，所谓南派，就是山水画南北宗的南宗，这本是董其昌等人杜撰的名

词，现在原不该再提。但是，山水画实有南北二派的画法，北方人画山多用方笔、硬笔，南方人画山多用圆笔、柔笔；用墨、设色等也不同。这主要由于南北自然环境的不同。不同的自然环境在人心目中的反映，表现出来，便形成南北不同的画法。历史上既有这样的事实，有实就有名，所以南画的名不可废（董其昌等所谓"南北宗"，乃是禅教顿渐之义，与此南北画不同）。

文中将南画的形成、发展又作了系统的阐述，且以他自身绘画的优势对南北画的气韵、意境、笔墨、设色作了比较，详细写出南画用笔、用墨，画山、石、树、水的技法。《南画研究》直至"文革"后才在《中华文史论丛》上发表。

父亲详细辨析各代名家画学渊流，创南北派论。但一种学说之推广并非易事。学界赞赏其"南北宗"辨伪之发现者众，画学巨匠启功、俞剑华皆属热情赞同者。如《中国山水画南北分宗说新考》发表后，俞剑华评论文章说：

关于中国山水画南北分宗说，二十年来成为中国绘画史上之重要问题，有识之士，每多致疑，然作有系统之研究者盖寡，惟童君奋力研究，屡有著作发表，近更写成《中国山水画南北分宗说新考》者四万余言，将画史上之一大疑案作一彻底之解决，三百年冤狱，一朝判明，岂非一大快事！

……顷承童君以全文见示，并征询有无意见，余拜读一过，见其刮垢磨光，披沙拣金，条理清晰，引证详明，断判谨严，俨如老吏断狱，从此铁案如山。

　　至60年代初俞剑华给父亲的信还屡屡说南北宗辨伪问题已成"历史定案"。

　　"文革"后，在张光直《中国美术史》、李泽厚《美的历程》的宋代部分见到与父亲"南北派说"相同见解。

　　实则父亲对花鸟画的变迁也作过梳理，辨析了徐、黄二体中的伪说并指出沈石田花卉画之创新"开青藤、白阳之先"。

　　父亲绘画史研究上另一个重要贡献应可与他"南北宗"辨伪及创南北派之体系相媲美。那就是他研究画史的方法。由于他是历史学家，他的深厚的史学功底和发展的观念使他具有将美术品放入它产生的时代研究，以文化通史的方式写美术史论的能力。他经常有意识地从某个时代的政治、经济的发展，产生新的审美需求的角度，剖析画史的某些发展及画风的变革。这就能从历史的高度，以更广阔的视野，全方位地审视中国古代绘画的作品和古籍，求出近真的中国画发展的轨迹。

　　父亲自1961年起写作的一系列对画家、画作的评论都非常注意时代性。如1961年11月4日发表于《光明日报》的《清末上海画派的历史作用》一文，论述"扬州八怪"及"上海画派"产生的经济背景：

　　　　"扬州八怪"的绘画，明显地反映社会新经济因素的发展，它们的经济背景，是盐商经济和某些工商业经济。这种绘画受到"市民"们的欢迎，流行颇广。

　　　　……上海是最大的一个通商口岸，鸦片战争后，它迅速地变成一个半殖民地的大城市，市民经济发展的结果，它要求市民文化，新的市民文化出现，上海派（俗称"海派"）的绘画也就作为市民文化的一环而出现了。

1962年作《唐代仕女画的兴起》（生前未刊），也系统概述了绘画宗教化向世俗化转化的政治、经济因素：

> 隋、唐以来，由于生产力的发展，"寒门"富人的势力逐渐抬头了，作为当时统治阶级的世袭贵族势力则相应逐渐没落；同时，手工业、商业发展的结果，都市日趋繁荣，都市富人也增多了。在这种社会经济变化的形势下，绘画也不得不有变化。
>
> 唐代中叶期间，绘画上的变化，最显著的是：宣传宗教和礼教的道释、圣贤画开始衰落，反映上流社会生活的仕女画和适应庄田地主、富人们兴趣的山水、花鸟画逐渐兴起。

父亲甚至对评画标准的变化也作了时代的评述。1961年6月24日发表于《文汇报》的《王麓台绘画的评价问题》堪称典型。在提出"最近几十年来，古代大画家中，地位一落千丈，从极端被崇拜到被人轻视笑骂的，是'四王'之一的王麓台。不过短短几十年间，一个大画家的地位变化如此之大，是什么道理呢？"问题后，父亲写道：

> 事情是这样：当五四运动前后，民主革命思潮兴起，新派的绘画研究者，有反封建的要求，而麓台在绘画上的地位，正和桐城派大师方、姚等在文学上的地位差不多，甚至可以说，和孔子在思想界的地位差不多，所以绘画界的反封建锋芒，就自然而然地集中到麓台身上去。不仅麓台，清代正统派绘画六大家"四王、吴、恽"都遭到批判。这种运动和"打倒孔家店"的运动是

差不多的，在当时，有其积极、进步的意义……可是到
了社会主义建设时代，情形就不一样了……然则对于
"四王、吴、恽"，特别是影响最大的王麓台，也应当
批判地继承他的绘画遗产，不能像过去那样对于这些人
的画几乎一笔抹煞。我写这篇文章，就是想对王麓台的
绘画作一个比较公平的评价。

今日，在对五四运动充分肯定其爱国主义精神和"民主"
与"科学"口号对中国进步的推动作用之同时，不正在对当时一
些具体观点、做法在作时代的反思吗？可是在1961年，父亲虽在
文中加了个尾巴"我说的对不对，是需要同志们来讨论、商榷
的"，言辞已失去往昔之锋利，但在极左思潮暗中急剧涌动之
时，竟然明确提出要为一位顶级的封建士大夫画家讨公道，且与
五四运动连在一起评价，是需要多么坚定的学术良心啊。

其实，父亲早就认为研究绘画史，必须史学、考古学、艺术
史兼顾。1947年10月1日发表于上海《中央日报·文物周刊》的
《怎样研究中国绘画史》一文中，他明确提出：

考据的工作完事了，进一步才可以写作贯述大势的
通史。写作通史，更要具有历史的眼光，能看出整个中
国绘画的变迁。同时还要知道整个中国历史的大势。最
好还要能明了中国各种艺术和世界艺术的历史。基础学
识愈丰厚，观察也就愈正确，成就也就愈高明了。

所以，研究中国绘画史的工作，必须要是史家同时
又是考古家和画家的人，才能担任。

可惜父亲早逝，若能活到"文革"之后，以他史学、古器物

学、画学的功底，定能写出一部文化通史式的中国绘画通史。

前几年看了点西方艺术史方面的论著，赫然发现父亲的研究方法与远处数万里之外的德国艺术史家同于20世纪所创，至今仍被称之为艺术史研究的前卫方法相暗合。实不能不令人感叹人类思维发展之共性，绝非地域距离所能隔绝。

改革开放后，国外学术论著纷至沓来，其中包括艺术学论著。中国艺术学各个层面的研究皆急速发展，中国绘画、绘画史的研究亦然。中国山水画"南北宗"研究重新进入学界视野。由清华大学出版社出版的《清华艺术学丛书》之第二辑中有2014年8月出版之王洪伟所著《民国时期山水画南北宗问题学术史》，此书将民国以来对山水画"南北宗"的研究分派系进行了梳理、分析、评论。王洪伟在此书中对父亲的"南北宗"研究作也了专章论述。他认为"最先简要论及'南北宗'研究状况的是童书业"（《民国时期山水画南北宗问题学术史》第9页）。王洪伟在书的绪论中介绍了他对父亲画学的研究：

> 童书业是一位反思意识很强的史家，重视不同研究方法在特定学术史阶段解决问题的实效价值。本章（案：指其书第三章：《童书业文献考证学视野的南北宗研究》）以"新历史考证法"为本，考察其自命的"新汉学"观点，深入讨论童书业以此方法对山水画史及"南北宗"问题的考辨价值；辩证地比较其前期主张的"新汉学"重材料考证，与后期"新宋学"重义理阐释各自的方法论优势，对文献史籍考证方法和重建山水画史心理诉求作了逻辑分析。（上书第22页）

同在绪论中还阐明以父亲为代表的"南北宗"史实考辨派在

学术史上的重大意义：

> 这一学派的成立，从根本上改变了中国传统画学重感悟、重题跋的随笔形式，增强了现代学术所应具备的理论性、逻辑性和辨析性的研究思维，促进了古代画学文献从臆断形态和古典解释传统向现代学术品质转变。直到目前，文献考辨仍然是古代画史研究领域的重要方法。（同上）

父亲若泉下有知，见到他逝世近半个世纪后，仍有人全面梳理和阐释他生前极为重视的画学研究，定会十分欣慰。

注目宋史

方诗铭告诉我，父亲曾想研究宋史。顾颉刚日记印证了父亲一度深入宋史。1941年3月31日，在大后方的顾颉刚，在日记中筹划了他校点二十四史的计划，计划中除将父亲安排在明史校点人员中外，还将父亲和王育伊、李为衡、吴天墀、朱炳先一起安排于宋史校点人员中。校点二十四史是顾颉刚长久的心愿，因而1945年抗战刚刚胜利，他又在拟定校点计划，考虑约请人选，在其10月12日日记中记录所拟邀请名单中"童书业：同上（案：指与吕思勉同为光华大学教授），治宋史"。抗战时，顾颉刚与父亲各在一方，只能通信，邮路不顺使信件来往受限制，但顾颉刚仍深切了解到父亲对宋史的兴趣和见解，所以两次校点二十四史计划中都将父亲列入宋史，所不同的是1941年还兼顾明史，而1945

年就突出宋史了。

　　但是，父亲所著《宋代史略》已亡佚，现在除《中国手工业商业发展史》中有宋代手工业和商业系统论述及瓷器史研究涉及宋史外，研究宋史的文章别无所见。他的宋史情结，只有1955年第三期《文史哲》所载他的《关于〈中国历史纲要〉先秦史及宋史部分的意见》一文留下了一点印痕。他不仅从总体上提出了三点意见："（一）不曾明确指出宋代经济的高度发展，是沿袭唐中期以后由于生产力进步所引起一系列的生产、生产关系和阶级斗争的发展来的……不曾很好的全面地指出宋代封建经济承先启后的关系"；"（二）没有从生产关系发展上来很好的说明宋代中央集权政治机构的特点"；"（三）关于文化的上层建筑部分，本书的叙述一般都不够详明。宋代的封建文化是中国封建文化的最高点，应当有突出的叙述"。而且对一些很具体的问题，如宋代的主户与客户、南宋的国力等都用史料作了翔实的剖析。由此可略窥父亲宋史研究的心得。

避居横林

　　1941年12月，吕思勉、杨宽和父亲为避文化汉奸的纠缠，决定离开上海。杨宽回家乡隐居继续研究工作。吕思勉回常州旧居，在附近游击区湖塘桥的青云中学和坂上的辅华中学任教，一年后因交通不便，辞职隐居常州继续做研究工作。父亲没有一个稳定的家庭，没有支撑五口之家生活的财力，只得辗转奔波求生。1942年春初，由金勤昌介绍，父亲自上海赴宜兴张渚镇胥井村冷欣所办念劬中学任教。张渚镇是宜兴所辖一个极僻远的小地方，胥井村又是个傍山的村庄，因此念劬中学的待遇甚低微。为了糊口，父亲任国文、历史、地理、图画等课，大约人文方面什么课都教。独居无聊，以诗画自慰，也写点文章，后来发表在《文史杂志》上的《古巴国考》《古燕国辨》即在此时写成。

父亲生活自理能力差，不修边幅，在胥井这样一个小地方，不可能被对外界知之甚少的村民所理解。至此年底，终因不堪忍受学生和学校当局的无礼而辞职返皖。此时，母亲已先于父亲带我们三姐妹回到安庆大渡口。

父亲回到安庆家中时，家事日非，先祖父刚愎专制，先祖母懦弱无能，姨太太们勾心斗角。而此时的安庆已是日本人的天下，日军军官慕竹石庄园风景极佳之名，经人介绍到庄中游览，先祖父亦趁势结交且将二姑童书虞嫁给日军翻译，一位邱姓台湾人。先祖父仗日军之势欺压乡里，在大渡口已有恶霸之名。但先祖父是位精明人，深谙狡兔三窟之理，常追问父亲在上海结交何等人，与国民党的关系如何。父亲为了在大家庭存身，不得不再次编造在苏北一些无稽之事。不过，这一切并没改变我们一家在大家庭的处境。母亲曾说起：当时我们全家和佣人一起吃住。父亲在《简谱》中写道："先父设杂货店于大渡口镇，命余及妻任店员。"母亲作为大家闺秀竟被迫去跑单帮，父亲无奈躲到诗画中为自己营造一个寄托心绪的小天地。但这小天地也是无所依托的，因此1943年春初自常州道经芜湖返皖，至是年暑假即由金勤昌介绍至常州横林镇惠林中学任教。常州是江苏省的一座文化名城，横林镇在戚墅堰附近，紧贴津浦铁路，交通便给，更难得的是惠林中学是一所不归敌伪管辖的中学，父亲在此教国文、历史、地理、公民、读经、图画等课，将大姐带在身边读书。母亲带二姐和我返回上海，寄居外祖父处。从此，我们与大家庭再无瓜葛，即或抗战胜利，我们回上海后，生活陷于极度困苦中时，先祖父将先祖母丢在大渡口，自己带姨太太们住在上海，对我们也是不闻不问。1950年前后，父亲由青岛至上海搜集资料，先祖父找到父亲，向他索要每月的赡养费。父亲要求先祖父向上海有关部门交待自己的历史，他再每月寄钱，先祖父不肯。父亲回青岛后，先祖父曾告过父亲，但由于先祖父过去确实长期不管我们的生存，所以判决为父亲不必付赡养费。后父亲命母亲每月寄30元给大渡口的先祖母。"文革"前的30元维持一个人的生活是绰绰有余的。先祖母不识字，钱寄安徽亲戚处，大约是父亲同父异母的兄弟。大渡口的亲戚很少来信，来信就是要钱，修房子、看坟地、备棺木等等，一切由母亲处理，也不过是寄钱而已。先祖母究竟逝于何时，大渡口方面从未告诉我们，这笔钱一直寄到父亲去世，我们家破人亡之时。

父亲在横林生活虽困苦，但较安定，据李永圻讲，他在横林曾短时期听过父亲的课，感到父亲什么课都能上，平时不修边幅，可一讲起课，人就生动起来，很有魅力，学生会着迷。父亲在横林没有承受在念劬中学那种侮辱，反倒有些知交来往。那时吕思勉父女隐居常州，父亲会去看望他们，与吕思勉又可畅谈学问。又有卞达人和承名世这样的画友相伴，所以1944年父亲作诗、文、画颇多，且与卞达人、金勤昌（后又加入承名世）合写《画经》，陆续在上海发表，父亲还尝试写小说数篇，可惜没存留。后来，二姐也到横林随父读书。

1945年上半年，父亲仍在横林教书，母亲带我也到横林。一家人都到横林，父亲收入不足以支持全家住镇上，母亲就带我住在乡下，招几位小学童授课，聊补家用。此时我已有记忆，记忆中美好的事物是常州是鱼米之乡，我所住的农村风景极佳，夏日里我与村童一起，赤膊举网捉蜻蜓、扑蝉，秋日里在浅浅的河水边看少女们坐在木盆中采菱。我还被喊过一次魂。那是房东的一

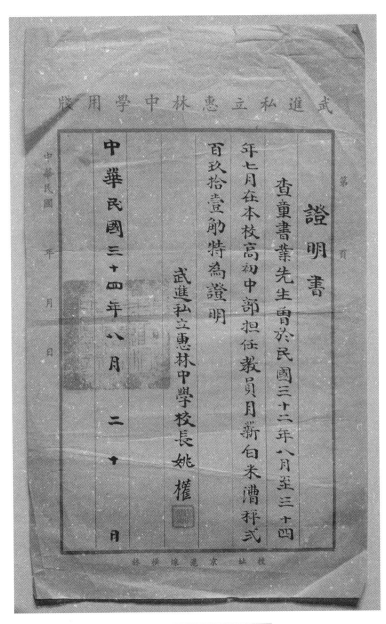

武進私立惠林中學用牋

證明書

第　頁

查童書業先生曾於民國三十二年八月至三十四年七月在本校高初中部擔任教員月薪白米漕秤弍百玖拾壹斤特為證明

武進私立惠林中學校長姚權

中華民國三十四年八月二十日

中華民國　年　月　日

校址京滬線橫林

图 13　父亲在惠林中学任教证明

139

只羊死了，在屋外杀剥，多人围观，我也凑热闹拼命挤到前面。结果羊肚剖开时溅了我一头一身的稀粪，直到母亲给我洗净，我仍吓得哭不出来，只是发呆。村民们都说是吓掉了魂，于是在晚上很热心地几乎全村出动，打着灯笼、火把陪母亲抱我在荒郊边走边喊我的名字，据说要我答应了才算我魂归体魄。晚间荒郊，草、树摇弋，点点灯笼、火把，加上此起彼伏拉长腔的呼喊，加深了森森鬼气，我实则更害怕，幸而还知道必须开口答应，否则没完没了。待我答应了，这场喊魂活动才算结束。这是我第一次经历的江南民俗。不过，记忆更深的是当时生活的贫困。我们租的是一户农家猪圈旁的小屋，房中终日臭气充斥。还记得一位哑巴长工，心地很善良，从田里回来路过我们房门口时，常会或放一把毛豆，或放一把蔬菜，大约我们当时的生活已在一般乡民之下，才会引起这位善良长工的同情，而他的主人也不计较他的行为。

常州虽为鱼米之乡，但抗战时之民不聊生也影响这地方的生活，牵涉到每一个人，尤其是城镇居民，最突出的问题是物价上涨，父亲以一位中学教师的低微工资维持五口之家的生存，也不得不注意物价。承名世告诉我父亲的一件"趣闻"。他说父亲每月统计实物价格，待发工资时就按其统计表买最便宜的实物，借以用低微工资购到尽可能多的生活用品。横林镇上渐渐有人跟着他买，非常灵，横林镇上人称他为"童半仙"。在他离开横林时，镇上一个人硬要买下他的统计表，但父亲走后，统计表就不灵了，大家很诧异。其实这是极简单的经济统计，从统计中找出物价波动的规律，不继续作统计，当然就不"灵"了。抗战胜利后，父亲回到上海，原惠林中学校长姚以祥也到上海，他做黄金生意，就要父亲为他统计黄金价格，找出金价波动规律。父亲给他的结论往往百发百中，姚以祥因此发了大财。可父亲本人无资本，更无胆量去投机，仍是一介穷书生。父亲确实有些令人诧异的天分，无论做什么事，只要他一投入，就会有令人感叹不已的成功。我有时痴想，如若他不以学术为生命，如果他胆量大一些，说不定会成为腰缠万贯的投机家呢。历史的事实是他割舍不了与他生命融为一体的学问。

　　1945年暑假，抗日战争胜利，惠林中学被省立中学合并，父亲又失业，遂与卞达人到常州，为三民主义青年团所办的《胜利周刊》写文章，内容多为歌颂抗战胜利。不久，和卞达人同赴上海，由吴绍澍委任为《青年日报》馆编纂，编写《抗战史》。父亲对吴绍澍很反感，以前隐约听父亲说受过吴绍澍的侮辱，具体内容不详。后听徐鸿修说，父亲曾对他说起过与吴绍澍的关系。父亲说吴绍澍场面上对学人很客气，内心并没有把学人当朋友。有一次父亲去拜访他，他正在打网球，球滚得很远，他竟大模大样地对父亲说：“你去把球捡回来！”父亲转身就走，从此不再多理会他。后来《青年日报》馆又解散，父亲再度失业。幸此时吕思勉、杨宽、顾颉刚等陆续回上海，父亲历经坎坷波折后，又回到了学术环境中。但这段坎坷历程对他身心的刺激却不是一时能平复的，父亲身体日衰，神经衰弱发展到强迫观念症的边缘。此后，他的治学环境有所改善，学术生命重现勃勃生机，成果不断涌出，生存的环境却还将受四年的煎熬。

第五章

复员上海

任职上海博物馆

1946年1月"上海博物馆筹备处"成立，杨宽被上海市教育局任命为上海市博物馆馆长。杨宽聘父亲为博物馆历史部主任，蒋大沂为艺术部主任。

据杨宽自传述，法国人1865年在徐家汇天主堂旁边创设自然历史博物馆，主要收藏从长江流域采集来的生物标本。1930年在吕班路（今重庆南路）震旦大学西边建成博物馆大厦，改名震旦博物院。英国的亚洲文会1874年在博物院路（今虎丘路）设立上海博物院，也以收藏生物标本为主。中国的有识之士都认为在上海这样一个对外开放的城市，必须创设一个具有中国文化代表性的博物馆，对外展示中国传统的灿烂文化。至1935年在爱国学者的呼吁和努力下，上海才开始创设代表中国文化的博物馆，这比外国人在上海设立博物馆已迟了70年，即使是这样，在多灾多难的中国，博物馆的设立还是走了极艰辛的道路。

1935年开始在江湾当时新创设的"市中心区"，建设上海博物馆馆舍，1936年4月馆舍落成，它是一个飞机型的两层楼大厦，底层用作内部工作的场所，包括文物的库房、图书资料室、研究室及办公室。后面大厅的底层和二楼作为历史部陈列室。二楼的两翼为艺术部陈列室。底层两翼的前面，有突出的长方形大陈列室，作为举行各种临时展览的地方。1937年元旦博物馆正式开馆。这是一个综合性的博物馆，由历史部和艺术部组成。历史部主要陈列上海市及周围地区的历史文献和文物，艺术部主要陈列中国古代青铜器、绘画和陶瓷等艺术品。上海博物馆的董事长为叶恭绰、馆长为胡肇椿、历史部主任为徐蔚南、艺术部主任为郑师许。杨宽在大学尚未毕业时即被任命为艺术部干事，负责陈列布置以及编写说明的工作，从此他与上海博物馆结下了不解之缘，直至1960年才离开，成为复旦大学历史系专职教授。

1937年元旦，上海博物馆开馆。博物馆雄心勃勃地准备请中华书局出版《上海博物馆丛书》，在上海《民报》上开辟《上海市博物馆周刊》。但博物馆却在开馆半年多后，在"八·一三"日军进攻上海的战事中被日寇密集炮火所毁。所幸战争爆发前夕，馆藏重要文物已挑出装箱，寄存于震旦博物院。

1945年10月，杨宽从家乡返回上海，在主管图书馆、博物馆、民众教育等事业的上海市教育局社会教育处处长俞庆棠、科长高君珊和雷洁琼及原上海博物馆董事长叶恭绰等人的支持下，四处寻找上海博物馆原有的文物，最后在愚园路一条街巷内的仓库中找到了那批原寄存震旦博物院的文物，由于原上海博物馆已炸毁，选新馆址就不再选偏僻地点。"复馆筹备处"决定暂用四川北路横浜桥一所原日本小学的二楼加以改建。这所日本小学的大楼共三层，1946年时，底层仍开设一所小学，三楼为上海戏剧学校的校舍。恢复后的上海博物馆场地之偏促可想而知。

杨宽回上海后就任命父亲为上海博物馆干事，待复馆后被聘为历史部主任，张凤的学生蒋大沂被聘为艺术部主任。父亲接受聘任后即全身心地投入博物馆工作。上海博物馆复馆后举办了一系列专题展览，与上海历史，尤其是抗战历史相关的专题展览应是由历史部负责的。此时，我们全家的生活却陷入极度困苦中。

沉重的生活压力

抗战胜利后，从重庆飞来上海的国民党接收大员及原留在地下的国民党人员，在接收日伪财产过程中，毫无顾忌地中饱私囊，被民众称之为"劫收大员"。此时物价飞涨，熬过八年抗战的老百姓仍在艰辛中挣扎。这时我们一家五口都在上海，靠父亲在博物馆的微薄薪水度日。因不可能有黄金去顶（租）房子住，所以连安身之处都没有。父亲住在博物馆单身宿舍，衣衫褴褛，据1947年起与父亲住在一起的方诗铭说，那几年父亲窘迫到连博物馆的包饭都吃不起，夏天常以蕃茄加花生米充饥。看父亲在禹贡学会时的照片，脸尚圆润，但自我记事起，父亲的双颊总是深陷的，抗战及胜利后那些年的生活煎熬造成身体的损害，再也没法复原。母亲带我们三姐妹寄居静安寺路（现南京西路）月华里姨妈家的阁楼。姨妈们能收留我们一家并奉养先外祖父母，已经是很不错了。陈家待我们尚好，记得当时读大学的陈家三叔，用自行车推着我出去玩，上海人山人海，我的鞋子都被挤掉。但母亲心中始终不安，除了自己帮姨妈料理家务外，两位姐姐常帮佣人抱小姨妈的孩子。万般无奈时，又是顾颉刚伸手支撑了这个风雨飘摇的家庭。此时顾颉刚在苏州文通书局编辑所任所长，编辑所就设在苏州顾家花园中。1946年7月又任大中国图书局总经理，书局在上海。顾颉刚往返于上海、苏州两地之间，与父亲常相见，见到父亲之窘况，建议母亲带我们三姐妹住到苏州他家中。苏杭两地过去一向是居家处所，物价相对来讲较低，住顾家花园又不必付房租，所以父亲接受了顾颉刚的好意，我们于1946年8月3日到达苏州。顾家花园是一个很幽静的地方。它在离观前街不远的悬桥巷的一个叉巷中，这个叉巷不通其他地方，全为顾家宅地。最里面一排新房是顾颉刚给儿子顾德辉结婚盖的，老房子前面几进是顾颉刚自己家人住的，文通书局编辑所也在其中，文通书局编辑所的工作人员也住在顾宅并使用顾颉刚的私人藏书。最后面一进是顾家亲戚住的，我们也住在这里。这进房屋有单独向外开的大门，它的正房是顾家一张姓亲戚住着，西厢房很小，有一位我们称为"九婆婆"的靠绣花为生的顾家亲戚住着。我们一家住里外套的东厢房，房后有一小天井，内有数株玉兰花，天井后面是灶间，三家人都在此烧饭。顾家花园由一条可行船的、水清见底的小河与悬桥巷隔开，自成一个小天地，靠一座木桥与悬桥巷相通。老宅中花木扶疏，春天玉兰、秋日金桂盛开，令我们小孩子垂涎不已的是老宅中一株老香橼树上每年秋天高高悬着可望不可及的一个个蜡黄的香橼。在苏州顾宅的生活至今想起，仍倍感心旷神怡。我常常忆起这三年多的苏州生活：赤脚在清清的河水中洗濯，小鱼在脚边游来游去，不时轻碰脚趾的适意感；过年的热闹；阴历7月初7月光下乞巧的神秘感；夏天农民将西瓜用船摇到桥边，各家挑瓜时的兴奋感；秋后农民又会摇船把蒸熟的菱角送到桥下，一点点钱可卖一捧粉粉的八角菱，一个人坐在一边静静地享受菱香……这温馨、恬淡的一切至今记忆犹新。但记得最深切的仍是贫困，是母亲在贫困中为保全面子的苦苦挣扎。苏州一般人家的饮食习惯是晚上吃粥，这应该方便贫困人家的，但下午却一定要吃点心，这却难为了母亲。我们家哪会有钱每天去叫四客点心？不吃又保不住面子，记得母亲常常自己做馒头，母亲做的馒头是贴在烧柴的大锅边蒸的，蒸出的馒头，下面有一个黄黄的底，真是又松又香，不仅自己吃，还送邻里还人情。有时则自制小馄饨。为了每天一顿的点心，母亲真是绞尽脑汁。我牢牢记住的最要紧的事是：不论在哪里玩，一看到人家有人动脚去叫点心，赶紧离开。母亲常以夸我懂事鼓励我牢记不可造次吃人家东西，欠人家情是要还的。这印象深刻到至今我若迫不得已到人家家里去吃饭，胃口都会自动缩小，也使我一生以不欠人情为心安。还记得每当小虾饱含虾子时，母亲会去买一些来，仔细地把虾子洗出，沉淀下来，将虾子和酱油放一起熬成虾子酱油。

虾当然是我们难得的美餐，而一瓶瓶虾子酱油则是我们一年中拌饭、拌面的作料，有了虾子酱油就可以省下不少菜钱。我身体不好，每次发烧后，母亲给我添加的营养，就是蒸一只鸡蛋分两次吃。

这时正是我们姐妹们读书的时候，父亲嘱咐母亲，一定要让我们受教育，甚至对母亲说出"钱是没有的，书是要读的"这种不讲理的话。其实父亲还是刻苦自己，尽全力使我们受教育的，连顾颉刚约写《中国通史》预付20万（法币）稿费，也是交给母亲的。我的两位姐姐年龄相近，读同一年级，她们读初三时，我才读小学一年级，因身体不好，母亲送我到悬桥巷的私立小学就近读书。当两位姐姐初中毕业，大姐在顾颉刚夫人张静秋的帮助下考进苏州女子师范学校。当时苏州女子师范学校和徐州女子师范学校都很出名，也非常难考，除成绩好外，还要得力人推荐，张静秋是徐女师校长，经她推荐，大姐才得入学。只要进了苏女师，将来一定可以做小学教师，生计绝不成问题了。二姐只得读普通高中，家中再也负担不起我读私立学校，就让我转到路较远的公立小学，我每学期的文具，大都靠学校的奖品。

什么叫贫困，如何咬紧牙关不露贫困相以保持尊严，在我幼时的心灵中早早懂得了它的涵义。这深深的印记帮助我咬紧牙关度过家破人亡、度过"文革"、度过我人生历程上的一切磨难而进入现在相对平静的生活。人，经历磨难懂得了自尊自立，才有资格称为"人"。

精神病研究

父亲自幼被先曾祖父和先庶曾祖母娇宠，不知稼穑艰难。独立生活后，虽经历不少困苦，却也还有这人、那人可以靠一靠，至抗战胜利后，确确实实要他一人承受五口之家的生活重担了。到1946年，他已被这副沉重的担子压垮了。他的神经衰弱终于发展到强迫观念症。

据父亲在《精神病与心理卫生》一书中自述：由于生活困苦，就怕失业，由于怕失业就怕自己及家人生病，落入贫病交加的境地，越怕生病，越感到自己身上有病。如他怕生肺结核，自己一咳嗽就怕得要命，一见消瘦型的人咳嗽，就认为此人有肺病，赶紧避开，最后连公共场所都不敢去。他原本就十分重视自己的学术发现，加以要靠低廉的稿费维持生活，对自己的文稿越加注意，既害怕别人窜改他已发表的稿子，也害怕别人窃取他未发表的文章。于是，他会将稿子用数重纸包好、封好，或交吕思勉、或交杨宽、或由他们在封包上签字、盖章，总之，他信任谁，就由谁来给他办这些事。又怕自己晚上梦游，起来做坏事或剪掉文稿，睡前让工友文成将剪刀收好并将他的双脚用绳子捆在床上。父亲被层出不穷的怪念头折磨得身体也极度衰弱起来，经常感到头晕、眼花、每分钟心跳一百多次，非常容易疲劳。最痛苦的是自知力很强，很清楚这些怪念头都是不合道理的、不可能成为现实的，却又在行为上无法遏制。甚至知道对人讲这些事会惹人讨厌，却克制不住自己，仍去对任何碰到的熟人滔滔不绝地讲自己的病，弄到后来，除极少数好友外，大家见了他皆唯恐避之不及。这令与之相好、能谅解他的人扼腕痛惜不已。如顾颉刚在1946年5月9日日记中就记有："丕绳神经有病，常疑心其稿子将被人盗窃，虽理智知其不然，而此念纠缠弥甚。予所提拔之人，若侃燮，则死矣。若逢原，则罹心脏病，一事不能为矣。今丕绳又如此，天之厄彼正所以厄我也，怅甚怅甚！"痛惜之情溢于纸上。不过，不理解，不谅解的也大有人在。好在那时之人可以各行其事，不理解就与父亲不接触或少接触罢了。可是，到1949年以后，父亲的敏感、神经质乃至强迫观念症所产生的一系列自知力甚强却难以自制的事都和思想问题搅混在一起，父亲就陷入百口莫辩之窘境了。

父亲被强迫观念症折磨得痛苦不堪，一度曾想自杀，后经人介绍认识上海虹口医院精神病专家粟宗华。粟宗华精神病学造诣极高，当时在上海颇有名气，1949年后出任上海精神病院院长，已于四十余年前故世。父亲与粟宗华见面，交谈数次后，心情大为开朗，颇有觅得知音之感。两人从医生与病人关系渐进到精神病研究之同道、至交。至1947年，父亲的病情即大有好转，他自称"那时我几乎完全恢复了工作能力"（《生平档案》）。这是一个极痛苦的过程，如他怕梦游起来放火或剪掉文稿，睡觉时就故意放一把剪刀和火柴在枕边，不管怎么恐惧，不管怎么通宵难以入眠，都坚持不动，直到不再害怕，然后白天工作时也把剪刀和火柴放在手边，使自己相信自己不会神经错乱，不会放火、剪稿。此外，就是拚命工作，也就是写文章。本来身体虚弱，每天写500字左右，为了用工作来治病，就一晚写700多字，写得双眼都肿起来，不但不休息，第二天晚上再用3小时写1000多字，用这种蛮干的方法迫使自己注意力转移。父亲自认是个意志薄弱的人，因此，用这种方法治疗时，他的痛苦非常人所能想像。

不论喜欢父亲的人，还是不喜欢父亲的人，他们虽可能从不同角度评价父亲，但共同的一个评价是父亲绝顶聪明。确实，不论什么事、什么学问，只要他钻进去，一定能钻出一个名堂来。父亲为了治自己和他人的精神病，又去钻研心理学和精神病学，并取得了相当成就。据尚存的文稿看，1949年之前，他曾以"冯鸿"笔名在《西风》杂志发表《钻出怪病的樊笼》，在《大中华》发表《下意识与精神病》《不要怕你的病》等文章，并应中华书局编辑所所长舒新城之邀，写了《精神病与心理卫生》一书于1949年出版。舒新城本人也遭强迫观念症折磨，是父亲很谈得来的病友。父亲在序言中说：

> 这本小书，是舒新城先生命我写的，舒先生有鉴于近来患精神病的人日多，很有碍于民族心理的健康，认为讲心理卫生的书籍，目前是很需要的。

此书共8章39节加一参考书目，书中不乏创见。其序言中说：

> ……我觉得最近的精神病学，还脱不了佛洛伊德的影响，而佛氏的学说，究竟有些唯心的色彩。它用在某几种精神病，或者很有道理，但用在最普通的轻精神病"神经衰弱症"上，说不通的地方实在不少。我个人在前两年，也是佛氏的信徒，但遵用他老人家所谓"精神分析"的方法来治自己的病，并不曾获得什么效果。后来在粟宗华医师指导下，研究自己的心理，先用内省等方法认识了自己，知道病根所在，然后再用行为主义的"制约"与"解除制约"的方法，改造自己的个性与习惯，更辅之以"工作治疗"，病才渐渐回头。

可见父亲尊重实践，绝不盲从权威，即或是弗洛伊德那样出名的精神病学家，其理论被实践证实有效的，予以肯定；被实践证明无效的，毫不犹豫地否定。想起"文革"结束后，国门初开，中华大地上刮起的弗洛伊德狂飙，再重读父亲1949年对弗洛伊德的分析、评价，更感到父亲求真、求实精神的可贵。书中还有一点亦很引人瞩目，那就是父亲讲到"制约"和"解除制约"

时，用了巴甫洛夫条件反射原理。1949年以后，对父亲了解的人，是理解父亲的敏感和钻研精神对他研究方向转变的影响的，但也有人误解父亲对马克思主义经典著作、苏联学说的研究、吸收及与中国历史、世界历史相比较后的解读。那么，1949年父亲写《精神病与心理卫生》时既无政治压力，也没有借"跟风"保护自己的必要，他对苏联学者巴甫洛夫学说的吸纳，应该完全可以证实他学术素养的多样化之纯学术性。

这书中随处都有唯物主义和辩证的观点。第一章第一节开卷，父亲就写道：

> 这世界是物质的世界，除了物质外，并没有其他东西的存在。一般人所称为"精神"的，也只不过是物质的一种作用，离开物质而存在的精神，只有"唯心论"者才敢想像。

父亲对生理与心理、常态与变态、遗传与环境影响、制约与反制约、情绪与思想等等问题都持辩证的观点加以阐述。父亲实则已将辩证唯物主义引入精神病与心理学研究中，因此，1949年以后他将辩证唯物主义与历史唯物主义引入史学研究是毫不足怪的。

父亲的理论与治疗方法颇吸引一些病人与之交流。从现存的片言只语看，不少人对他很信任，甚至有些崇拜。

1949年后，他曾给山东大学医学院附属护士学校的学生讲《护士心理学》，连医学院的学生也去听，小教室换大教室，大教室换小礼堂，当时确实非常轰动，他的讲稿也印成讲义散发。此后心理学被视为唯心主义的，不再有人提及，父亲也痴迷于亚细亚生产方式、古史分期等历史理论的研究，把精神病研究放在一边。

　　检点父亲的遗物，[看]到父亲最早重新关注精神病的文字是1957年4月15日北京医学[院]精神病研究组给山东大学校长办公室的一封信，信中提到山东[大]学去信介绍父亲要求了解治疗强迫观念症的药物、方法，他们[提]到胰岛素疗法。往后则是山东精神病院韩主义医生为父亲翻译[的]苏联《柯萨柯夫神经病理和精神病学》杂志1956年第12期上的[一]段文字。此外，有可能写于60年代初的《精神病与思想问题[》]；可能写于1964年的《"精神衰弱"是"第二信号系统病理[优]势"的病吗？》；童第周落款为"5月31日"的一封复信；19[ ]年12月21日写成的《治疗神经官能症应注意的各点》；1965年[ ]25日中华书局上海编辑所给父亲的《中国精神病史上几个问题[的]研究》的文稿收据；1965年10月8日写成的《对于"强迫观念症["]的病理、生理机制的一些看法》油印本；1965年1月9日、1月[ ]日、1月17日连续写成的三篇《精神衰弱症生化研究》，1966年1[2月]20日写就的《精神病诊断术》。同时还有不少病人的病历札记[。]父亲上述文章无一发表，他写这些，与其说是研究，不若说是[寄]托、找一个倾诉的方式，所以文章不发表，他仍自管写下去。[父]亲重返精神病研究并自定"文革"后转业作精神病医生，自有[苦]不堪言的原因。

　　总之，父亲是在自身患有严重的强迫观念症情况下进入精神病学研究的。一如与其他学术领域一样，进入精神病研究领域后，研究成果迭出，且不仅与时俱进，若北京大学首设生物化学专业没几年，父亲在1965年1月上、中旬即连续写了三篇《精神衰弱症生化研究》，他还不断总结精神病的诊治术，以求治病救人。在文革最疯狂的1966年12月，他竟完成《精神病诊断术》一书。他在序言中界定了此书内容范畴：

　　本书所说的"精神病"，只是指的生理症状较轻而不显著者，且有治愈或自动症愈的可能的真精神变态的疾病。这就是：1. 神经衰弱症，2. 歇斯底里症，3. 强迫症，4. 精神衰弱症，5. 精神分裂症，6. 偏执性精神症，7. 狂躁症，8. 忧郁症八种病。分析、比较其症状的同异，以供精神病诊断的参考。其已确定生理原因且生理症状较重不易治疗或不能恢复原状的所谓"精神病"，则不在本书范围之内。

　　然后将八种病分为八章，每章讲一种病的身体症状、精神症状、确诊病状后的治疗方案，尤其重要的是指明此种病与其他七种病的不同处，以利诊断治疗时鉴别。半个世纪过去了，对脑神经、精神病、心理学的研究早已今非昔比了，但此书似仍可作精神病医生的参考手册。

　　值得注意的是父亲强迫症两次发病高峰的背景：一次是抗战胜利时生存极度艰辛之时；一次是1958年后社会上极左思潮急速发展，夹在不解与对共产党完全信任之中的父亲，承受着自以为有"反动思想"的沉重精神压力之时。而当今，又是一个社会急速变化，各种人的生存环境差别很大，理想和现实往往不相符之时，也是精神病高发之时，真希望读到父亲的精神病研究论著的人，对精神病患者有更多的理解和谅解。也希望不幸染上各类精神病的患者能理性地认识精神病，积极地配合医生的治疗，更重要的是将自身的毅力发挥至极致，相信经过自身的努力一定能克服精神上的疾病。这样，社会能更安定，生活也能更幸福。

瓷器史研究

　　父亲1945年返回上海，不久即在上海博物馆工作，但博物馆微薄的工资无法维持五口之家的生活。为生计所迫，在1947年初为丁山在复旦大学历史系代课，讲历史地理。暑假后由魏建猷介绍兼任无锡国学专修学校上海分校史地组教授，讲春秋战国史。1948年暑假后，由杨宽介绍兼任光华大学历史系教授，讲历史地理。同时，与强迫观念精神病作痛苦的斗争。这一切都没阻滞他学术上的奋进。上海有活跃的学术氛围与至交顾颉刚、吕思勉、杨宽等人，时常相聚切榷，事忙时则通信笔谈。父亲以极其旺盛的学术生命力在新旧学术领域继续奋进。这时期他的文章多发表在杨宽主编的上海《中央日报·文物周刊》、魏建猷主编的上海《东南日报·文史》、顾颉刚主编的上海《益世报·文苑》、天津《民国日报·史与地周刊》《文史杂志》等处。

　　1946年至1949年，父亲继续他的古史、古籍、历史地理的考证。《春秋史》正式出版，还著有若干春秋史（含西周史）的论文，如《齐僖小伯考》《堕三都辨》《读春秋邾国彝铭因论邾国

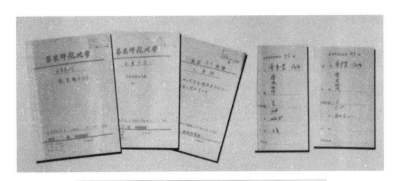

图14　华东师范大学保存的父亲在光华大学的任教档案

之盛衰》（以顾颉刚名发表）、《春秋末鲁国国势考》《春秋时郑国之强》《洛诰"惟周公诞保文武受命惟七年"解》等。并与方诗铭合作，代顾颉刚作《当代中国史学》，方诗铭作前半部，父亲作后半部。顾颉刚于1947年8月13日从上海《大公报》剪下巨未《顾颉刚先生〈当代中国史学〉读后感》的评论文章，1976年6月3日在剪报上补记了此书出书始末。

父亲继续着绘画史的研究，在各类报刊上，尤其是《中央日报·文物周刊》上发表若干论文。偶尔也有点书法方面的小文字，但他不研究书法。中国的书、画创作、研究往往连成一气，尤其作画者和鉴赏、研究画者鲜有不进入书法领域，父亲却是不研究书法的绘画史研究者。

值得留意的是父亲在这段时间开始关注理论并开辟了两个新研究领域，一个是前述的精神病与心理学领域，另一个是古器物研究。

古器物研究领域的开辟与他在博物馆工作，终日接触古器物，耳濡目染有关。也与杨宽此时以"上海博物馆研究室"的名义，借得上海《中央日报》一个版面，开辟了《文物周刊》专栏有关。《文物周刊》是当时唯一探讨文物的刊物，也是中国第一个以"文物"为主题的期刊，它虽作为《中央日报》的副刊，却从编辑主旨到征稿、编辑都能自主处理，不少著名的学者像顾颉刚、丁山、胡厚宣等俱在此副刊发表文章。不过，为保证每周按时出版，博物馆人，以杨宽为首都要积极供稿，父亲亦不例外。翻开百余期的《文物周刊》，父亲的文章比比皆是，有时以名、字、笔名同期登两篇文章，涉足古器物研究就无足为怪了。

父亲对古器物的研究是很散漫的，多以博物馆馆藏为对象。他发表的文章题目足以证明这点，如《从文法来考察"毛公鼎"的年代》《从齐镈钟铭证晏子是宋人》《跋陈逆二器铭》《齐侯

图 15　　《文物周刊》合订本书影

钟铭"桓武灵公"解》《银元宝》《十二生肖、十二支神像》
《从长沙楚墓出土的"韈"说到"履"、"屦"、"舄"的区
别》《宋通元宝》《"床"与"胡床"》《明器中的"辟邪"器
座》《汉代的阙》《"幞头"的演变》《"团扇"和"折扇"的
源流》《释"槃"、"案"》《雨伞的起源》《唐代妇女的围巾
"披帛"考》《唐代妇女的西装——胡服半袖裙襦考》《唐代妇
女"红妆"考》《唐代舞和胡式女舞衣》《中国古籍中的高句丽
服饰与通沟出土墓壁画中的高句丽服饰》《饼的起源》《中国金
属货币起源考》，还有与唐兰讨论石鼓文时代的数篇文章等等，
从钟鼎镜盘等令人肃敬的彝器到日常生活用品，无所不写。不过
随着研究的深入，他的古器物研究逐渐集中到古瓷器。
　　陶瓷是中国文化的象征之一，悠久而璀璨的陶瓷艺术所深蕴
的历史文化内涵使它成为中外收藏家从未放松过关注目光之艺术

品。唯其如此，中国陶瓷真面目反被收藏家的崇古幻想、古董商的作伪搅得扑朔迷离。父亲一沉入瓷器史领域，就认识到，在漫长的封建时代：

> 士大夫们只是把瓷器当作骨董来赏玩，偶有记载瓷器的书，也多是赏玩骨董的杂记。他们缺乏史学的眼光，因此其记载往往根据想象和传闻，绝谈不上科学著作。再加上骨董商的捏造事实，制作伪器，伪说和伪器的传布，更把中国瓷器发展的线索弄混乱了。所以单据过去的记载和传世的作品，我们是无法正确地、全面地认识中国瓷器发展史的。（《中国瓷器史概论》）

父亲曾对我说过：瓷器也好、古画也好，也许会出现某个时代某种技艺失传的现象，但绝非越古越精美，相反是越古越简朴、粗糙，这才符合事物的发展规律。他在瓷器史研究中就是用这种历史的眼光迅速地廓清若干迷濛、揭示若干真相。他的新见迭出的研究成果不断发表，在学术界引起不小的震动。50年代，除手工业商业史中必须研究瓷器外，他只将旧作整理成《中国瓷器史论丛》于1957年出版，无暇顾及瓷器史的进一步研究。60年代被迫重返考据时，瓷器史又成为他关注焦点之一，与古器物研究名家沈从文、冯先铭、陈万里等面谈或通信讨论瓷器史研究心得。

父亲在瓷器史研究中能迅速精进，全得力于他深厚的历史学养和考证功底。《顾颉刚读书笔记》中载：

> 丕绳正在修改其瓷器史之论文，谓予曰："自帝国主义分子收买中国古瓷器，仿古之赝作遂多。加以前人记载不实，考辨更难。然记载中终有好资料，可据以辨

正诸伪说与诸伪物。故为瓷器史者正与考古代史同，第一步即为辨伪。然古史则据实物以辨记载，瓷器史则据记载以辨实物，目的同而方法异”（第4815页）。

父亲所谓之“实物”是指传世之器，非古瓷窑出土之器。冯先铭、陈万里皆是故宫博物院中研究瓷器史之名家，是经常勘察古瓷窑之人，父亲对他们的见解是非常重视的。在没有确切考古资料时，父亲往往从古籍中寻找记载，再进行梳理、排比、考证出瓷器史真相，其考证极为精到。

当我整理父亲瓷器史论著时，最为叹服的是他的《郎窑考》和《郎窑再考》两文考证郎窑作者逻辑推理之无懈可击。后见徐鸿修所作《敬佩从欢笑中开始——回忆童书业先生》之文，从他的大段记载中看出，父亲对自己从《茶余客话》六种版本细微不同处起疑郎窑作者不是连《清史稿》都认定的郎廷佐，而是郎廷极，然后再从与郎廷极同时代有来往的人的文字中找出明证证实他的结论，也是非常得意的。

父亲为求真广泛搜集资料，尤其注意不利于己的资料，经过缜密的推理，考证出来的结论往往经得起时间的考验，甚而被考古材料所证实。毛公鼎时代的考证如此，瓷器史考证也如此。父亲在《清初官窑瓷器史上几个问题的研究》之《“年窑”督造者的问题》部分，用资料排比、分析而断言世传唐英自著之《陶务叙略》中所说唐英于雍正二年督景德镇窑有误，“二”应是“六”在辗转刊印时出现的错误，他举出若干古书辗转刊印时也将“六”误排为“二”，因而断言，唐英督景德镇窑不在若干古书所说的雍正二年，而是排比唐英经历后应定的雍正六年。这完全是据文献考证的结论。1999年史学通赠我《江西方志》1994年第五期，上载詹开通所作《介绍唐英撰文的一方青书瓷版》，文中介绍他收藏的半方唐英亲撰的青书瓷版，此瓷版中有"雍正六年戊申之冬，余奉命司陶，迄雍正十三年"，完全证实了父亲考证的结论。

在瓷器史研究中，父亲像绘画史研究一样，并不满足于一个个问题的考证，他很想写一部文化通史式的瓷器史。在《中国瓷器史论丛》出版时，他已据记忆中1949年以前写就的《瓷器导言》初稿、1957年以前的考古成果及历史发现、他个人的研究心得，试创了一个中国瓷器发展史的系统，此系统可简单概括为：

> 中国的瓷器史可以划分为"青瓷"、"彩瓷"两大阶段：从战国到元代为"青瓷"时期，从明代到现在为"彩瓷"时期。"青瓷"是一种未成熟的瓷器：胎质近陶，釉色不纯，烧造技术原始。"彩瓷"是一种成熟的瓷器：胎质细致，釉色纯粹，烧造技术高明。"青瓷"的颜色是不同程度的黄、绿、青等的混合色，"彩瓷"的颜色是包括各种彩色以至白、黑、窑变、花绘在内的纯粹色。"青瓷"分为南北两个系统："南方青瓷"先发展，由黄绿色（唐以前）发展至翠绿色和粉青色（唐以后），以"龙泉窑"为最高点。"北方青瓷"后发展，由黄绿色（五代以前）发展至天青色和"窑变"的红色（五代以后），以"钧窑"为最高点。其胎质则都由半陶半瓷发展至比较纯粹的瓷质。"彩瓷"由各地发展，逐渐集中发展于景德镇，可以分为"白瓷"、"黑瓷"、"窑变"、"单彩"、"青花"、"五彩"等种类。"白瓷"由北而南；"黑瓷"主要产于福建；"窑变"出于"仿钧"，盛于宜兴、广东；"单彩"、"青花"、"五彩"都完成于景德镇。其胎质除个别种类

外，都是纯粹的瓷质。"彩瓷"起源于唐代，发展于宋元，而完成于明代，至清代则更成熟。

明代的宣德、成化二官窑，清代的康熙、雍正、乾隆三官窑，是"彩瓷"发展的高潮。清代中叶以后，"彩瓷"才进入中衰期。到解放后，整个陶瓷工艺又有了振兴的前途。

父亲在1949年以前重点研究清前期瓷器史；研究手工业商业史时廓清了明代瓷器史上若干问题，从他遗留下来的数册瓷器史资料看，60年代他研究瓷器史的目光转向了宋代，也写就了《宋代瓷器史上若干问题的研究》一文，"文革"中交山东大学历史系资料室保管，后下落不明。惜时势不假其以天年，令父亲无法贯通其瓷器史研究心得，写成他一心想写的自成体系的《中国瓷器史》。

关注理论

父亲的学术源头实在是两个，一是考据，一是理论。这两个源头在父亲学术研究发展时也都在发展，其外在表现却是此起彼伏又彼起此伏，给人以多变的感觉。其实在他考据论著滚滚涌出之时，他仍注意着理论。1951年8月21日《新山大》载他写的《学习党史后的自我检讨》中就有：

当抗日战争爆发稍前，杨向奎先生从日本留学回来，他告诉我日本史学界和中国留学界对于马列主义新史学研究的热烈，使我很受感动，把我埋在脑海深处的陈独秀经济史观的影响引发了起来，我开始想用"唯物史观"来研究中国历史了。我替顾先生写的春秋史讲义附编中提出经济是历史的重心，政治文化受经济社会决定的看法。

父亲1940年至上海，上海是个思想活跃的地方，又与吕思勉深交。父亲的论著中经济史观的色彩更浓，《春秋史》就是融入经济史观写成的。

1945年父亲回上海，此时国共和谈破裂，第三次国内战争爆发，与政治、军事相呼应的是文化的风云激荡。在上海这样一个各方争夺的文化阵地上，文化人都不免受到冲击。撇开父亲其他学术领域的研究不究，在理论方面父亲此时处于一个非常奇特的状况。一方面他已开始阅读马克思主义的论著，后来甚至在光华大学开设《辩证唯物主义》课程。他相信辩证法，在《新汉学和新宋学》中，他写道：

海格尔的"辩证法"，诚然有些玄学的嫌疑，然而这种理论应用到学术思想上来，则确有其不可磨灭的真实性。我们只须观察古今中外的学术思想史上的重要变迁，便可明白"正、反、合"的公式无一时一地可逃脱的。

父亲甚至认为考据之学已独霸了三百多年天下，到这世界和中国国内大势整个变迁的时候，自然又该有一种新的学术潮流兴起。这是历史的必然。这新的潮流父亲命之为"讲道理运动"。他也主张讲唯物主义，哪怕是在精神病和心理学这种很容易陷入唯心主义的学术领域，他也强调辩证的唯物主义。他甚至自认为是唯物史观者。这时郭沫若正住在上海虹口，他的住宅门口上挂有一个小方块的木牌，亲笔写一"郭"字作记号，父亲与杨宽就在此时与他结识。虹口离博物馆不远，郭沫若常到博物馆借书、与杨宽和父亲交谈，父亲和杨宽也常去拜访郭沫若。记得父亲曾告诉我，在上海曾与郭沫若同乘一部黄包车。父亲对郭沫若的才气极为欣赏，对其早期史学研究也极为敬佩。因为郭沫若是中国很早用唯物史观研究中国历史的学者。

但父亲于1945年以后并没以唯物史观的阐述者或运用唯物史观研究中国历史的新史学派面貌出现，反倒是从1946年9月至12月，一口气发表了《论神话传说之演变质李季先生》《时代思潮与史学》《"疑古"、"考古"与"释古"》《给李季先生一封信》《新汉学与新宋学》等文章与上海的新史学派进行论战。因为李季是当时新史学派干将，又是攻击考据学最激烈的人，所以父亲竟指名道姓地与其争辩，从客观上看，父亲反倒成了考据学的卫道士。究其原因有三：

其一为当时在上海活动的若干所谓"新史学"家虽是在尝试用唯物史观去研究史学，但多为奢谈理论，所举史料似是而非，经不起推敲。因而父亲认为他们的论著"只有宣传意义，没有学术价值"，"我觉得学术而带上政治的色彩，那就不是科学了"。（《学习党史后的自我检查》）。

其二为若干"新史学"家以断章取义的手法攻击考据来为自己张目，这激起一贯孜孜求真、求实，以考据为学术研究基础的父亲的反感。

其三为当时的若干"新史学"家已颇有将唯物史观当作教条，最后走向唯心主义的倾向，这也是父亲极不赞成的，他在《时代思潮与史学》中说：

　　史学研究是需要客观的精神和态度的。不能先定好一个主观的教条，然后到史料中去搜求证据，来证明这教条。现在的唯物史观者大多（当然不能说完全）是以教条为本，史料为副，展开着"六经皆我注脚"的作风。

　　父亲的治学思路一贯追求贯通，不论什么学问都必须求一个立论坚实、逻辑通达。由于他深深浸润于考据中，又进行着理论的研究，更想将两者融会贯通，他的《"疑古"、"考古"与"释古"》一文应是这方面努力的典型。如前所举，他将"疑古"、"考古"、"释古"当作史学研究的"三个方面"，"三个步骤"，这三方面融会，则会产生既有考据近真的史料作基础，又有社会发展理论为视野的真正史学研究。父亲在此文中还提出了史学研究各种流派必须共同恪守的原则和方法：

　　　　无论站在任何立场，抱何种态度去治史，都应该牢守一个原则，这个原则就是求真……无论站在任何立场，抱何种态度去治史，都应该牢守一个方法，那便是科学的治史方法。怎样的治史方法才是科学的呢？较详细的说起来，第一是尊重客观的事实……第二是重视证据……第三是多用"归纳法"而少用"演绎法"……

　　父亲就是坚守"求真"原则，纯熟地运用科学的方法，在差异极大的各学术领域进行着卓有成效的研究。

迎接上海解放

中国老一代知识分子，一般来说对中国历经战乱、民不聊生深感痛心，对国民党的腐败深恶痛绝，对共产党也心存疑惧。虽有少数人力图科学救国、教育救国，但绝大部分人只是埋首学问，父亲本来就是对环境不甚了了，一心治学之人，因此，即或对三民主义、马列主义著作有了接触，有所研究，仍将其作为一种道理、一种学问，却不会将其与国民党、共产党的政治相联系，甚而认为一联系就是政治宣传而不是科学了。故而对陈独秀、郭沫若作品的阅读、1948年开始对马列著作的阅读，都是从学术的角度进行的。他并不了解共产党，也害怕共产党，怕共产党"杀人放火"，更怕共产党"文化专制"。好在不论哪方面的人都知道父亲是个书呆子，如若拉他搞政治，恐怕越搞越乱，看重的只是他的笔杆子，他会在短时间内写出旁征博引、逻辑严密、极具说服力的文字。所以国民党吴绍澍主持的《正言报》、《青年日报》馆将他作客卿待，只取他的文章并不拉他入国民党，而共产党在上海的机关更是从不过问他，只是一些从事理论研究的人，其中不少是"托派"的人会找他讨论历史问题。倒是他自己在从事学术研究中得出一种认识，认为中外历史都证明人类历史上有两种势力轮流当令，一种是"理智的势力"，一种是"信仰的势力"，它们在否定之否定中轮流当令，使人类向前发展。此说颇有机械论之嫌，父亲却在《时代思潮与史学》一文中用中外史实铺底，从宏观上作了大段振振有辞的阐述。到解放前一两年中，父亲这不问政治的书呆子反而认为共产党应该当令，只有共产党才能使中国"转乱为治"。因而一贯胆小的父亲"感觉有一个太平时代将要来了"，精神上反倒有些兴奋，所以在解放上海时，"炮火连天，我却从容的在博物馆中写我的心理学论文"（《学习党史后的自我检查》）。

1949年父亲在上海博物馆的职务由历史部主任改为总务部主任。父亲负责总务，颇有点不可思议，个中缘由大约只有作此变动的杨宽知道，但这职务的改变却使父亲成为将上海博物馆馆藏文物完好保存交给新中国的主持人。

据杨宽自传说，1949年4月中旬，驻防常州的国民党军队在车站附近修防御工事时，发现了一个有铜器的汉墓，没有任何一个考古工作队前往发掘清理。杨宽与蒋大沂就率一个考古工作队前往常州发掘汉墓。行前交待父亲，如遇紧急情况，将陈列品归藏库房。杨宽等人发掘、清理完汉墓，解放军已于4月21日渡江，很快攻占了常州。蒋大沂带考古工作队留常州，准备将这批文物造册交常州新机构保管，杨宽一人辗转回到上海时，留馆人员已在父亲主持下，将全部陈列品井井有序地归入了库房。上海解放后，这批珍贵文物全数交给上海文物保管委员会。杨宽、父亲和上海博物馆全体员工为新中国保存了一大批珍贵文物。

1948年是解放战争最激烈的时期，时局的动荡使学界各人都在考虑何去何从，这时顾颉刚曾介绍父亲到兰州大学去，由于母亲的反对，父亲仍留在上海。1949年5月27日上海解放。暑假中父亲在上海文教局所举办的学习会学习，此时杨向奎在青岛山东大学任教，由他推荐，山东大学聘请父亲赴青岛任专职教授。

第六章

教学科研的又一个高峰

从未有过的推重

父亲于1949年9月10日到达青岛，母亲带二姐和我于10月离开苏州赴青岛。此次北上真不知是祸还是福。以父亲初到在山东大学所受的前所未有的推重和在教学和科研中所做出的成就看，应该说父亲到了一个让他充分施展才华的地方。但是，父亲1935年至1937年在北平，时间虽短，却是他学问精进的时期，给后来多数留在北京的史学界精英留有深刻印象。他大部分时间是在上海，上海的学术界、出版界对他很了解，从父亲生前乃至身后的学术论著发表地看，仍是以原在上海的中华书局编辑所衍生的上海古籍出版社和迁到北京的中华书局为主。父亲到山东后，基本不走动，脱离了原来在北京和上海自然形成的学术界同道、朋友圈，不善交游的父亲在山东是很孤立、很孤独的。历史是不可以假设的，父亲北上了，他的生命历程在40岁时与山东大学紧紧融合在一起，一去19载，晚年呕盼安居杭州，却仅以骨灰葬于杭州之湖光山色中，故土的青山绿水、四季花树慰藉的只是他酷爱江南山水的灵魂。

不过，刚到青岛时，在父亲和我们面前展现的是一片光明鲜亮的景色。青岛坐落于一个把胶州湾美丽的自然港同黄海分隔开的尖岬上面，三面环海，一面是胶东半岛蜿蜒丘陵的延伸，整座城市的街道、房屋都顺山势回转，青岛的路是分不出东、西、南、北的，青岛人给人指路总是说向前、向后、向左、向右。在青岛也很难弄明白楼层，像我们住在合江路一号，进家是不用爬楼梯的，推开阳台门却是三楼。整座城市被绿树环抱，在层层绿色中露出点点红屋顶，这绿色与蔚蓝色的大海相映，分外壮观、分外令人神清气爽。青岛人爱花，几乎家家庭院都种花，种得最多的是丁香、日本樱花和藤本月季。丁香和樱花差不多时间开放，而且都是盛开时不见一片绿叶，每到四月底五月初，花团锦簇的白色的丁香花和粉红色的樱花相映，在习习海风的吹拂下，以其摇曳的身姿凭空给这原本优美的城市增添了几分优雅。山东半岛物产丰富，青岛的海产品更是诱人，我们到青岛时，黄岛路整条街两面都是一家接一家的海鲜店，每家都陈列极便宜的鲜鱼活虾，红家鲫、比目鱼、大对虾……许多品种现在已绝迹，至今回忆起来仍令人垂涎不已。青岛是我南返后唯一思念的北方城市。

青岛在1898年沦为德国的殖民地，第一次世界大战后又被日本攫取，第二次世界大战后沦为美国太平洋舰队基地，至1949年6月2日，才伸直屈辱了半个世纪的身姿，以她的美丽吸引着若干海内外学子，铸就山东大学的辉煌，也为她增添了自己民族文化的韵味。我们到青岛时正是她洗清屈辱，意气风发之际。

山东大学是一所自1901年起时建时停、时拆时并，历经历史沧桑却只要可能总将学术放在首位的海内外颇有名望的大学。

父亲在山东、山东大学受到此前他从未受过的推重，聘书纷至沓来。就现在保存下来的聘书看，与青岛市和山东省相关的有：

1949年12月被中国人民解放军青岛市军事管制委员会和青岛市人民政府聘为青岛市文化古物管理委员会委员。

1954年6月29日当选为青岛市第一届人民代表大会代表。

1956年12月1日当选为青岛市第二届人民代表大会代表。

1957年被山东省九三学社聘为科学研究委员。

1958年5月5日被聘为山东省科学委员会哲学社会科学组组员兼历史组组长。

1959年10月8日被中国科学院山东分院聘为历史研究所研究员。

1963年12月6日当选中国人民政治协商会议山东省第三届委员会委员。

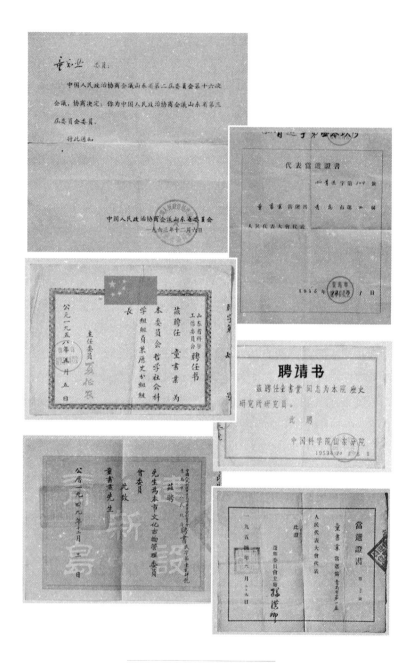

图 16　父亲校外职务的部分聘书

在山东大学内，父亲接受的聘书有：

1949年8月1日起被聘为山东大学历史学系教授。

1949年8月1日起被聘为山东大学历史语文研究所历史组研究员。

1951年3月15日被聘为山东大学文学院历史系副主任。

1951年3月12日被聘为山东大学学术委员会文学院学术委员会委员。

1953年2月1日被聘为《文史哲》杂志编委会委员。

1957年5月13日被聘为山东大学历史系中国史教研组副主任。

1957年9月30日被聘为山东大学历史系中国古代史教研组主任。

1958年被聘为山东大学校务委员会委员。

作为旧知识分子，父亲至山东大学之初还接受了三个短暂却有特殊意义的聘书，那就是1950年4月3日被聘为山东大学学委会第一班文史系辅导员；1950年9月25日被聘为山东大学政治大课学习委员会研究委员会委员；1951年12月6日被山东大学校委会聘为时事学习第二单元主讲小组讲员。这是政治上的信任和推重。

父亲21岁独立谋生，以赤子之心在乱世中颠沛流离，过着坎坷困苦的生活；虽有学术建树，却因无学历文凭而地位低下；虽有人扶持，却也屡遭白眼和屈辱。建国后受到这样的推重，而且从此经济宽裕，衣食不愁，再也没受过生活窘困之苦。这强烈的反差使受传统教育至深的父亲欲倾身心地报答共产党。所以父亲至死对马列主义毛泽东思想、对共产党，甚至对作为个体的共产党员都深信不疑，虽受到一些人品不高的党员的迫害，甚至多次成为运动的"靶子"，但一涉及到整体、涉及到这些党员的党性，又会深信不疑。这是现在人无法理解的，故亦有种种的评论，有些曲解和误解，甚至涉及人格。

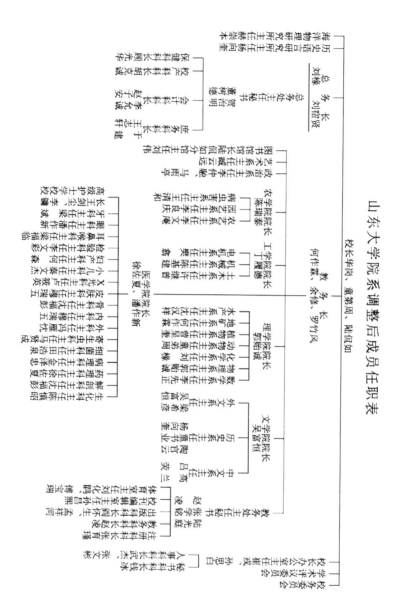

山东大学院系调整后成员任职表

校长 华岗、董第周、陆侃如

教务长 何作霖、余修、罗竹风

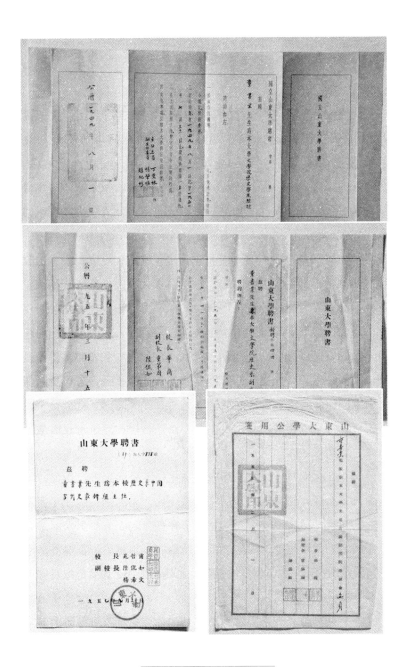

图 17　父亲校内职务部分聘书

教育家的风范

山东大学如同苦难的中国的缩影。它时建时散，但只要存在，历任校长总念念不忘聘请名人执教，确有不少20世纪著名的学者在山东大学任过教，如闻一多（1930--1932）、沈从文（1931—1933）、老舍（1934）、王淦昌（1934—1937）、梁实秋（1930—1934）、洪深（1935），至今山东海洋大学内还有一座以闻一多命名的小楼——一多楼。1946年山东大学在青岛复校，在赵太侔校长领导下忙于聘请人才，收复校舍，设置院系、招收学生。此时正是解放战争时期，学运高涨，国民党残酷镇压，正常教学秩序时时被打乱。至1949年6月2日青岛解放，军管会整顿学校，学校逐渐有了安定的教学环境，接着华东军政大学与山东大学合并，又经历全国高等院校院系调整。在一系列的调整发展中，山东大学以风景优美的青岛这一地理优势，吸引了不少国内外精英。但新的形势要求新的教学科目，尤其是人文社会科学，必须转到马克思主义的基础上，开一系列新课程。这时的山东大学文、史两系，人才虽众，亦难免捉襟见肘之窘。此时的父亲是要他开什么课就开什么课。当时任系主任的杨向奎曾告诉我，什么课请父亲开，他看几本书就可以系统化，马上上台讲课，在学生中极有威信。

父亲的教学生涯伴随他学术生命始终，且也硕果累累，这是大家公认的。山东大学保存的他的生平档案中如是说：

在教学和研究工作上很认真，讲课也有系统，敢于大胆分析，提出自己的见解，有说服力，是为同学所欢迎的教授。自己也肯钻研，是历史教学中的骨干力量。

据父亲在1966年的教学自我检查中自陈，在山东大学开过20余门课，现在能知道的是，他开过辩证唯物主义与历史唯物主义、马列主义名著选、中国社会发展史、中国上古史、中古史、近古史、近代史、五四运动史、中国通史先秦部分、中国土地制度史、中国农民战争史、中国手工业商业发展史、先秦思想史、史学名著选、先秦经济史、世界古代史、古代东方史、美学、护士心理学等课和先秦文献、中国古史分期两个专题讲座。

山东大学历史系历届学生对父亲的授课都极为称道。

1949年前入学之黄勉堂，50年代之陈之安、景甦、徐鸿修、史学通，60年代与我同班的许多同学，都津津乐道父亲上课不带手表，时间却把握得极其准确，经常是他刚宣布"今天课就讲到

图18　父亲在1950年与文史系毕业生的合影。教师中排左起：杨向奎、高剑秋、童书业、孙昌熙、刘泮溪、孙思白、王统照、卢振华、殷焕先、黄孝纾、萧涤非、殷焕光。后排右起第五人刘敦愿，左起第二人赵殿诰。

这里"，马上听到下课的铃声。有时没听到铃声，学生总归咎于校工打铃有误，这时父亲会请学生提问题，但往往学生还没来得及提问或刚问完，父亲只答完一两句，就听到下课铃声。平时父亲总是两手空空，提前一二分钟进入教室，铃声一响，马上开讲，如果将他讲课内容完整地记下来，便是一篇思路清晰、结构完整的文章。

父亲是有即席而谈的能力的。黄勉堂在1998年第六期《文史哲》上发表《怀念童书业先生》一文中记有：

> 记得山大历史系刚成立不久，曾举办过一次有关古史分期问题的讨论会。由于会议的筹备工作有些疏忽，布置讨论内容稍晚了一些。但当时新任校主任委员华岗也参加了会议（华岗任校长在一年以后），与会成员因都是仓促参加，又有校领导亲临会场，所以说话都格外谨慎，宣布开会后出现了近20分钟的冷场局面。正在大家焦灼不安的时候，忽见童先生起来打破僵局，作了长篇的即席讲话，题目是"西周封建论质疑"。发言中无论是马列主义原著里的理论还是先秦文献内的资料都被网罗无遗，引据浩繁，如数家宝，有一大半资料都是原原本本直背原书，或将佶聱难懂的古文简译成语体说出，既具说服力，又富启发性。从此引发了一场热烈的讨论。实际上，挽救了一次濒临失败的会议。

徐鸿修也说过，1961年底陪父亲赴京复核瓷器史资料，当父亲到故宫博物院拜访冯先铭、陈万里时，巧逢唐兰带学生在故宫实习，父亲应唐兰之请即席与学生谈了山水画南北宗说辨伪及没骨花图考等绘画史上应该辨伪的问题。但父亲上课绝非即席而谈，他备课是极为认真的，1953年4月11日《新山大》上刊出父亲的《我对课堂讲授的几点体会》，文中以他所授的世界史为例，讲他的备课过程：

> 看参考书，是在任课前一学期或半学期中的事……到讲课前几星期，参考书阅读已完，立即着手编写讲稿……我写讲稿的标准，是力求叙事正确，理论完密，并以简明、有系统、有重点为主……我的《古代东方史》讲稿，已经过两次修改，每次修改都参考讲课经验，同组教师和学生所提的意见，并复核参考书，收入新得材料……备课的最后一道功夫是试讲，这种试讲只不过比正式讲课稍快些罢了……讲课的方法……最重要的是要有逻辑性……其次重要的是要有重点……再其次是音调和姿态要有变化。

景甦在给我的信中也写到父亲教学极重视教学法，他写道："1953年12月4日童先生讲《古代东方史》时，曾以'第十八王朝'为例做教学试讲报告，请许多老师参加旁听，事后评议。他说这堂课有两种讲法，一种是演讲式，在讲课时提出重点，然后对重点进行分析，这样讲对重点问题印象深刻，但因课堂时间有限，大部分史料被抽掉，不能使人对总的历史有清楚的概念；第二种方法是叙述式，对史料讲得仔细，但重点不突出，分析也不透彻。同学们建议他尽量把两种方式结合起来。在以后的教学中童先生是接受了大家的意见。"父亲在别处还讲到备课时要考虑每次课讲多少字，兴奋点安排在何处。他每门课都如此细致认真地备课，而且不论讲过多少遍的课，每次上课前总要对着闹钟从头到尾吟诵一遍。陈之安也曾讲过：政治系64级要求父亲讲农民战争史。父亲此时身体虚弱，已是坐着上课且无力站起来板书了，但政治系这班学生多为调干生，史料不熟，听课困难，系里派陈之安协助父亲上课。每次课前父亲交给他一张纸，父亲引证到某条材料，他就板书到黑板上。回去校对父亲交给他的字条，所引史料竟无一字错误。可见到晚年父亲备课仍如此认真。

父亲开新课一般是讲义、讲稿同时写的，以他最耗精力的中国手工业商业发展史为例：此课有讲稿，且有1955年稿及1958年修订稿两稿，同时又写成讲义。讲义系统严谨、规范，史料非常丰富，在讲义基础上形成的《中国手工业商业发展史》专著一再出版。两份讲稿各有特色：1955年稿之特点：1. 在绪论中就将从猿到人直至鸦片战争前中国的手工业、商业、城市的发展及相互影响作了一个系统的概述，使学生一开始就有一宏观的印象。2. 重阐述，如对西汉至王莽再至东汉、魏晋时，贵金属黄金从大量流通逐渐减少到几乎不甚流通，《中国手工业商业发展史》仅说"至于前人所争论的黄金减少问题，实在并不重要，因为黄金可能并不曾十分减少，只是分散藏在民间罢了"。而讲稿用了两页半稿纸来阐述黄金减少的过程、原因及它所反映的社会状况。3. 关注从战国、秦汉起至清代"中国资本主义生产因素"的状况：各朝代手工业、商业中某些现象是否是资本主义生产因素？如是，它在当时社会生产中占何种地位？这种地位能否决定中国已经产生资本主义萌芽？等等。4. 不仅从中国社会整体来分析中国手工业与商业的发展，还与对古代东方社会的分析结合，进而与西方社会相比较。而这一切的分析和比较是以马克思、恩格斯著作为理论基础的。5. 讲稿口语化形式很明显，且所用史料亦较《中国手工业商业发展史》讲义为少且多有笔记、小说中资料，看来是有意识重阐述及吸引学生兴趣。1958年稿是以专题为单元写就的，所述每一专题之手工业或商业或城市，不以朝代划界，皆写某现象诸方面之缘起及如何融合成某一特殊现象，此现象发展至成熟、高峰时的状况、特征、本质及至衰落，衰落后逐渐产生之质的变化，等等。与1955年稿之共同点是：对学界中任何不同观点都罗列出来，加以分析、评论，再表明自己的观点。可惜的是1958年稿尚有《明清时代矿冶业与制盐业的发展》《元代的商业资本与高利贷资本》《清代前期的金融业》三篇，由于众所周知的原因而未能着笔。《中国手工业商业发展史》讲稿由商务印书馆收入《童书业杂稿辑存》中出版。

　　父亲教学的认真严谨还可从他接受任何教学任务立即作出计划、大纲看出。他的遗物中有《春秋战国史四年制研究生培养计划》，内中详列：1. 培养目标；2. 培养方法；3. 培养步骤；4. 理论书目；5. 原始史料书目；6. 参考书目。遗物中竟有10页1967年3月11日写就的《科学的古代史大纲》，这是重新修订他1955年写的《古代史大纲》而写的。这时正是"文革"最疯狂的时期，也是他数年不上讲台之时，更是他生命之烛将尽之时，然而，他却仍如此念念不忘教学。我想，任何了解这段历史的人见此都会感动得心颤不已。

　　山东大学受教于父亲的老学生再三强调的是：父亲固然天份很高、记忆超常，但绝非全靠才气达到教学、科研极高水平的，有才气不等于有成就，父亲才气的发挥是有勤奋、认真作基础的。徐连城告诉我，父亲读书、治学、谈学问时都心无旁骛。青岛的冬天是在房中生炉取暖的，父亲书房的炉上总要烧开水或煮稀饭，父亲写文章或与人谈学问时，水开了、稀饭溢了，他既不动手，也不叫人，直若视而不见，这是徐连城亲眼所见。黄勉堂在《怀念童书业先生》中写道："他有一次在校图书馆书库中看书，完全忘了下班的时间。等他看完书时，已经过了下班时间一个多小时了，人们发现图书馆书库窗口有个瘦老头大声喊叫，不知是怎么回事，于是纷纷围上前去观看打听，闹得沸沸扬扬。"

父亲律己甚严，要求学生也严格。史学通写信告诉我：他协助父亲整理《中国瓷器史论丛》时，父亲叮嘱他文中所引每一条材料一定要把原始出处查到，并逐字与引文校对。史学通照办了。父亲还要亲自复核一遍，才将书稿寄上海人民出版社。责任编辑极为负责，对引文一一再作复核，竟无一处错误，写信告诉父亲，极表敬佩。史学通称1956年9月至1957年9月因身体不好休学期间，协助父亲工作，父亲之严谨、勤奋使他受益无穷。史学通在给我的信中说："1956年我当资料员时，为童先生校对手工业商业发展史的稿子，我把第一行中的'发'与第三行中的'展'连接起来，结果漏掉一行文字，使文义断缺不解。童先生严肃地批评了我，并交待以后校对稿子必须逐字逐句，一丝不苟地认真从事，决不可大而化之。我诚恳地接受了先生的批评，并在以后几十年的文字工作中一直按童先生之教诲去做，使我避免了工作中许多错误。先生言传身教，使我至今受其益。"

父亲的严谨近于苛刻。62级学生王洪言曾说起他一年级第一学期期末考试考先秦史和秦汉史之事，当时学习苏联，考试有面试和笔试，面试的主考是父亲和张维华，先秦史的题目是概述战国时期社会经济的发展。当他侃侃而谈后，父亲说："战国时期社会经济发展概况，你记得很熟，但有一个关键词，你忽略了，你想一想是哪个词？"王洪言实在想不起来，父亲说："你忘了在城市前面加'封建'两个字。"结果是张维华的秦汉史虽给了个"良加"，王洪言的总成绩仍降为"良"。不过随着时间的推移，学生们都深深体会到父亲严格要求对自己工作、治学的良好影响，常用"终身受益"来形容。

作为一个教育者，因材施教应是最高境界。父亲很注意这点，对不同的人，他强调的重点是不同的。父亲重点指导过的几个人，感受迥异。如黄勉堂毕业后留校，分配他到中国古代史教研组。教研组的老先生们专门开会讨论如何培养他。几乎所有的人都无例外地强调直接读正史或《资治通鉴》等原始的和最可征信的文献，父亲却从历史系需要黄勉堂尽早开课出发，建议他多读近人论著和《通鉴纪事本末》等二等文献，由末向本地进行教学科研的发展。这与父亲自己及他同辈人治学进程完全不同。但他对史学通、徐鸿修等山东大学晚些毕业的人就以另一方式辅导，这时山东大学历史系人才已多，但空谈理论之风渐炽，而史学通与徐鸿修两人个性皆属严谨细致一类，父亲从他们个性出发引导他们走上理论加考据的道路，强调的是精细的考据。一度由父亲辅导的徐连城是北京大学毕业的，北京大学的学风是重考据、重严谨，与山东大学历史系学风迥异，所以父亲指导徐连城时强调的是理论，徐连城回忆父亲时，印象最深、最久远的也是父亲对他的理论指导。他在给我的信中写道：

　　先生读书，注重精读，在精读基础上再求广博。选择具有代表、典型、水平高的书，读时逐字逐句思考，不是读一遍，而是重读好几遍，甚至十几遍，所读之书往往能背诵。结果是吸其精华，能从中融会贯通，读到别人所读不到，知别人所不能知，得别人所不能得，事半功倍。如《家庭、私有制和国家的起源》一书，读了十三遍，有的章、节、段能背诵。对书中所说每一概念、每一术语、每一章重点、理解心得都超过一般读者。如在50年代初期，关于"对偶婚"问题，一般人都理解成是"在一群男子中，有一个主夫，在一群女子中，有一个主妻"。先生就对我说过，这样理解是不对的。这是群婚中高级阶段的婚姻形态，"对偶婚"则是

"不牢固的一夫一妻制"。后来进行的民族调查，正说明先生的说法是对的。

父亲从教大学之始就注重培养学生的学术研究兴趣。冯其庸在其访谈录中说："当时他（指父亲）和北京的唐兰先生在论战钟鼎文，每次在讲课以前先要讲一段他辩论的情况，兴冲冲地说，今天我又给唐兰先生写了辩论文章，《大公报》的文史专栏马上发表，我是讲某某内容，马上把唐老先生驳倒了。过了一天又说，唐老先生反对我了，他是怎么怎么讲的。他们很友好，互相也很尊重。他经常这么讲，把我们也带入了这种学术的气氛中了。"

对研究生又是一种态度。当时读研的人大都以治学为终身目标，父亲尽心培养们的治学思路、方法，但有一研究生坦白对父亲说，他考研是为了能分配一个好工作，父亲也以辅导他作出毕业论文为限了，这算不算"因材施教"？

对刚入学的学生，他又是一种方式。62级王福金回忆说："童老师不仅上课认真，而且对我们学习历史的方法也注意指导，往往与他谈一次话，就得益匪浅。有一次，我问童老师：'我想提高阅读古代史料的能力，应该看些什么书好呢？'不料童老师脱口而出道：'那你就先看《聊斋志异》吧！'听了童老师的回答，开始我很失望，心想童老师真是个'异史氏'，怎么会叫我去看古典讽刺小说呢？不过，我还是按童老师说的去做了，借来《聊斋志异》看了两遍，不仅提高了阅读文言文的水平，而且通过书中的'异史氏曰'也提高了评论历史事件的能力。"

父亲的因材施教，我也有切身体会。我一直喜欢理科，当我不得不弃理学文时，父亲是深知我不喜欢文科，尤其不喜欢理论。所以当我进入历史系就读时，父亲首先告诫我的是，学理科可以凭聪明，学文科，聪明也需要，但必须刻苦。对我进行家庭辅导时，先讲《左传》。开始逐字逐句讲，进行得很顺利，于是就结合春秋史研究讲。但他对我特别强调的却是理论，不仅给我讲《家庭、私有制和国家起源》，还将其融入先秦史的讲授中，翻开他给我讲课的笔记，强调理论之言比比皆是，他说理论是贯通研究历史所必须的，是史学研究的高级阶段。

我一生只收存了父亲送我的三本书，一是袖珍本的《左传》；一是精装本的《家庭、私有制和国家的起源》；一是70回本《水浒传》。最后一本是因父亲喜欢70回本《水浒传》，见我在看，一时兴起买来送我的。其余遗赠给我的图书全都静静地躺在山东大学图书馆中。父亲的图书也是"文革"后未了而不得不了之事。"文革"后，我们才见到父亲有份遗嘱放在他亲手理好的箱中，在"文革"中，父亲对自己是否能度过这场浩劫没有信心时，亲手将他的残存文稿理入一个箱中，锁好交待母亲，无论碰到什么情况，一定要保管好这只皮箱。父亲含冤而逝后，母亲将住房的一半让出。当时是化学系叶传耀一家住入，我们共用厨房、卫生间，相处得很融洽。待我离校时，母亲暂到二姐处。我们将父亲藏书理好装箱，每箱中放入一份清单，锁入套间。不久叶传耀去信给母亲，说有人要撬开房门强行入住。母亲不得不仍带着大姐的孩子赶回山东大学家属宿舍生活。母亲在山大宿舍的生活是很压抑的，所以在我坐产时，竟不和我们商量，就带着大姐的孩子和父亲理好的箱子及衣物，将户口迁至杭州，完全放弃了在山东大学的住房。母亲久已不了解一般人的生存状况，又急于离开山东大学，贸然而动，在杭州是吃了几年苦的。当时我丈夫的单位分房以女方为主，我在江西农村，丈夫单位不给他房子，所以母亲住过废弃的传达室、住过仓库，最后还是丈夫单位实在看不下去，给了一间11平方米的住房。母亲走时，将书交给路遥（现为山东大学历史系终身教授），屋漏偏逢大雨，山东大学文科迁曲阜，路遥自顾不暇，写信问母亲如何处理父亲图书。母亲毕竟是书香人家出身，对书爱之至深，并没和我们商量，就说捐给山东大学。当时由历史系革委会主任赵庶伦接受并写了封感谢信，然后转交山东大学图书馆。图书馆是全盘接受的，据路遥说，他想留下《诸子集成》和全套《历史研究》，山东大学图书馆都不肯。"文革"结束，为了整理出版父亲的遗著，我打开父亲亲手理的文稿箱才看到遗嘱。内容有三：一是"文革"后一定要代他向中央文革伸冤，"万不可使我负恶名于地下"；二是罗列他的主要学术成果，希望代他刊印未发表之作；三是图书遗赠给我。当时我还没回大学，白天无法离开工作岗位到图书馆去复核文献，而父亲的一贯教导是：任何论著所引他人之语一定要复核原著方可出版，所以我复印了遗嘱，以受遗赠人身份向山东大学索要父亲图书并声明用完后仍献给国家。山东大学回信，一曰查不到是哪些书；二曰问过母亲，母亲说"算了吧"。他们明知母亲不是受遗赠人，硬把母亲扯了进来，我若坚持，甚至诉诸法律，势必累及母亲。母亲在"文革"中受尽折磨，对我而言，家破人亡固是痛事，但我毕竟年轻，还可以奋斗自立。对母亲而言，则意味着失去一切。我既无法给母亲一个过去的经济条件和受人尊重的身份，怎能再让母亲陷入争执之中？最终我是放弃了与山东大学理论此事，以求母亲不受困扰地安度晚年。幸而后来在素不相识的《光明日报》社的帮助下调入浙江大学，有可能自费到京沪搜集父亲遗著，复核遗著所引文献，浙江图书馆古籍部也为我提供不少方便。所以，除我最早送出去的三部书，即《春秋左传研究》由徐鸿修校对；《中国手工业商业发展史》由史学通校对；《先秦七子思想研究》由父亲亲复过的论文组成外，其余出版的父亲遗著，虽则艰辛，但我已有可能一手落成了。

　　在整理父亲遗著过程中，我最深切的感受是作为教育家的父亲，教学生的不仅是一些知识，最重要的是指导学生形成一个治学思路、方法及严谨的态度。父亲为我规划的是春秋史，指导我的内容是春秋史，最多涵盖先秦史，就是春秋史我也丢了十几年。当我按父亲研究领域整理父亲论著时，应出版形势的可能，第一个领域是美术史。坦率地说，在此之前我没看过一本中国画或陶瓷方面的古籍，而且原先并不喜欢中国画。当我病休在家时，父亲说作画可修身养性，利于养病，他特意把十几年未动之画具寻出，要教我作画，我却一笔不学，当时我不喜欢中国画的枯寂，倒是经历人世沧桑后的今日，才能略略领会中国画的意境。而此时父亲已去，留下前后30年写作的70万字左右的美术史论著，其中相当部分没发表过，它们在等我整理。在整理中我逐渐体会到父亲对我说过的话：学问是一门通，门门通的，也才体会到当初父亲为什么那么细致地辅导我春秋史。在我还说不上学通了春秋史时，父亲已潜移默化地把一种思路植入我的脑海中。这70万字左右的美术史论著整理下来，使我产生的是自信，我不仅不怕行家见笑地写了序言，还在浙江大学开了一门课，写了一本十几万字的教科书，蒙复旦大学出版社出版，还蒙浙江人民美术出版社信任，预约我写书。父亲的强调理论，也使我有了信心，为他整理了《历史理论论集》。整理过程中，看到父亲和他的同代人在这上面所耗费的精力，所达到的成就，尤其是他们研究方法的精到和合理，现在却被学术界所忽略，随之产生过一个冲动，就是研究50年代历史主义在中国史学界流传的状况并把它写出来。终因没那么多的时间和精力，没付诸行动。父亲遗留下的遗稿不足100万字，我在各方的支持下搜集、整理、出版了500万字左右父亲的学术成果。虽还说不上完整，但已超出了父亲的期待，将他的学术成果清白地留在中国学术史中。

当然，父亲的"因材施教"也有拔苗助长，使学生十分为难之时。吃他苦头最深的应该是钱宗范。钱宗范以北京大学历史系全优生的成绩于1961年考取父亲的研究生。父亲因他是北京大学全优生，就给了他周代宗法制研究这样一个题目。中国传统文化的政治观是伦理治国，中国传统中又将亲亲之情作为人格评判的标准之一，因此，传世古籍将血缘为基础的宗法体系整理得特别系统，推重得十分崇高，却远远飘离了社会的真实，成为一种人为理念的产物。要恢复宗法关系的真相，理清它发展的脉络，需要对古籍中的记载进行精细的梳理、剔抉、考证、辨伪，更需要深厚的理论功底，从人类发展、中国社会发展的宏观角度进行分析、归纳。这是父亲浸润于唯物史观十余年，结合他的传统学养、考证功底而正在研究的问题。父亲对这问题的研究，后来浓缩于《春秋左传研究》中。这样的题目对大学刚毕业的学生来说是太为难了。师生都很努力，交流当然频繁，这却成了"文革"中批判他与党争夺青年的口实。父亲曾对我说过，这个题目太难为钱宗范了，但它可以成为钱宗范终生挖掘的题目。钱宗范现在已是广西师范大学历史系教授，写成并出版了《周代宗法制度研究》一书，也培养了一些从事宗法研究的研究生。父亲的心血并未白费。

父亲对教学的全神贯注还从对教育对象的关注中透露出来。山东大学的学生回忆出不少父亲关怀学生的事例。景甦从日记中查找出一些记录，他在给我的信中写道："我们班是1953年10月9日开始报到，进入历史系学习。杨向奎先生是系主任，童先生是副系主任，负责全系的教学，似乎童先生比杨先生工作忙……记得在我们报到后的第三天，杨先生和童先生便到我们住的建设新村宿舍看望大家，是我们入学后最早见到的教授。他向大家问寒问暖，问大家从什么地方来，生活上有哪些不方便等等。10月

19日童先生给我们介绍了历史系的组织情况，教师和课程设置情况以及学习历史的意义等等。后来又到宿舍来参加大家的小组座谈，他满脸笑容，语重心长，使人倍感亲切。"他还写到：开始上课后，有的同学专业思想不稳固，父亲在课堂上现身说法，以自身治史经历鼓励大家献身于史学研究。

王洪言在谈及那次先秦史、秦汉史面试之事时，还说到：第一次面试非常紧张，抽题签时手不由自主发抖，"童先生也可能发现了我的慌乱，冷峻的面孔突然露出了微笑，这微笑是那样自然可亲，饱含着希望和鼓励，使我过分绷紧的神经立刻松弛下来，很快恢复了平静。"

父亲对学生的关怀在钱宗范身上表露得最为明显。钱宗范是苏州人，60年代在山东大学已少有南方人来了，所以他口音浓重的吴语使父亲和母亲都感到亲切。不久，我们又知道他是位孤儿，自幼由舅父抚养，父亲和母亲对他更增加了几分关切。父亲是在家里给研究生上课的，讲课之余，父亲与钱宗范聊天的时间很多，聊过去的生活、聊学问，这种闲聊不像上课那样系统，却是多角度、多层面地启迪着思维，钱宗范感到其中的收获不亚于上课。有时聊到吃饭时间，就留饭。聊到夜深，也会留宿。父亲也会将名教授介绍给钱宗范，还请顾颉刚介绍和发表他的文章《朋友考》。钱宗范也曾陪父亲看病、看戏，为父亲校对《中国古代地理论文集》。师生间相处颇为相得。时至今日，钱宗范自己已是教授，也在带研究生，但外出参加学术会议时，学界长辈因他是父亲的研究生，仍会给他一份关爱、一份鼓励，钱宗范深受感动。

只要不受外界刺激，父亲的天性在学问上是无私心的，对学生尤其如此。钱宗范曾回忆道："书业师对我说：'学术是公共的，不是私人的。师生之间在学术上是承传的关系，彼此切榷，老师在学问上往往受弟子的启发，而弟子的学问也是在老师指导下获得的。《春秋史》一书是我写的，但我受过顾颉刚先生的启发和引导，所以这书可以用顾颉刚的名义，也可以用童书业的名义出版。顾先生德高望重，奖助后学，所以我特别敬重他。我和你共同讨论过的东西，将来可用你的名义出版，也可用我的名义出版，这是无所谓的。现在社会上常有师生之间为名利搞矛盾，把学术看成个人的财富，是不可取的。"'我在钱宗范所著的《周代宗法制度研究》一书中确实看到父亲宗法研究心得的融入。

父亲在教学和科研上都确实不自私。由于1949年前就接触唯物史观，加上敏感和勤学，所以建国后，他在马列主义的学习上就比别人进展得快，他总是毫无保留地向人介绍学习心得。帮助别人用唯物史观建立教学体系，甚至做到为别人列大纲、定内容、传讲法，在做这一切时绝不向外讲，现在所知的一些事也是知情人碰巧碰上后才流传出来的。父亲生前既尊重别人的自尊，父亲身后亦不必再列举。要为父亲鸣不平的是，他介绍自身教学经验给别人，到运动一来，反成为自吹自擂的罪证，帮助别人反会被人反咬一口。在山东大学时，我们常常惊讶地看到有些人在运动中将父亲视若寇仇、咬牙切齿地口诛笔伐，运动过后却自自然然地又跑到我们家与父亲"讨论"学问，父亲照样诚诚恳恳倾囊而出，其后果是材料听去了，观点略有出入，这些人又写文章上纲上线批判父亲搞"修正主义"，但如果这些人再来，父亲还会诚恳地与其讨论学问。母亲有时会恨铁不成钢地骂父亲，说他挨整活该，而父亲会说人家来谈学问，怎好拒绝，当然如果大家都是君子，都能将学术切磋与人际关系分开，那确实可传为美谈的。如父亲与日知（林志纯）在亚细亚生产方式、古巴比伦社会性质问题上唇枪舌剑对峙了近十年，但1962年至1963年山东大学历史系请过数位知名学者来讲学，有齐思和、杨向奎等父亲的老友，也有日知，父亲与日知相谈甚欢。1948年为石鼓文年代与唐兰"争战"半年，但1961年底到京，在故宫博物院遇唐兰，唐兰立即拉他给学生做即席讲座，可见彼此仍看重对方学问。即或与父亲十分尊重的顾颉刚，在学问上仍是只要有不同见解，即见诸笔墨，但感情日深。真正求真的学者是不会因学术歧见整人的，甚至学术争论越坦然，友情越深厚，这是老一代知识分子为我们树立的典范。父亲的错误在于不谙世情，将小人当君子。

父亲在教学中与科研中一样，以他的敏感性捕捉新的学术理论和新的学术进展状况，而且兼容并包地融会贯通，当他口中讲出、笔下写出时，已成为有理论、有史料、条理清晰、逻辑严密的新见解了。建国后，人文社会科学领域内，不论哪一学科，不论是教学还是科研，必须立足于马克思主义理论，这是不容置疑的。父亲到山东大学后立即投入马克思主义理论的学习，很快开出一系列相关的课程。当苏联史学论著进入中国，他又将唯物史观和苏联学者的研究成果融入他的科研和教学中，父亲自陈1957年上海人民出版社出版的《古代东方史纲要》，就是以苏联古代东方史著名学者阿甫基耶夫的观点写就，作《古代东方史》教材用的。但父亲对马列主义理论和苏联学者研究成果的吸纳并不到此为止，随着研究的深入，他以其丰厚的中国历史的根柢及世界古代、中世纪史的知识去解读马克思主义理论，逐渐提出与苏联学者不同的观点，把这一切又融入教学。在《中国古史分期》的讲座中将他的研究心得作了深入浅出的讲述。

一位学者，在研究中、教学中，随着史料的挖掘、考古的发现、理论研究的深入，学术观点发生变化，这是很自然的现象，古今中外皆有之，如提出"任何真正的历史皆是当代史"的克罗齐（Benedetto Croce）就数度修改自己的理论，以至使自己从历史主义的维护者变成历史相对论的阐述者。一生保持一成不变的观点，只能反映这位学人在学术上的停滞。山东大学历史系的老学生们认为父亲学习马列主义理论是真诚的、深入的，绝非赶浪潮。作为老知识分子能如此快地接受新事物并运用到教学、科研的开拓中，是难能可贵的。黄勉堂就说："历史系老先生学马列的不少，但能开课、能代华岗上课的，只有童先生一人。"

父亲从独立生活起就与教育事业融在一起，不论是在城市还是农村，不论在南方还是在北方，也不论在中学还是在大学，他都兢兢业业以严谨认真的态度上好每一门课，关心他的教育对象，因材施教地培养人才。虽因个性关系，不善与人相处，不善行政，不能在教育领域开拓一番事业，但作为教育者个体来说，确实是师德、师行、师业皆可称道的教育家。

人非完人，若说父亲在教书育人上有何弱点，那就是重才甚于重德。明知某些人德行有亏，却因太爱其才而对其不端品行或虚伪行径故意视而不见。因我学了历史，与晚年的父亲比较贴近，父亲也对我品评过一些人。待父亲去世，我眼睁睁地看着这类人的表演，常叹息父亲心中什么都明白，观察得入木三分，却终因爱才而姑息至此境地。

说到教育，近几年我常常在反思。我成长于教师之家，大学毕业后也一直教书，却被近些年针对教育的理念、实践、评论搅得眼花缭乱。反思我的受教育经过，我觉得它是一个很简单的历程。以家庭而言，我喜欢理科，我的父母也很赞成我学理科，当高考体检查出我不能考理科只能考文科时，我请求父母允我养好病再考理科，父母也觉得我不学理科可惜，就同意了。一养三年，仍无改变，父亲才对我说跟他学史。在家里我是有单独房间的，母亲却在家附近借了一间房让我专心复习文科考试科目。父母的理解、包容、体谅使我感到有责任定下心来考好文科考试。我比两位姐姐小许多，1949年10月北上，大姐仍留南方，到50年上半年，二姐就参军了，家中只留我一个孩子。从小学到高三都是坚决不当班干部，从不关心班上什么人当了三好学生、优秀少先队员、优秀共青团员，也不关心别人的成绩是否比我好，与同学既无矛盾也不亲热。只是上课、完成作业，然后沉溺于小说。看小说速度快到中学图书馆进新小说，会先借给我看再编号。待到看到鲁迅的《中国小说史略》时发现上面的小说我大都看过。但我更喜欢外国小说，英、法、俄的古典小说，苏联当代小说，美国的名著，各国的探险小说，侦探小说，无所不看。父母亲很少干预我，而且从不问我、也从不将我与周围同龄人比较。父母亲并非不关心我，我母亲对我的要求是，不论我们在何处，我必须考上当地最好的学校。1949年10月到青岛，我只能到宿舍对面由儿童教养院改成的小学读书，二个月后惹了满头虱子。第二年暑假母亲带我到私立崇文小学考插班生，到那里要走30分钟，还要爬个小山坡，但看榜、报到，母亲就让我自己去了。那所小小的学校我至今不忘，学生课间必须离开教室，班主任和我们一起做游戏，记得我的班主任姓马，大块头，游戏时他输的时间居多，照样认罚。有时星期天我也会到学校去玩，也有其他同学到学校玩，闵校长总在学校，总陪我们玩。有一次我被铁门重重撞了一下，疼得哭起来，一向和蔼的闵校长却严厉地说："碰疼了就哭，你以后还会有出息？"回思起来，自那以后，我碰到任何坎坷都没哭过。这就是"好学校"。1953年考初中，那当然得考离家单程走40分钟的青岛二中。这次连报名也得自己去，走到二中看到报名者排着长长的长蛇阵，我懵懵懂懂地报名、考试、考取，回思当时二中之"好"，那就是每门课都有课外兴趣小组，有全校性的演讲比赛、文娱比赛、运动会，而且每位老师都关注学生的思维方式。理科老师表扬我的是作业步骤清晰。讽刺的是，我看了那么多小说，作文却写不生动，语文老师个别指导过我如何运用看过的小说写作文，没效果。大概我的感性思维能力实在太差，以致把记叙文也写成论说文。写作欠文采一直是我的弱点。高三各科老师确实研究每年的高考试卷，但辅导复习时，重点放在教科书每个环节的重点、难点及如何贯通，只在高考每科考试的前一晚才集合学生讲他猜测会出什么类型的题，碰到了如何解答。二中的升学率确实高，但它不是应试教育的结果，而是老师们平时扎实理清学生思路的必然。

父亲介入我的学习是在我考入山大历史系之后，我的学习可以说是本科、研究生同时进行的。父亲辅导研究生的步骤是：开列必须精读的理论和史籍书单打根柢；给观点、给史料让研究生做篇文章，做得好会设法推荐发表；给观点，自己搜集史料写篇文章；读书间得，自立题目，搜集史料，作文。我自幼体弱多病，故父亲为我规划的研究重心是春秋史，为我讲《左传》，在家给研究生和助教辅导时也要我跟着听。二年级时即我观点和史料作文，记得题目是《春秋末年鲁国的改制》。文章写好，父亲寄给几位世交看，顾颉刚要推荐发表，父亲不同意，而且对我说大学期间不许发表文章。父亲没看出我硬着头皮学历史有多痛苦，多辛苦，母亲曾对我说，父亲对她说我读书不够刻苦。反正三年级以后又是下乡搞社教、又是教育改革、又是文革，做学问已成幻想。我一直以为父亲对我很失望，直到2012年，顾潮整理出版《顾颉刚全集》后，重整顾颉刚遗物，理出劫后遗存的父亲给顾颉刚的21封信，复印寄我，我才发现父亲一直在向顾颉刚介绍指导我学习的进展，而1964年6月14日一信中竟说："小女教英每周为其讲左传，已读完左传约三分之二，古汉语基本过关，一般古书均能阅读，其人颇能深思好学，近似永年婿，此又一可畏之后生也。"而在建议顾颉刚及时整理他的论著时还说："整理总结著作时，可托黄永年等为之（永年古史学之基础是可以信任的，教英一二十年后可能及上他）"（1966.1.23）。看到父亲对我的期望，我真欲哭无泪了。

看了那么多杂书，对作文不起作用，却也增加了不少知识，开阔了视野。小说直接"救"过我两次，一次在大二，我入学时是蒋南翔执掌高教部，他提出分数面前人人平等；强调认真读书。作为五年制部属院校的山东大学，一学期而不是一年留级一次。历史系期末考试为期一个月，一星期考一门，最后一门面试。因为与父亲同一系，我觉得必须考好，神经衰弱就是此时得的，失眠症此后伴我一生。二年级时，考完三门我已昼夜失眠，药石无效了。最后一门世界中世纪史，根本看不进书去，我决定放弃，回家躺着。考试那天，我抽到的是有关十字军东征的题目，我恰巧看过苏联作家写的十字军东征的历史小说，脑中根本无教材内容，只有小说资料性内容，写出提纲就躺在长椅上了。轮到我面试，进屋头也不敢抬，回答完才敢抬头，看到主考的教研室主任和任课老师四只眼看着我，连提问环节都省了，直接给了5分，大约小说中有若干教材中没的资料，老师们以为我看过不少参考书吧，苏联作家对历史的尊重救了我。另一次是1991年，原山大历史系的一位老师当了世界中世纪史学会秘书长，写信问我要不要参加在重庆开的年会。一般不外出的我，为了了解世界中世纪史最新研究状况就去了。我的老师深知我不善交游，一直把我带在身边，第一天晚餐，有人在饭桌上说起东北师大的朱寰明天才到，也有人说起朱寰很傲慢。我想起大学的世界中世纪史教材主编就是朱寰。第二天老师带我迎接朱寰，介绍了我，他脚步都没停，边走边说："童老先生学问是很了不起的。"第三天分组讨论，我的老师问我想参加哪组？我说对俄罗斯感兴趣，他指了地点让我自己去。我跨进会场就看见朱寰坐在主持人位置上（我并不知他是俄罗斯问题专家），他盯着我，我一落座就毫不客气地问我为什么参加这个组。我老老实实说：我对俄罗斯拜占庭一线感兴趣，俄国经历了一场不流血的革命进入资本主义，土耳其经历一场流血的革命进入资本主义，但他们仍是专制政体，这两者如何结合，对国家的政治、经济、社会有何影响？我都想了解。接着发生了出乎所有人意料的事：朱寰竟对我说，他有个国家项目，我愿不愿参加？我也老实告诉他，我在浙大教中国史、中国文化方面的课，这次是来听听世界中世纪史研究新进展的。第四天朱寰就回去了，走前特意找到我说，听说会务组只买到九江上岸的轮船票，要是早知道，他会设法帮我买南京上岸的船票（当时九江无直达杭州的火车），我谢了他就分别了。是我无知，其实当时的"学术会议"已异化为接近学术权威、广结人脉的场所，朱寰大约对此深恶痛绝，才会对我如此前倨后恭的。其实，这些思考完全是小说的延伸，至今我对俄罗斯仍感兴趣。

杂书对我更深的影响是在潜移默化中使我认识了社会。我在无意识中知道了任何时候，大到社会，小到个人都是善恶并存的，我不会恶待他人，但也无力阻止他人，尤其是有利益相交的人施恶于我。从1959年不能学理科起，我就走着一条充满荆棘之路，奇怪的是当别人恶意弄我时，我竟能淡然处之，大概那些恶行和小说中的恶比，真是小巫见大巫吧。而对善待我的人和事，我总以感恩之心铭记着，这使自幼过着单纯生活的我能不自觉地以平淡心态迈过了一个个坎。同时，小说中高尚人物的言行和父亲的认真、严谨的榜样也使我对自已承担的、承诺的事认真地、竭尽全力地去做，不会计较付出和回报。我小学就看老子出关、庄子击缶而歌的故事，当然不懂，但饱含道家思想的故事逐渐累积，真遇事时就自然浮现出来，当别人因利害关系恶弄我时，我的第一反应是回避、是让利、是绕道而行，到不得不面对时，小说中人物处理问题的方法也会启发我的。我会对上级申诉我的正面请求，但绝不涉及人事关系，这反倒会获得利益不相关的人的同情和好感。我就这样懵懵懂懂顺性而行，就这样度着我的人生。看来纸质文学作品在潜移默化中理顺了我的人生观、伦理观和应对生存的能力。

　　总之，我就这样受着广意的教育并靠它度过我的人生。当然，现在时代不同了，一切都复杂多了。但不论家庭、学校、社会，了解孩子的思维方式、爱好，给孩子合理的空间，顺势而培养孩子的自理能力，责任心，让他们以自己的方式与人相处，融入社会，这总不会变吧？人是平等的，不应有三六九等之分，但人的智商、情商是各各不同的，以各人的状况在社会做适合的工作，能努力、认真、负责，能各安其所，就是出色的人材，社会的和谐安定也会顺势而得了。最后我还想强调一下：我终生的职业也是教师，而我最欣慰的是不论在何处、在何环境中，我的学生们总是把他们内心世界最真善美的部分展露在我面前。仅举一例：路甬祥自德国回浙江大学后，再三强调理工大学也应培养学生人文情怀。我是最早在理工科的浙大开设历史性全校选修课的。全校选修课一般是在晚上上课，在近二十年的时光中，下课后从未孤身回家，总有学生从教室一直送我到家门口，而且永远是男生，我常开玩笑说，我们浙大男孩颇有绅士风度。在我坎坷的一生中，不同时期、不同地方、不同情况下，我都获得过学生的助力。我不知如何计算付出与回报，如果硬要算，我认为我获得的回报远大于我的付出。所以我认为以教师为职业的人的幸福感最强烈。因此，我也恳切希望家庭、学校、社会在孩子成长时多发掘他们内心善的一面、尊重这善的一面，推动这善的一面充分发挥。

在山东大学50年代的辉煌中

1949年10月1日，中华人民共和国成立。虽然百废待举，但是近半个世纪的战乱结束了，中华民族的百年耻辱洗雪了，中国人，包括中国的知识分子，深深地吐出胸中积闷的长气，挺直了腰杆，奋发图强，要建立一个繁荣富强的新天地，要使自己的民族自尊、自信、自立于世界民族之林。中国各项事业在发展，中国的教育事业更以前所未有的速度在发展，山东大学在这发展的浪潮上铸就了自身的辉煌。

青岛是个美丽的城市，山东大学的位置又在青岛风景最优美的地方。她的正门，大家称之为第一校门，是在渔山路，渔山路在一个小山丘的顶上，向下走到山脚就是广阔蔚蓝的大海。从第一校门开始，沿着大学路顺序排列第二、第三、第四校门，走到第四校门，大学路就走完了一大半，而第五校门却在另一面，走出去不远就是中山公园侧门。中山公园是青岛最大的公园，五月初樱花盛开时，樱花大道上游人如织，在缤纷落英中漫步是青岛人最大的享受。而中山公园正门不远处就是第一海水浴场，所以从第五校门又绕到了海滨，沿鲁迅公园走时，从莱阳路的任何一条叉路都可走回第一校门。校园内还包容着几个山头，登高远眺，大海尽收眼底，真令人心醉神迷。

如此优美的环境难怪德国人在此建俾斯麦军营，日本人接受她作军营，二战后美国海军陆战队又占据了她。直到1949年6月2日，青岛解放，这优美的环境才完全归山东大学使用。记得才到青岛时，还能看到校园内东一座、西一座半圆型的铁皮屋，它们是山东大学曾是美国兵营的见证。

如此优美的环境吸引了不少国内外知名学者，《山东大学英才录》所列文革前三级以上教授，文科17人，除黄云眉和父亲外，大多是名牌大学毕业或留学归国者：冯沅君、陆侃如留法，陈同燮、吴富恒、吴大琨、黄嘉德留美，殷孟伦留日。萧涤非、赵俪生毕业于清华，张维华毕业于燕京大学研究院，郑鹤声毕业于南京东南大学（中央大学前身），高亨毕业于北京大学研究院，殷焕先毕业于北京大学文学研究所。理科21位"文革"前三级以上教授，其中白季眉、张亮、胡兆全三人无传，其余18位中仅曲淑蕙、张学铭两人非留学生，其余16位皆为先后留学归国的。其中：王普留德，王祖农、陈机留法，方宗熙、唐世凤留英，童第周留比利时，李先正留日，文圣常、刘椽、刘遵宪、束星北、郭贻诚、莫叶、曾呈奎、赫崇本、薛廷耀皆留美。山东大学的文史和生物（含海洋生物）与当时各院校中的文史、生物相较，亦是第一流的。仅山东大学历史系当时就有所谓八马同槽，即八位著名教授：杨向奎、童书业、黄云眉、张维华、赵俪生、郑鹤声、陈同燮、王仲荦，阵营之强大、整齐，在全国高等院校中亦不多见。

高水平的学者云集后，学校能否铸就辉煌，关键在于怎样充分发挥这些人的才能，使他们人尽其才。山东大学何其幸运，在她拥有众多出色的知识分子之同时，她更拥有了一位识才、爱才、用才的共产党高级干部——华岗作校长。《山东大学英才录》载：

华岗（1903～1972）校长于1950年春任山东大学校委会主任，翌年改任校长，主持山东大学工作前后达6年。

华岗同志是浙江省龙游县人。1903年6月9日出生于一个农民家庭。他幼年即从事农业劳动。11岁入本村的初级小学读书，后考入溪口镇高级小学。高小毕业后，以优异的成绩考入衢州师范学校。在"五四"运动新思潮的影响下，他悉心探求文化，热心于学生运动。因领导同学反对学校当局蛮横干涉学生运动而被除名，迫使他中断了在师范学校的学习。

1924年暑假，华岗改名华少峰，到宁波第四中学学习。华岗在这里开始接受马克思主义，成为学生中反帝反封建、反军阀势力、宣传革命的骨干分子，并加入了中国社会主义青年团。不久，便担任了青年团宁波地委宣传部长。1925年夏天，根据组织决定，华岗同志离开学校到南京担任青年 团南京地委书记。在那里，他加入了中国共产党，开始了职业革命活动家的生涯。半年后，调任上海团沪西区委书记，后又任团江浙两省联合省委宣传部长。

大革命失败后，中国社会主义青年团改名为中国共产主义青年团。团江浙联合省委分设浙江和江苏两个团省委，华岗同志担任团浙江省委书记，负责恢复和重建浙江团的组织。江苏团省委遭到敌人破坏后，华岗又调任团江苏省委书记，并兼管团上海市委的工作。随后又调任团顺直（河北）省委书记。

1928年5月，华岗同志受党的委派随代表团赴莫斯科，出席中国共产党第六次全国代表大会和中国共产主义青年团第五次全国代表大会。同时，还参加了共产国际第六次代表大会和少共国际第五次代表大会。同年10月回国，在上海担任了团中央宣传部长，并主编团中央的机关刊物《列宁青年》。

1929年3月，华岗同志离开团中央，专门从事党的宣传和组织领导工作。先后担任中共湖北省委宣传部长、中共中央组织局宣传部长和华北巡视员。同时还从事紧张的著述活动，撰写了《1925～1927年中国大革命史》，这是一部具有开拓性的现代史著作。

1932年9月，党中央任命华岗同志为满洲特委书记。他化名刘少陵，在由上海出发到东北赴任途中，与交通员一起在青岛被捕。

面对敌人的严刑审讯，华岗同志坚决不暴露自己的政治身份，保守了党的机密。结果，以"共产党嫌疑犯"的罪名，被判5年徒刑，关押在济南的山东监狱。1936年底，西安事变和平解决后，监狱奉命将全部政治犯送往反省院，1937年2月，华岗被送往湖北武昌反省院。

抗日战争爆发后，国共第二次合作。经董必武同志与国民党当局交涉，10月16日，华岗同志被营救出院。

华岗同志从武昌反省院出来后，担任了短期的中共湖北省委宣传部长，接着党又派他参加《新华日报》的筹备工作。

1938年1月16日，《新华日报》在汉口创刊，华岗担任总编辑。1938年春，华岗被派往东南战场作战地记者。华岗同志从东南战场回到武汉后，又奉命撤离武汉，到重庆去筹办《新华日报》的迁渝工作。1939年秋，他因病不得不离开新华日报社。在养病期间，他继续从事研究和写作，先后编写了《中国民族解放运动史》《社会发展史纲》《苏联外交史》《中国历史的翻案》等书。

1943年，华岗同志担任中共南方局宣传部长，为了便于工作，华岗化名林少侯，担任云南大学社会学教授。

1945年8月抗日战争胜利。9月，毛泽东同志由延安赴重庆，与蒋介石谈判"和平建国"问题。华岗同志应召由昆明到重庆，担任中共代表团顾问，参加了谈判工作。

1946年5月，中共代表团由重庆迁往南京、上海。华岗同志随周恩来同志到了上海，担任上海工委书记，同其他同志一起，组织领导开展爱国民主运动。1947年，全面内战爆发后撤回延安。

1948年，华岗同志因身体欠佳，经党中央领导同意，秘密从解放区到香港休养身体。在此期间，他修订了《中国民族解放运动史》第一卷，并将其中"太平天国"和"五四运动"两章，修改补充成《太平天国战争史》和《五四运动史》单行本出版。

在新中国诞生的前夕，1949年9月，华岗应召从香港搭船归来，途中被敌机轰炸，只得在青岛登陆，又由于健康原因，华岗不得不留在青岛。这个偶然的机会促成了山东大学得到了一位贤明的校长。华岗对山东大学的贡献确实是巨大的，50年代初期教育界的大调整、频繁的人事变动、新教学秩序的建立，无不是华岗以其巨大的魄力和凝聚力在山东大学进行，使山东大学迅速稳定下来。从山东大学校史中可以看到，青岛解放时王哲（不久即调走）、罗竹风、高剑秋组成军管小组进校接管。军管小组迅速组建由各方代表参加的校务委员会：丁西林任主任，杨肈燫、赵纪彬任副主任，罗竹风任秘书长。1950年初，丁西林调任中央文化部副部长，经广大教师要求聘请在青岛养病的华岗任校委会主任。不久，华岗又因病辞职，由杨肈燫接任。后杨肈燫也调京工作，由罗竹风暂代。正值山东大学人事浮动之时，华东军政委员会又电报请示教育部有关华东大学与山东大学合校问题。1950年10月28日教育部给华东军政委员会复电："山东大学与华东大学合并事，我部同意。惟须经充分酝酿与准备，校长人选亦须恰当。并请转饬将筹备情形报告我部。"11月15日山东省政府给华东大学、山东大学同时发电："接华东军政委员会……电示，经中央教育部批准，华东大学迁青岛与山东大学合并办理，仍用山东大学名称。并决定以彭康、陆侃如、张勃川、童第周、余修、罗竹风、刘椽、刘宿贤为迁并办理委员会委员，并以彭康为主任委员，陆侃如、张勃川为副主任委员，负责办理迁并事宜，希即克日进行工作为要。"（山东大学档案：1951年合校卷）华东大学接电后，1000余师生于12月8日迁青岛。此时内定的校长即为华岗。山东大学和华东大学是性质不同的大学：山东大学是由建国前学术性大学延续下来的；华东大学是解放区政治短训班性质的大学，她培养了大批随军南下军政干部。这样两所大学从1950年10月28日决定合并，至1951年3月15日合并完成，如此巨大的工作量，仅仅用了不到5个月时间完成，当时大家确实各安其所，这与华岗的个人威望是分不开的。至于两校各层次干部之间人际关系的复杂、矛盾和斗争，至少在华岗蒙冤入狱之前还仅为隐流。并校仅过一年，人事安排刚刚就绪，1952年夏，在全面学习苏联的经验中，中央教育部制定了"以培养工业建设人材和师资为重点，发展专门学院，整顿和加强综合大学的方针，以华北、东北、华东为重点，进行全国高等院校的院系调整工作"的计划，经过政务院批准，于8月初通知各大行政区教育部贯彻执行。

华东军政委员会教育部于8月中旬设立院系调整委员会并召开本区大专院校校长会议，山东大学确定为综合性大学。华岗返校后于8月19日召开校务委员会常委会议，传达会议精神，研究制定本校调整方案和计划，9月初开始行动，月底全面结束。华岗处理事务之能依靠群众，群策群力，作风之雷厉风行、干脆利落，确实令人由衷敬佩。

院系调整后的山东大学由华岗任校长，陆侃如、童第周任副校长，他们带领山东大学上上下下努力奋进，共同铸造山东大学的辉煌。童第周、陆侃如在各自的学术领域内皆为造诣极深的一流学者。华岗虽为老革命，但他对马列主义理论研究至深，常常亲自给教职员工讲马列主义理论。翻开当时的校报《山大生活》及改版的《新山大》，可寻到华岗不少理论报告的文章：《怎样用理论与实际结合的方法来学习共同纲领》（1950年1月11日）、《奴隶社会史学习提纲》（1950年5月11日）、《封建社会史学习提纲》（1950年5月24日）、《资本主义社会史学习提纲》（1950年6月16日）、《社会主义社会史学习提纲》（1950年6月24日）、《新民主主义论讲授提纲》（1950年10月11日）、《关于政治学习中的几个疑问和解答》（1951年4月21日）、《辩证唯物论——马克思列宁主义政党的宇宙观》（1953年4月18日）、《哲学上的两大阵营——唯物论和唯心论》（1953年5月13日）、《宇宙的物质性及其发展规律》（1953年6月20日）、《物质第一性和意识第二性》（1953年7月8日）、《宇宙可知性及实践在认识过程中的决定作用》（1953年10月10日）等等。

作为校长，最难能可贵的倒不在自身的学问，而是能识才、用才。全才难得，如能识人之一技之长而用之，则为可贵。山东大学的知识分子，大约都能谈出一些华岗对他们的赏识和使用。父亲也是其中一人。华岗对父亲超常的记忆、即席发言的精彩、对新事物的敏感都极为欣赏，认为父亲是难得的学术奇才，对父亲的一系列任命，绝大部分是在华岗作校长时发生的。但最令人感动的是华岗能理解和体谅父亲的神经质表现出的"怪癖"，并以极大的耐心对待他。黄勉堂在《怀念童书业先生》一文中曾写道："大约在1954年丘吉尔再任英国首相时，童先生慌慌张张地跑到了校长华岗的家，一进大门，便对华岗说：我有个问题，也不必分析，只要个结论。华岗说：什么问题？童先生说：丘吉尔又上台了，会不会爆发第三次世界大战？华岗说：不会，不会。有了这个结论以后，童先生转身就走，像小孩似的。"父亲吃足了战争的苦头，惧怕战争，但如此莽撞地冲入一校之长家，如此可笑地提出问题，又得到如此体贴的回答，这在一般的党群关系中未必能见到。

父亲在深感华岗知遇之情和对共产党信任的情绪中以与他瘦弱身躯不相称的精力，意气风发地与山东大学所有人一起勤奋开拓、锐意进取，使山东大学硕果累累，成为全国知名的以文史见长、以文理为主的综合院校，共同铸造了山东大学50年代的辉煌。与山东大学共度50年代的许多人都称父亲为山东大学50年代辉煌的功臣之一。

父亲一生中受过两位共产党高层人物的赏识，一是华岗，一是邓拓。邓拓曾任《人民日报》主编，后任北京市委宣传部长，1966年5月16日北京市委书记彭真被免职，5月18日邓拓自杀。他虽是位共产党的高层人物，本身却又是位作家和文物鉴赏家、收藏家。历史系62级王福金说，他入学后听到一则传言"据说有一次邓拓召见和李希凡一起写批评俞平伯《红楼梦》研究文章的蓝翎谈话，有关批俞平伯《红楼梦》研究的文章没谈几句，邓拓便和蓝翎大谈特谈起童书业对古瓷器的鉴定和研究，对童老师很是佩服。"这仅是传言，父亲与邓拓的关系究竟是相识还是神交，现已不得而知。我只记得"文革"中，从批判《燕山夜话》到"揪出三家村黑店"，父亲是非常吃惊的，听他说过：邓拓是马克思主义理论家，怎么也会反党。待到父亲受批斗、抄家、被定为"反动学术权威"时，父亲曾叹息道：如果邓拓不出事，运动后期做结论时，邓拓一定会为他说话的。看来父亲与邓拓之间确实存在着一种超越时空的彼此欣赏和理解。

父亲在50年代的山东大学，不仅大力度地投入教学和科研，还积极支持和投入后来在学术刊物中大获声誉的《文史哲》的创立和发展，为《文史哲》的辉煌作出巨大贡献。杨向奎曾告诉我，他很喜欢办杂志，认为理科人必须要搞实验，文科人则必须有杂志，才能发表自己的学术心得并互相切榷。他1946年到山东大学，就想办个杂志，但是没有钱。当时各系虽都有一笔基金，中文系也有一笔钱，但少得可怜，只能买半刀新闻纸。1949年后，杨向奎决定办个杂志，找了中文、历史两系及历史语文研究所七八位同人商量，父亲也是其中之一。大家决定不要稿费，自己出钱办同人刊物，当时办杂志不必审批，只要党委同意即可。杨向奎找到华岗，华岗同意并亲任杂志社社长，副校长陆侃如、文学院院长吴富恒任副社长，杨向奎任主编，童书业、赵俪生、吴大琨、孙思白、王仲荦、卢振华、殷焕先、孙昌熙、刘泮溪任编委，葛懋春任秘书，负责收稿、送审，收回审过的稿件交杨向奎，杨向奎再交华岗过目。《文史哲》的名称是孙昌熙建议的，开始是华岗题字，华岗被卷入胡风案件后，孙昌熙从鲁迅手稿中挑出这三个字，拼凑成题字。《文史哲》于1951年5月创办，初为双月刊，后改为月刊，1953年起改为山东大学文科学报。杨向奎说开办时很困难，经费由大家捐助，但仍不够，向青岛市市长王少庸（后被开除党籍）、军管会主任向明请求支持，后山东省、青岛市各拨1000万（旧币）。待到校外学术界名家如王亚南、顾颉刚、周谷城、罗尔纲、黄药眠、陈子展、齐思和、杨宽等人皆送自己得意之作给《文史哲》，而校内中文、历史、外语各系著名学者也全力支持，将最有心得的文章送《文史哲》时，《文史哲》在国内声誉日著。到李希凡和蓝翎关于《红楼梦》研究的文章在《文史哲》发表，受到毛泽东的赞扬，《文史哲》更备受国内外学界瞩目，成为山东大学一颗耀眼明珠。《文史哲》从1951

年创办到1958年因迁校停刊，共出76期，发表文章780篇。

父亲是全力支持《文史哲》的，据杨向奎说，每缺什么文章，请他写，他就写，经济史、思想史、瓷器史、绘画史，最多的是亚细亚生产方式和古史分期问题，查阅父亲1949年以后的文章，绝大多数都发表在《文史哲》上，他从未考虑过有无稿酬、稿酬多寡。

徐经泽告诉我《文史哲》1961年复刊之事。当时成仿吾主持会议，徐经泽、刘健飞、章茂桐、省委宣传部周副部长参加会议。会上讨论《文史哲》复刊理由。第一个理由是周副部长传达的，他说：《文史哲》停刊后，虽办了《新论语》，但日本、匈牙利、越南，通过大使馆和民间渠道问中央，怎么看不到《文史哲》，看不到童书业的文章，童书业现在的古史分期观有何新意。不过复刊后，古史分期讨论的热情已不再现，父亲在《文史哲》上发表的文章日少，《文史哲》百家争鸣的主旨已被日益频繁、左倾的政治思潮所淹没。

父亲对《文史哲》的感情、贡献并没得到回报。"文革"后除庞朴推荐而发表了父亲遗稿《庄子思想研究》外，《文史哲》并未发表过什么父亲遗作。1997年，我整理好父亲的《谈艺随笔》，将其中不足万字的文学部分寄《文史哲》，这是父亲仅有的文学研究的遗留。想到1998年是父亲90周年诞辰、30周年忌辰，父亲建国后一直在山东大学工作，一直支持《文史哲》，这点文学遗作在《文史哲》上发表最有纪念意义，我将文稿寄到《文史哲》。事实证明，我太天真，1998年7月，我因故到山东大学，由校长曾繁仁亲自追问，才知道事过一年，不仅没有发稿计划，连文稿都遗失了。斯人已逝，如何对待不过是对待者主观意识的表演而已。不管如何，父亲和山东大学文理各科学者在华岗领导下铸就了山东大学50年代的辉煌，和文史两系学者一起铸就了《文史哲》的辉煌，人虽大多已作古，但不论山东大学还是《文史哲》仍承受着这辉煌的余泽，这却已是不论如何星转斗移都无法改变的不争事实。

华岗对父亲极为赏识，父亲对他亦极为信任，凡华岗给他的教学上、科研上的任务，他都会一无例外地做得很出色。唯有一项任命给父亲造成极大的痛苦，那就是1951年3月15日，山东大学和华东大学合并，历史学科从中文系独立出来，成立了历史系，任命父亲为历史系副主任，院系调整后继续担任副系主任，主持教学工作。据当时的学生反映，他很关心学生，从当时的校报来看，他写过几篇组织教学的文章。不过，这一切在父亲而言，更多的是一个重承诺的人意识到自己的职责，努力尽职而已。实则他的行政能力是很弱的。在我们家隔壁住着李敬仪，她是李希凡的二姐、赵纪彬的姨妹，在山东大学注册科工作。她曾当笑话告诉母亲，历史系有那么多职员，父亲竟亲自带一年级新生从靠近四校门的历史系走到靠近一校门的行政楼注册。不会用人到如此地步，怎么可以做行政工作？到1956年，"行政能力薄弱"之评语已进入档案。

更为严重的是，一做行政工作，便身不由己地卷入一系列人际关系，搞得父亲焦头烂额。不管合不合时宜，既管教学工作，就要有一套教学工作的安排，山东大学历史系教师水平总有参差，也非个个愿如父亲去做"拼命三郎"，做领导总要据不同人不同情况作出使那人能完成又逐步提高的安排。父亲安排工作要求甚高，他提出历史系培养目标及与之适应的课程，要求每位教师上不止一门课，而且检查讲稿、讲义，检查讲课进度、课堂反映，甚至检查教学与科研结合情况。按说这是一个严谨的教学管理系统。但父亲始终不懂人情世故，不会圆滑，既为"检查"，则多指出不足，而且还要在教研组公开讨论以求共同提高，进行争论以求一致，这使相当一部分教师不快，甚至产生人际之间的磨擦。父亲不会和缓地做工作，在问题出现时，又怕人际关系的复杂而退缩，不肯与人正面交锋，坚持自己意见。反复多次，颇给人"黔驴技穷"之感，历史系的人要么与他横吵，要么对他的要求不予理睬，他那套"教学管理系统"根本实现不了。父亲没留下什么日记、笔记，唯有一本空空的小笔记本的前两页记了父亲的苦恼：

> 系中问题的焦点所在是凡我所行，不论是否对，总认为不对，不但认为不对，而且都把它认为重大错误，去反映给杨主任，杨主任怕我神经过敏，并不责备我。但我知道，我如果真正执行我的任务，必然会引起更多的批评，所以我现在，凡关系务，采取**推而后行**的态度，以苟免于咎。但现在已**干涉**到我的小组工作，譬如我在世界史小组中，在开学时，提意见比较多，许先生大为不快，陈先生也有些受影响。以后我发觉有人认为我的工作有错误，我就不敢提意见，以致小组工作也不能推进。目前，世界史教学中常发生错误观点，我不敢矫正，感觉很痛苦。

文中的（文中的黑体字，原文前者为曲折号，后者为着重号）曲折号、着重号都是原有的。"推而后行"，"推"使人看出父亲软弱的个性弱点。但仍是要"行"的，行归行，方法却仍不妙，因此得罪人越多。如院系调整时，北大、清华一些教师调山东大学，父亲在与他们座谈时，谈到历史系近代史组的问题，因为怕别人不快，不敢指名道姓，结果引起近代史组大家的不满，连父亲的生平档案都以批评的语气记录这次事件："童先生在教学上的优点和表现虽然很好，但也决不是没有任何缺点，特别是他在近代史教学小组上以及其他场合常用自己如何卖力研究、如何深夜不眠准备教课内容，很不自觉地炫耀自己，并且更主观地批评别人，他的批评既不指明一定的对象，就往往给许多人引起恶感。"其实，在父亲，不过是自己做的事，体会最深，他在山东大学很孤独，并不了解别人的想法，所以往往举自己的工作为例，他并没夸张，但在别人看来，一是增加压力；二是自我吹嘘。可见他这副系主任是做得很苦的。

做副系主任，工作上的压力已很沉重，但更无奈的是会被卷入一些事件中，常会被人误解，最典型的大约要算丁山之死了。此事当时争论颇多，各执其辞，时隔近半个世纪，真相则更难辨。丁山是著名的古史、考古、古文字学家，1948年到山东大学任教，父亲将其视为前辈，据黄勉堂《怀念童书业先生》中记有："丁山先生自视甚高，但对童先生治古史，尤其是治春秋史的成就深致佩服，并对山大将聘童先生来校执教极表赞赏。"可见父亲与丁山这两位与顾颉刚皆有渊源之人，彼此是欣赏的。不过丁山个性颇倔犟，当山东大学教师每人必须开数门课而请他开近代史时，他深为不满，与当时领导颇有冲突。据杨向奎说，丁山是北京大学国学研究所研究生，与杨向奎在城固西北大学共过事，后来在东北大学又共事，1947年之前在上海暨南大学任教，因环境不甚愉快，到山东大学找杨向奎，1948年即到山东大学任教。此时正是国共两党斗争激烈之时，丁山说了一些不甚恰当的话，学生将这些话写到黑板上，杨向奎对这些话不以为然，导致以后不再来往。建国后，丁山生病，是喉癌，死后，当时的"托派"李定君哄起一些学生告杨向奎等，说丁山是因受到不客气的待遇而气死的，一直闹到开棺验尸，证明是病死。卷入此事的当时的学生尹铁铮对我说：丁山之死，当时不少学生认为是受迫害所致，要求开棺验尸，他也参与了。后来李定君因是"托派"被开除了，本来尹铁铮也会被打成"托派"的，但是华岗说"年龄这么小，怎么会是'托派'"，这才救了他，但也不得不停学到一所中学任教。当我问他，父亲在这件事中究竟起了什么作用时，他斩钉截铁地说："童先生是书呆子，不会弄人的。"而且告诉我，父亲对他的遭遇很同情，他工作后父亲常去看他，多谈教学和科研经历、体会，谈得迟了，他知父亲认路能力极差，常送父亲回家。话虽如此，当时学界流传的却是杨向奎与童书业逼死丁山的说法，后来慢慢地才对父亲的说法有所改变。最能反映这个过程的记录应是顾颉刚日记。丁山1952年元月去世，顾颉刚1952年9月9日日记中有："闻丁山已于今春逝于山东大学。渠去年欲离山大，以受拱辰、丕绳压迫故，予竟无能为力。"到1953年2月20日补记1952年日记云："新年中丕绳来，为告丁山之死在1952年春间。渠本有肺病，年来两肺皆溃烂，死前发烧，渠误认为疟疾，服金鸡纳霜甚多，突然变剧而死。今其夫人即在山东大学工作，能自活。"直至1959年9月22日，顾颉刚日记中还记有："陶梦云（案：丁山夫人）来，述及丁山之死，主要原因由于杨向奎之倾轧，直欲加以反革命的头衔。渠本有病，因此一气，遂尔不救。杨某人如此为人……实远不及童书业之忠厚也。"父亲当时任教学副系主任，被误解在所难免，顾颉刚这句"实远不及童书业之忠厚"，定针对陶梦云的叙述而发。这使人隐约体味内情的复杂及父亲夹在其中之苦，其苦衷连陶梦云都理解。父亲如不做副系主任，也许就不会有这种误会。

其实，任副系主任更苦的是卷入山东大学历史系的权力之争。当时能代替父亲做副系主任的最佳人选是孙思白。建国后，他虽是副教授，却是校长办公室主任兼历史系近代史组副主任，主任是郑鹤声，是位不多事的老先生，所以近代史组的实际领导人是孙思白。孙思白确实颇具行政干才，他若做副系主任定会贯彻领导意图上上下下摆平，也镇得住历史系的人。正因为如此，父亲敏感到其逼人之势，历史系也有一些人认为孙思白在"搞"父亲以便"取而代之"。主、客观原因搅在一起，导致两人矛盾日深，连华岗都觉察了，他要孙思白好好与父亲谈谈。父亲在与孙思白的纠葛中一如既往表现得非常天真，孙思白告诉我：有一次看到父亲一人在雨中走，他替父亲打伞，问他到何处去，父亲说要到华岗处告他，孙思白就撑着伞一直把他送到华岗门口。这实在太具讽刺性了。父亲此时已45岁左右，处理问题却如童稚般，莫说孙思白是位极具才干的人，就是再不如孙思白的人，要"搞倒"他也不必费吹灰之力。这是华岗爱才却没用当的一个方面，也是父亲实在不谙人情世故，辜负华岗爱才之心的唯一缺憾。

思想改造运动

1950年5月1日海南岛解放。至此除西藏外，中国大陆全部易帜，蒋介石集团在美国庇护下蜗居台湾。在全国稳定后，中共中央开始各项改革，土改、镇反、三反、五反在中国广袤的土地上接二连三、如火如荼地展开。但这一切对父亲触动不多。触动父亲的是搞人人过关的知识分子思想改造运动。

针对知识分子的思想改造运动在1951年就有了先兆，那就是5月20日，《人民日报》以社论形式发表毛泽东写的《应当重视电影〈武训传〉的讨论》一文，严厉批评对武训及电影《武训传》的赞扬，全国各地报刊纷纷转载并发表文章，批评武训及电影《武训传》，形成建国后文化思想领域上的第一次批判运动，这次批判是非常深入的，连我这个当时的小学生都在学校参加批判。不过回顾当时，大多数人进行的是批判和自我教育，受批判人的范围还不广，它只是开了一个进行大批判的先例。

至9月29日，周恩来在北京、天津高等院校教师学习会上作《关于知识分子的改造问题》的报告，指出知识分子要力争站到工人阶级立场上来，在政治上要有明确的态度，分清敌、我、友，此时已颇有山雨欲来风满楼之势。到11月30日，中共中央发出《关于在学校进行思想改造和组织清理工作的指示》，要求在所有大、中、小学教职员和高中以上学生中普遍进行初步的思想改造工作，并在此基础上，在所有学校的教职员和高等学校学生中进行组织清理工作。至1952年底，思想改造的狂飙从教育界扩展到整个知识界。知识分子极少有例外地要进行自我批判，再由小组成员互批，如不能通过则一直反复下去，直到个人的自我批判获得通过为止。甚而有人被逼得大哭，若中山大学的陈序经、复旦大学的王善业等。顾颉刚1952年9月27日记复旦大学有人对他说："复旦中半年来死者有四、五人，或气死或缢死，刘大杰投黄浦江后，陈其五到复旦演讲，渐渐转宽，但不为外人道也。"

思想改造的主要内容，一是交待自己的经历，尤其是"历史问题"，诸如1949年之前参加过国民党的什么组织，做过什么对共产党不利的事，连写过什么对共产党不利的文章，说过什么不赞成共产党的话，都要交待，而且要深挖思想根源。二是对自己学术思想进行批判。矛头所向是胡适的实验主义为代表的资产阶级唯心主义学术思想，这一批判实际从1949年下半年已在北京大学初露端倪，到1950年哲学家冯友兰、社会学家费孝通等人在报刊上发表自我批判的文章，已触动学界。至思想改造时，这类学术批判已成燎原之势，几乎每位知识分子都必须自我批判到这点

图 19　思想改造运动时的山东大学校报《新山大》之一页

并深挖产生的根源，才能过关。这必然涉及到古史辨派，顾颉刚在劫难逃，父亲也难脱干系。

此时的山东大学刚与华东大学合并完毕，华东大学的教职员多为山东大学政治干部及政治课教师，作为政治培训班性质的华东大学教职工，早已谙熟政治运动的运作思维，山东大学的思想改造运动因而就更为激烈，《新山大》上连篇累牍地登载各位知识分子的自我检讨，家庭出身于地主、资本家的，检讨剥削阶级家庭影响自己追名逐利，工作上计较报酬。工农出身、早期投身革命的，检讨自己放松改造，致使资产阶级思想趁虚而入。总之，一定要达到这样高度，才能过关。1951年8月21日、9月1日的《新山大》已登了父亲的《学习党史后的自我检查》，检讨了家庭出身、个人经历、对共产党和抗日战争的错误看法，学术思想的演变并对演变的每一过程进行分析，批判其资产阶级唯心主义实质，哪怕是确有唯物论的成分，也批判到是机械唯物论且必然导致唯心论为止。但父亲在思想改造运动中并没轻松过关，作为建国后那么努力学习马列主义并用之于教学和科研的父亲，对此不仅深感委屈也颇为烦躁了。据山东大学保存的父亲的生平档案记录：

> 思想改造运动中作过九次思想批判，但未被通过，情绪上烦躁。经耐心帮助，自己反复斗争，才写出了较为接触思想的思想小结，主要批判资产阶级的学术思想，最初他是陈独秀经济史观的信徒，并依此写了春秋史，后来自己独创"三合史观"，认为经济、地理、民族性三者为历史的重心。后又放弃"三合史观"，主张地理、经济史观。这些东西都是属于资产阶级唯心主义史学体系的。在考据学方面则批判了他一向崇拜顾颉刚、胡适的实验主义，同时也初步批判自己为反动报刊写的反动性的文章。

这些自我批判都写成文章公布，据父亲1966年"文革"中自我批判之政治思想部分载，他在山东大学的校报上发表文章60余篇。因山东大学校报遗缺甚多，现已无法统计其中的自我批判篇幅了。除《新山大》外，父亲还在《文史哲》1952年第二期发表《"古史辨派"的阶级本质》、第四期《学习〈矛盾论〉认识思想改造的真义》、第五期《学习〈论马克思主义在语言学中的问题〉批判"经济史观"》，在大规模思想改造运动告一段落后，在1953年第六期《文史哲》上还发表《"行为主义"批判——学习辩证唯物论札记之一》。

父亲一系列的自我批判文章，影响最广的莫过于《"古史辨派"的阶级本质》一文。当时顾颉刚在复旦大学，1951年12月6日，顾颉刚日记中就有："为了批判胡适，足足费了我半天功夫，恐怕此后再要作更深彻的讨论"。不出他所料，到1952年时，从2月23日起复旦大学每周二、四、五、六下午都是思想改造的学习时间，顾颉刚因与胡适的渊源亦被逼得焦头烂额。7月13日日记记有："思想改造一定要写文章，说过去如何如何地不好。此于我真是一难题，以向日予自觉是一不做坏事的人。"以顾颉刚7月尚是这样的思想境界，见到《文史哲》1952年第二期父亲写的《"古史辨派"的阶级本质》及杨向奎写的《"古史辨派"的学术思想批判》两篇文章，怎么会不感到巨大冲击呢？1952年3月12日顾颉刚日记记见到此两文时，曰父亲与杨向奎对他及古史辨派"均给予无情打击，盖思想改造，有大力迫之，使不得不使然"。顾颉刚以"有大力迫之，使不得不使然"视之，固属宅心仁厚，然细观此文，父亲之批判顾颉刚与有些人之批判顾颉刚颇有不同。文章开头说明批判的缘起和宗旨：

> 现在已是全国解放后的第三年了，一切旧的不合理的东西都在批判改造。最近又展开了一个轰轰烈烈的思想改造运动，我们史学工作者迎接这个运动，也应该展

开自我批判，把自己的旧学术思想彻底澄清一下。解放以后，我曾好几次在学习讨论会上和报纸上批判了自己过去的反动思想和错误思想。但所批判的几乎只限于我自己的东西，不曾对我过去所隶属的学派——疑古派的史学作过整个的检讨，这篇文字就是想试从根源上批判疑古派的史学，以消除史学上资产阶级思想的重要一环。

由上可见：第一，过去一直没批判疑古派，以父亲与古史辨派的关系而言，这批判是不能回避的。第二，父亲认为自己是疑古派的一员，批古史辨派也是批自己。就文章内容看，批判的例子多引《古史辨》一至四册顾颉刚之文字，批判时却总用"我们"，未将自己转到古史辨派以外，从对立立场进行批判。第三，在当时那样的气氛下，仍肯定了古史辨派的反封建性。他写道：

> 疑古派史学的真实企图，是右面抵抗封建阶级，而左面抵抗无产阶级，这是最初的用意。此种意图表现在摧毁封建的圣经贤传（辨伪经）和封建的道统偶像（辨伪史），同时否认原始社会。

父亲将疑古派史学定位在"五四"运动这一在"民主"和"科学"的口号下展开的反封建的文化运动中"后起的一环"，是"资产阶级的史学"。

"文革"以后，研究古史辨派和顾颉刚的人日增，亦颇有人顺次注目父亲，对这篇文章议论颇多。未曾见过父亲和顾颉刚，也未曾亲历"文革"前运动的人，以现在人的理念推导，认为顾颉刚之批胡适，童书业之批顾颉刚，都是使自己过关的手法而已。但认识父亲、了解父亲的人则肯定父亲不是那样的人，以他们亲历各次运动的体验，强调父亲批古史辨派和顾颉刚是运动中受到强大压力，迫不得已而为之。只是不知是否有人考虑过"真诚"两字。中国的旧知识分子，1949年前各自的处境固有不同，但忧国忧民之心是这个群体所共有的，从历史上、从亲身经历中，看到中国落后、被瓜分、战乱频频、生灵涂炭，而共产党在这样一个废墟上，用短短的时间，扫除了毒品、娼妓、腐败等中华民族肌体上的赘瘤，发展了工农业生产，国家出现走向繁荣富强的转机，从而对共产党产生由衷的敬佩。他们从共产党的理论、政纲中明确了解自己以往的立场、观念、行为是与之不符的，因之必须改造自己才能追随共产党去建立一个向往已久的富强、安定的大同世界。这种真诚是绝大部分知识分子所共有的，所以在思想改造运动中，虽被人人过关搞得焦头烂额，仍认为是自己水平低、认识不足而去拼命"改造"自己。在《新山大》上，与父亲同期作检讨的就有曾友梅、蒋士龢、孟祥河、茅乃纬、宋金声、韦之英等人。否认和低估这"真诚"，对50年代初的知识分子是不公平的。至于父亲，1949年以前的困顿生涯与1949年以后家庭经济、社会地位、治学环境相比，反差更大，所以他剖析自己、改造自己，使自己站到共产党的理论体系中，尽力报答共产党的愿望就更迫切、更真诚，因此才会在各个方面去挖掘应该改造的思想且公之于众。他确实想不到如此真诚还会九次通不过，所以"不耐烦"，但经过组织"做工作"，他还是真诚地一再在思想中挖掘"根源"。

如此分析50年代初知识分子和父亲是否有有意辩护之嫌？我认为我的看法是有根据的。以父亲的伦理观分析，父亲1956年"肃反"时连累了杨宽，他是自知有错的，所以尽管杨宽事后主动给父亲写信，表示理解并声称友谊仍存，父亲也与杨宽通信，讨论学问，却始终没勇气面对杨宽。父亲对顾颉刚却并不如此，绝非像有些人所说，运动过后，杨向奎与童书业约顾颉刚为《文史哲》写文章，以图弥合裂痕。杨向奎如何，无以代言，但父亲与顾颉刚关系一直很密切，并无裂缝可言，以父亲自幼养成，一直未被社会污秽的赤子之心来看，如果父亲自认为用不实之辞坑害了顾颉刚，他绝不会有勇气再去面对顾颉刚，要知杨宽虽是好友，顾颉刚却是恩师，若有歉疚，则对顾颉刚会更深。顾洪整理出版的《顾颉刚读书笔记》中，顾颉刚于1951年2月5日将父亲给顾颉刚的长信以《中国社会发展史》为题几乎全文抄录，仍意犹未尽，将漏抄一段以《马列主义与考据》为题补抄，其中父亲对旧考据作了分析，内中有：

> 及中国民族资本主义受卷土重来之外国资本主义之压迫，疑古思潮遂见低落，吾人之史学转与封建主义妥协，至抗战后期，吾人已完全丧失进步性而变成封建主义与买办资本之附庸。

在思想改造运动之前父亲已有如此看法，这比公开发表的《"古史辨派"的阶级本质》要激进得多。不过，这与顾颉刚的想法差距甚巨，所以顾颉刚抄录时加了一个眉批：

> 此丕绳自道耳。我则学由宋人来，不致如此随时代而变化也。

唯其如此，一年后，顾颉刚看到《文史哲》上的文章仍感到是巨大冲击。我也才敢断言，批判古史辨派文章的出笼确实是当时运动气氛所迫，但父亲在那样的氛围中清理古史辨派学术思想却发自内心的真诚。清理古史辨派学术思想肯定会涉及它的创始人，但在批判古史辨派的创始人的同时，也在批判自己，这是有文字可据的不争事实。

拳拳赤子心　绵绵师生情

1949年之前，顾颉刚活动范围极广，父亲仅参与其学术活动之一部分，但学界对他们的学术见解常不谋而合、互相阐发、互相补充及顾颉刚对我们生活上的照顾皆有所知，深为赞赏他们师生关系之融洽。至1949年后，父亲在山东大学努力用唯物史观探寻历史真相，顾颉刚则在北京主持校点《史记》《资治通鉴》《二十四史》并进行《尚书》研究。在人事上各有所属，不可能像1949年之前那样由学人自由组合。父亲与顾颉刚的情谊不像以前那样显现，却仍像以前那样深厚。

1949年，顾颉刚已57岁，浸润于考据中日深且已为一代宗师。顾颉刚治学的特点是：自身聪明、敏锐，看书过程中常会发现问题，发现问题后迅速就此问题可涉及范围订出一个计划，他曾说，他的朋友说他从来实现不了他的计划，这一方面是时势所致，另一方面和他治学贪多不无关系。他往往在研究某一问题时会发现另一问题，又会去追逐另一问题的答案，反将此一问题匆匆结束或就此放下。在此情况下，最好是有人将他的发现接过去，仔细地从史料到观点完善化。这群人会形成一个学术群体，相辅相成地在学术领域发展。1949年之前顾颉刚身边确实有这么一个学术群体的，而且由于顾颉刚品性的宽厚，能将不同的人收拢在一起。1949年后，各人都有固定单位，顾颉刚身边已无这样一个学术群体。对57岁的人来说，适应这种状况是需要一段时间的，而且是痛苦的。

父亲这时虽不与顾颉刚同处，却经常写信，见面时则长谈，1952年8月，父亲亦困于思想改造运动时，还将自己的思想批判提纲寄给顾颉刚，故顾颉刚8月5日日记有"抄丕绳寄予思想提纲入册"之语。1953年2月父亲至上海，多次与顾颉刚长谈，顾颉刚2月14日日记有："童丕绳来，谈至十一时……丕绳评予，待人处物为封建主义，思想学术为资本主义的。静秋亦以为然。"2月17日又记："与丕绳谈，渠劝我治马列主义及世界史。"顾颉刚1953年8月20日动身，22日至京任中国社会科学院历史研究所第一所研究员，至9月9日即给父亲信介绍安顿情况。1955年，在批胡适的高潮中顾颉刚颇有难以适应之苦，父亲3月赴京，22日、24日、26日、28日皆与顾颉刚长谈。6月父亲再次赴京，恰逢批胡风之事已紧张，16日又与顾颉刚长谈。从父亲的经历来看，此时长谈内容可能是对顾颉刚一些对现实的不解作些解析，希望能助顾颉刚适应现实。可惜顾颉刚日记是流水账式的，对长谈内容未作记录。

但父亲与顾颉刚通信，主要是谈学问。从顾颉刚日记和他的读书笔记中可以看出，父亲与顾颉刚谈的学问有三方面：

一是父亲学习马列主义应用于史学研究的心得。如父亲在山东大学讲社会发展史，就以长信向顾颉刚介绍社会发展史，顾颉刚日记中1950年1月12日、1月18日，都有"抄丕绳论中国社会发展史函入笔记"的记载。1950年7月5日还将父亲信中关于春秋战国间社会大变的原因抄入笔记。《顾颉刚读书笔记》之2711页《中国社会发展史》题目中，写有"1951年2月5日，丕绳来书云"。最后顾颉刚的评论是："丕绳心志不纷，历史知识已极丰富，近年又得史观理法，一经贯穿，遂能道人所不能道，使人昭若发矇，如此，洵乎才不可以离学也。"

二是父亲努力学习马列主义，又治世界史后，将对史书、史实的考据放入中国、世界的社会发展中，从更宏观的、历史发展的角度去寻求历史的真象，有所发现时，也会写信告之。《顾颉刚读书笔记》中有《马列主义与考据》《左传之可信》《象郡不在越南》《童书业论予〈穆天子传〉一文》《童丕绳论脂砚斋其人》《丕绳论〈周官〉及〈左传〉解〈经〉语之时代》《绘画史、瓷器史之辨伪》《外国青料、穆王西征之铸器与其所求索》《石点头》《夏地之所以广》《商、周与氏羌》《童书业与辛树帜书论〈禹贡〉时代》《童书业论〈左传〉成于吴起》《楚传夏人传说，故少康中兴故事惟见〈楚辞〉、〈左传〉》《童丕绳论〈左传〉成书之年代》《童书业论古代婚姻制——烝报，并论息妫事系史家小说》《县与邑及书社》。在若干考据性的研究中，父亲仍坚持"要之，动谓某书某语为伪窜固不可，然谓古书字字皆原文亦必非事实。吾人只有平心静气研究，方不致诬古及迷信古人，我师以为如何？"顾颉刚评论曰："丕绳此书，平心论学，自为今后工作正道。"

三是对顾颉刚之研究仍极为关切。《顾颉刚笔记》中，《夏地之所以广》（第4996页）、《商、周与氏、羌》（第4996页）、《楚传夏人传说，故少康中兴故事惟见〈楚辞〉、〈左传〉》（第7112页）都与1935年至1937年共同研究夏史有关。《县与邑及书社》（第7197页）记父亲1965年8月23日函。顾颉刚录此信后加语曰："抗日战争前，予作《春秋时代的县》一文，丕绳先为集材。二十余年来，古代地方制度问题，彼此均不去怀，而皆未能作文探索。今得此书，独具悬解，胸中块垒为消。用记于此，以求精进。"至于《童书业论古代婚姻制——烝报，并论息妫事系史家小说》一文（第7214页），父亲用中外古代大量史料证明"烝报"是世界古代"家长制家庭"与财产继承有关的普遍婚姻形式，证明在"家长制家庭"居主导的春秋时代息妫之事是不可能出现的，进而证明是后人阐发的史家小说。父亲之所以写此数千字之长信，皆为顾颉刚在抗日战争中读《左传》，对"烝报"留心，胜利后编入《浪口村随笔》卷二《制度类》且与父亲讨论过《浪口村随笔》修改之事。父亲随时关心顾颉刚的研究，搜集到的史料，看书所得的观点皆会写信告知。当然，他们也有不同意见时，如顾颉刚将其《穆天子传及其著作时代》一文寄父亲，父亲提了两点可商榷之意见，顾颉刚回函中有"惟兄谓夷族尚畜牧，西方尚农业，则似有可商"，"旧日考证学究处何种地位，刚甚欲详察之。兄来信太简，不足起刚之信，幸更明示，俾有以自省"。学术上不同意见能坦然摆出，心平气和地讨论，这应是治学者的最高境界了。

　　父亲对顾颉刚学术研究成果的保存也十分用心。当我随父亲读书后，父亲曾不止一次地对我说起顾颉刚之学术研究铺得太开，甚忧其年事已高，一代史学宗师若不及时收束，身后如何是好。从1964年7月18日顾颉刚日记中可看出父亲也直接向顾颉刚提过此事："得丕绳信，嘱予压缩旧作，并写出《尧典》《皋陶谟》《禹贡》三篇之批判文字。又烝报、郡制两篇亦须重写。"其实顾颉刚也忧其身后之事，他心目中为他收束学术成果的最佳人选是父亲。1965年冬顾刚因病住院，于手术前（11月3日）给父亲一信，几近遗嘱，信中嘱托父亲："平生积稿，有赖诸位至交为作整理。您为最知我者，所负之责任，亦最重也。"1972年我将父亲遗稿《春秋左传考证》第一卷寄请顾颉刚审阅时，他回函一口答应，同时悲叹，原拟父亲为他清理遗稿，不料反替父亲整理遗稿。

　　1949年以后，父亲与顾颉刚相聚时间不多，最高兴的是1956年7月25日至9月底及1957年7月10日至1958年1月19日顾颉刚两次在

青岛长住。1956年夏，顾颉刚神经衰弱严重，加之血压高，身体
极为不适，决定至青岛养病。是时杨向奎住青岛山东大学安东路
宿舍，暑假中要外出调研，夫人回娘家，居室正可借居且阅图书
方便，因此顾颉刚住他家，杨家居二楼，三楼是黄云眉家，黄云
眉两位儿子负责清洁卫生及送开水，而饮食俱在离安东路不远的
合江路我家。顾颉刚的到来使父母非常高兴。从顾颉刚日记及给
夫人的信中可以看到，父亲陪顾颉刚出游、看戏、上馆子，不少
次是中午在外吃饭、下午看戏、晚上再在外面吃饭，青岛著名的
中、西餐馆是他们经常光顾之地。还为顾颉刚找医生、陪看病，
当顾颉刚感冒时，父亲通宵相陪，还陪顾颉刚拜访山东大学文史
各位教授和校领导。母亲则送早餐，为病中的顾颉刚送西瓜汁，
母亲本善烹调，此时更是在饮食上用心，知道顾家每晚有一餐面
食，母亲也每晚为顾颉刚做面食。顾颉刚给夫人信中说："这真

图20　父母亲与顾颉刚太先生的合影

友谊真可感激。"

至1957年7月10日至1958年1月19日，顾颉刚在青岛住在中科院招待所，所以日记中多记父母去看望他，父亲请他吃饭、看戏，更多的是长谈。肃反运动之后，父亲的心境大变，此时之长谈除学问外，更多的是顾颉刚以其平和的性情及对人事的洞察为父亲解辟一些顾虑了。如明确的有1957年8月6日记："与丕绳夫人共劝丕绳息事。"

1949年以前，多蒙顾颉刚照顾我们家，父母亲感受于怀，常以无缘报答为憾，顾颉刚两次在青岛长住，尤其是1956年那次，日日相聚，父母亲全心照料，高兴之极。我向以祖父视顾颉刚，亦缘于此。不过，当时我还是初中生，与顾颉刚接触诚如父亲1934年11月7日在《东南日报·读书之路》上载的文章《古史学的新研究——谈谈最近的顾颉刚先生》中的感受：

> 他（顾颉刚）确是个极诚恳朴实的学者，性情和蔼可亲，举动礼貌周备，作者可以称是他的私淑弟子了，但是他每次相见之下，总是这样很谦虚的接待，几乎会使人弄得手足无措。

顾颉刚每天来吃饭，见了我总要握手问好，我确实手足无措到想逃为止了。

父亲处理人际关系之拙笨是无人不知的，却还竭力想为顾颉刚化解一些旧冤。顾颉刚待人一向宽厚，通观其日记，虽记受人害之事颇多，对害人者亦有评论，但终不见异常决绝之辞，唯于张维华（西山）为一例外。父亲在禹贡学会认识张维华，1952年齐鲁大学解散，张维华分配到山东大学历史系任教，大家又在一起，《顾颉刚书信集》中有顾颉刚1952年11月1日给父亲的信，从中看出父亲甚想化解两人的不愉快："前接赐函……来翰中谓张西山性格已变，宛若二人，嘱刚恢复旧交，至感美意。刚与西山间之纠纷，至今思之，不解其故。渠治中西交通，刚深致器重，故办禹贡学会，交以全权；有人说他坏话，刚均不信，从来未掣其肘。在云大时，西山介齐大校长刘世传相见，招我前往创办研究所，一说即允，无非相信西山，即以信西山者信齐大。在齐大两年，一心一意办好研究所，并说：'我在此躲过抗战期，胜利后东归，我即他去，交西山办下。'此实衷心之言，盖我仍欲回北平也。何意渠竟以种种手段逼我住不下去，狐埋狐撸，推挽任情，使我不得不舍病妻而至重庆，投身于国民党之机关，为我终身之玷污。其后我以目睹国民党之腐化，不欲同流合污，故与商人合作，创办书局，度我今日之生活，是使我舍学就商者，亦西山为其枢纽也。刚今惟有求彼说明当日所以攻击我之故，使我得明白其原故，解除我内心之疑惑，当即如兄之嘱，复作朋友。"看来父亲没有调解成功，不过心意至诚。后来父亲在山东大学却受到张维华的攻击，1957年7月15日顾颉刚日记中记之甚详："丕绳来，道及张维华在学生面前攻击赵俪生及丕绳，谓是理论派，不是史料派。俪生固不治考据，而丕绳则自考据中来，前与之同在禹贡学会，焉有不知。俪生今已应兰大之聘，不日西去，丕绳亦欲往，为党委劝止，谓张维华起不了作用……丕绳已辑廿余年来考据文字谋出版，以事实击破张氏谣言。"父亲的考据成果确实一一出版了，但也授人以柄，1958年深受其害。

　　1949年以后，顾颉刚仍一如既往关心父亲，情意至深。父亲1953年2月至沪，1955年3月、6月，1956年7月，1960年8月，1961年12月数次赴京。顾颉刚皆多方陪同，屡屡长谈。1960年8月4日记："童丕绳自济南来，同到赵登禹路政协俱乐部饭，饮茗长谈。四时半出，到历史研究所，又出，到南河沿政协俱乐部晚饭。与丕绳到沈从文处长谈瓷器，十时归……丕绳议论风发，而背愈弯，咳亦愈甚。今日大热，予伴丕绳四面跑，汗出如渖，有若水中捞出者。"顾颉刚以72岁高龄在暑热中陪父亲四处奔波却不顾自己而对父亲身体日差怜惜不已，实在感情至深。1961年12月18日记有："丕绳研究瓷器史，自山东大学来京搜集资料，有助教徐鸿修同行，而不先接洽住宿处，径投历史研究所，以为必可宿，至则三位所长皆在高级党校学习，连杨向奎亦去，无人为之觅居地，大窘，只得到八楼与山东旧学生同榻。丕绳固不解事，山大当局乃不解事？"愤愤之气溢于言表。1963年5月26日记："中华送《世俘》单行本十册来，不够分配，竭力压缩，发出如下：……童书业……"此外，日记中多处记与父亲共看、讨论文章之事。

　　父亲去世，顾颉刚十分悲痛，将父亲身后之事放于心上。父亲1968年元月8日去世，母亲1969年迁至杭州，行前庞朴、路遥从历史系资料室"盗出"父亲一些手稿，由母亲带至杭州。1972年时，形势略有缓和，我写信给顾颉刚，请他审阅一下父亲的《春秋左传考证》，顾颉刚马上复信，同意代为整理并推荐出版。后来"反复辟回潮"，形势又变，深恐历经劫难之稿再遭劫，顾颉刚将原稿寄回，此稿实为母亲抄录的第一卷抄稿。"文革"后，打开父亲亲理的箱子，又寻出第二卷、后记、札记原稿及春秋经传考异手稿。我将其理顺为现在的《春秋左传研究》之目次，写信给顾颉刚，请他代为设法出版并请他写序。顾颉刚马上介绍给上海人民出版社，后来是上海古籍出版社派萧庆璋来取去。由于父亲图书在山东大学，我又尚未返大学工作，无法核对原著，同意上海古籍出版社请人复核，后来萧庆璋调上海人民出版社，将此书带至上海人民出版社。萧庆璋原是《文汇报》的，《文汇报》复刊，他又回去，书稿留张志哲。萧庆璋经常与我联系，但

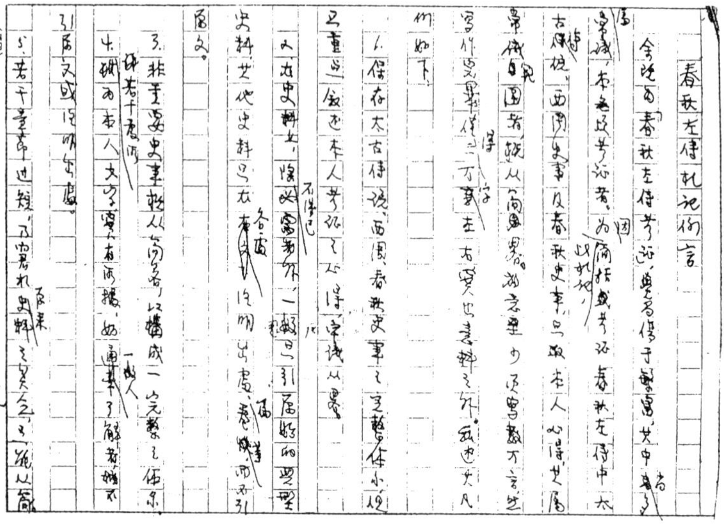

图21　父亲的《春秋左传札记》手稿

张志哲接受书稿后从未与我联系，至1998年我才知道徐鸿修不但将父亲手稿部分重抄，而且将连《春秋左传考证》第一卷抄稿在内的全部书稿作了复核。此书终于问世了，最遗憾的是顾颉刚多次设法出版，此书出版之时，他已仙逝，既不及亲自为书写序，亦未及目睹成书。

以我所过迹似隐居生活，社会联系甚少，苦苦搜集、整理父亲毕生心血，冀其面世，但将其出版却非我所能，幸有顾颉刚生前之介绍，而上海古籍出版社一向重学术、重社会效益，因此在出版社经济刚刚转轨，各出版社拼命出畅销书以积累资金时，经责任编辑仓阳卿力争，在社长魏同贤及李主编支持下，出版社以巨大魄力出70万字全精装《童书业美术论集》，而当我到上海去面谢时，李主编未容我开口，就说："此书社会效益很好。"绝口不提他们投入数万元冒险之事，以免我不安。对上海古籍出版社的善意和体贴，我是深为感激的。此后赵昌平任主编，在原责编仓阳卿主持下，又出了《童书业说瓷》《童书业说画》，仓阳卿临退休前还主持出版了《春秋史》。仓阳卿退休后，上海古籍出版社不再出父亲书时，顾颉刚之女顾潮、原助手王煦华又把我整理的父亲著作介绍给中华书局李解民。李解民是位资深的、有眼光的编辑，在他的设计下，中华书局只用了6年时间将我搜集、整理的父亲的论著以12分册出版且整合成7卷本全精装的《童书业著作集》。最令我感念的是其间中华书局经历了改制，中华书局并未以学术著作经济效益不及畅销书而更改计划。中华书局所出之书在学界影响颇好，此后商务印书馆、天津古籍出版社、上海书画出版社皆出过父亲的论著，《往事与沉思丛书》命我写父亲传记，由华东师范大学出版社出版。父亲和父亲的学术成果得以清白地留在学术史上，这一切皆缘起于顾颉刚的介绍。师生之情绵绵流长，真可算学界一段佳话。

父亲与顾颉刚的师生情义确实已升华到彼此不必顾忌，一切皆可坦然直言的地步。父亲没有日记、笔记留下，顾颉刚日记中却有记录，顾颉刚日记一般都是流水账式的，有些段落有评论或较详细记录，谅记时心有所动。最能反映师生情意的两段话，一是1958年1月12日补记1957年在青岛共度中秋节时与父亲的谈话：

中秋夜，丕绳与予谈，谓湖帆之画能融合四王、宋元，又加以创造，故能独步一时。然聪明有余，功力尚不足，以其未经科班出身也。予因谓草桥中学出三人，湖帆之画、圣陶之文学、予之史学，皆是聪明逾于功力者，以清末民初，群不悦学，我辈皆由自己摸索而来，未得名师传授也。故圣陶之诗，富于天趣而轶出绳墨。予亦自知根柢始终未打好。丕绳云："现在人所作历史研究文字，大都经不起复案，一复便不是这回事。其

> 经得起复案者只五人：先生、吕诚之、陈寅恪、杨宽、
> 张政烺也。然吕先生有时只凭记忆，因以致误。陈先
> 生集材，大抵只凭主要部分而忽其余，如正史中，只从
> 《志》中搜集制度材料，而忘记《列传》中尚有许多零
> 星材料，先生亦然，不能将细微资料搜罗净尽，以是结
> 论有不正确者。杨宽所作，钜细无遗矣，而结论却下得
> 粗。其无病者，仅张政烺一人而已。"闻此心折。予之
> 文字做得太快，故有此病，不若苑峰之谨慎与细密也。

一为1961年12月24日，记有：

> 予询丕绳："我所受之影响孰为最：郑樵、朱熹、
> 阎若璩、姚际恒、崔述、康有为、胡适？"丕绳答曰：
> "康有为。"予亦首肯，盖少年时代读夏曾佑书，青年
> 时代上崔适课，壮年时代交钱玄同，三人皆宣传康学者
> 也。到胡适，仅进化论之一点皮毛也。

师生促膝谈心到如此地步，必心中无任何隔膜才会有。
顾颉刚社会活动能力极强，交游甚广，几遍及中国学术界所
有名家、社会名流，旁及政界，与父亲数十年的交往仅为其中极
小部分，但可断言是最不具功利的赤诚感情之交融。

"肃反"运动

父亲在思想改造运动中虽受到一定触动，档案中亦留下了印

痕，不过他在山东大学的处境并没受到影响。数篇自我批判的文章使他表面上仍保持学习党史、学习马列主义，改造自己，紧跟共产党走的老知识分子形象，华岗仍一如既往地赏识他。关键在于他自己也确实真诚地认为自己必须改造，知道改造是个痛苦的过程，加以这次运动是知识分子人人过关，别人也未必轻松。所以尽管档案上说组织上对他作了思想工作，在他可能还自认是努力剖析自己的结果，因此心理上没多少阴影。接着1953年高校教师评等级，山东大学（不包括医学院）以那样强大的师资阵营，才评出三级以上教授28人，父亲是其中之一。自先曾祖去世至20岁后自谋生计，父亲在艰辛困苦之中奋力治学，承认他学问的颇有人在，但他的身份，包括大家庭中嫡长子的身份却屡不被认可，此次如此被认可，其欣慰、感激之深可想而知。

1953年，父亲以极其旺盛的精力努力研究马克思主义，从事教学和科研。这一年的《文史哲》上经常有他的文章。由于1月高教部长马叙伦在《人民教育》杂志上发表文章，提出高等院校要认真学习苏联的先进经验，改进教学内容和教学方法，提高教学质量，山东大学作为综合性大学，各系开始新一轮的教学改革。父亲作为教学副系主任自感责任重大，拼命工作。1953年，父亲在自己编的《简谱》中写道：

　　四十六岁。续在山大任职，担任世界古代史等课，接受中国史专门化中国手工业商业史备课任务。继续读马列主义新书及经典著作。著《行为主义批判》，发表于《文史哲》。暑假后与张维华等合开中国土地制度史课，开始准备手工业商业史课，编写讲义。

1954年《简谱》中说：

四十七岁。续在山大任职，担任世界古代史课及中国手工业商业史备课工作。继续读马列主义新书及经典著作，著《批判胡适的实验主义学术思想》，发表于《文史哲》。著《广东窑的瓷器》（修改旧著），后发表于《山东大学学报》。编《古代东方史纲要》，交青年出版社。当选青岛市第一届人民代表。批判俞平伯及其他胡适派资产阶级思想。著《中国古史分期问题的讨论》，发表于《文史哲》。

总体上说，思想改造运动在一定程度上伤害了知识分子，所以1953年至1954年，相对知识分子来说是一个较宽松的时期。父亲由于没有心理阴影，所以在这段时间埋头学习马列主义新书和经典著作，力求能不断加深理解，将其融会贯通以求实事求是地用来挖掘中国历史之真相。他没有听到远远的雷声，也没看到天际涌起的沉沉黑云，丝毫没预感到暴风雨正在急速逼近，而这次他将经受雷霆般的震撼。

1955年至1956年是三场与知识分子相关的运动交混在一起的惊心动魄的年份。那就是由批判俞平伯《红楼梦》研究引向深入的对胡适"资产阶级学术思想"的斗争，胡风"反革命"集团事件，"肃反"运动。

李希凡和蓝翎是山东大学中文系1953年毕业的学生，1954年他们合写成《关于〈红楼梦简论〉及其他》一文，投稿《文艺报》被拒，辗转数家报刊，最后回到母校，获得山东大学文史两系，包括父亲在内的教师的支持，于9月在《文史哲》发表。10月16日，毛泽东给中共中央政治局的同志和其他有关同志写了《关于〈红楼梦〉研究问题的信》，信中说："这是三十多年以来向所谓《红楼梦》研究权威作家的错误观点的第一次认真的开火。""事情是两个'小人物'做起来的，而'大人物'往往不注意，并往往加以阻拦，他们同资产阶级作家在唯心论方面讲统一战线，甘心作资产阶级的俘虏。"毛泽东的公开信很快在中国大地引发了一场轰轰烈烈的批判运动，而且逐步升级，1955年3月1日中共中央发出《宣传唯物主义思想批判资产阶级唯心主义思想》的指示，批判俞平伯研究《红楼梦》的观点就升级到马克思主义的辩证唯物主义与资产阶级唯心主义思想的斗争，成为"五四"运动以来资产阶级唯心主义体系与无产阶级思想体系对立斗争的继续。于是又转向对胡适资产阶级唯心主义思想体系的清算。事态的发展似乎又转到了1952年知识分子思想改造的旧题目上，只是突出了学术上的批判，少了点历史问题的清算。知识界又全面展开批评与自我批评，与胡适相关的人（如顾颉刚），又受连累，顾颉刚1955年1月21日日记有："到科学院，参加批判胡适政治思想组。"3月5日有："近来批判胡适历史学、考据学的文字中，常常牵到我和古史辨，因此，我在今天会上说个明白。盖予在未遇胡适之前已走到怀疑古史的道路上，及受到他的影响，只有演变一点，然此一点清代考据学者如崔述亦已看到。其后我跟着钱玄同，走向汉代今古文学的问题上，又整理古籍，与胡适无干。古史辨第一册固有胡适气息，至第三册以下则且成彼攻击之目标矣……予老老实实研究学问，虽不能把握马列主义，究与胡适不同，而一般人乃比而同之，是予所不愿受也。"3月11日记："……又以在胡适批判会中发言太老实，为人所不满……"3月15日记："自上次开会后，许多人不满予所发言，予亦自认错误有二：其一，评胡适的演变方法无毒；其二，从予与胡适分路后即不受其影响。今既自觉其非，故作检讨书，自认错误。"看来大有不自骂该死则无法过关之势。

山东大学理所当然地展开着对俞平伯，尤其是胡适资产阶级学术思想、研究方法的批判，幸好李希凡、蓝翎是获得山东大学文史两系知识分子支持而在《文史哲》上发表文章的，所以这次风暴虽烈，影响虽深远，但山东大学文史两系的学者受伤害不大，多为正面批判者。作家出版社所出《〈红楼梦〉问题讨论集》仅第二集就有署名陆侃如、山东大学教师集体讨论梁希彦整理、吴富恒、童书业、孙昌熙等人的文章。

等待父亲的是另外两场运动。1955年1月20日，中共中央宣传部向党中央提出了关于开展批判胡风思想的报告，要求在批判俞平伯和胡适的同时，对胡风的文艺思想进行公开的批判。中共中央批准了这个报告，并要求各级党委重视这一思想斗争，将它作为工人阶级与资产阶级之间的一个重要斗争来看待。到5月13日、24日、6月10日，《人民日报》分三批刊登了"关于胡风反革命集团的材料"，在将材料汇编成集时，毛泽东写了序及二十多条按语，断定胡风等人是"一个暗藏在革命阵营的反革命派别，一个地下的独立王国"。由此对胡风文艺思想的批判演变成激烈的政治上、组织上的"肃清胡风反革命集团"的运动。这运动在山东大学掀起轩然大波。

山东大学校长华岗被定为"胡风反革命集团分子"。华岗问题一出，抄家、隔离、关押，接踵而来，山东大学乱作一团。杨向奎被隔离审查、抄家，吴大琨也牵入其中。胡风事件结束，杨向奎于1956年到中国科学院历史所，吴大琨到人民大学。

反胡风并没反到父亲头上。华岗赏识他、重用他，这是人所皆知的事实。父亲的回报是拼命工作，以教学和科研成绩来报答作为党的化身的华岗的知遇之情。但他并没和华岗发展私人关系。这是因为父亲根本不懂，也没有本领去和领导发展私人关系。不过，父亲此时在精神上受到巨大的冲击：第一，华岗是父亲极信任的共产党高层领导，一向把他当作党的化身，但这样的偶像竟是党内的反革命分子，父亲难以接受，却又不敢不接受。第二，杨向奎是他30年代相识的熟人，父亲一向认为他很进步，研究马列主义颇有心得，是父亲在山东大学颇为依赖之人，一下子他也一度成了嫌疑人物，父亲对此毫无思想准备。第三，1949年之后，父亲对共产党极端信任，把共产党看成一个统一的、纯洁的政党，胡风事件在他面前揭开了党内斗争的一角。仅此一角就把他吓坏了，颇有今后不知所从的感觉。当然，事过境迁之后，父亲一如既往地相信党，也相信每一个党员，在这个问题上，他至死亦未吃一堑长一智过。

让父亲大难临头的是肃反运动。在反胡风运动进行的同时，7月1日，中共中央发出《关于展开斗争肃清暗藏的反革命分子的指示》，肃反运动在全国声势浩大地展开，涉及到每一个角落，旧社会过来的人，尤其是知识分子，多难逃篦梳一遍的命运。顾颉刚1955年10月5日日记中就有"闻有些学校以教员有问题者太多，致合并大班上课者"。山东大学历史系肃反运动的声势也吓人，张维华、葛懋春被抄家，父亲和韩连琪也被列为运动重点，稍后，赵俪生也被列为重点。当时我还在读初中，对一切都很懵懂，至今印象很深的是父亲的恐惧。自1949年10月以后，虽日日与父亲在一起生活，但从未见父亲在我之前睡觉之事，只有肃反运动时，有一次发现父亲早早上床，蜷缩在母亲的身后，似乎想以身后的墙壁与身前的母亲构成一个想像的屏障，容他躲在其中逃避什么。现在才知道那时父亲已被列为肃反重点审查对象，他惊恐之极，已无法自持。事情缘起于6月底，山东大学收到一封检举信，信中说父亲抗战时担任过"抗日反共锄奸团"团长职务，领导过3000多青年蓝衣党的学生，1942年由常州返回安徽大渡口老家时，一路遇难48次，共打死新四军4名，才安全到达安徽，并说父亲自言国民党回来会做大官。如此重大之反革命行为自然要重点审查。

　　以上的检举也并非完全是空穴来风。由于大家庭的排挤，父亲多年在外辗转谋生，历尽艰辛，1940年苏北"文化书社"事件后，父亲欲依赖同在上海之先祖父生活，向其编造了谎言，可先祖父并未帮助他，以至为了不做文化汉奸，父亲在太平洋战争爆发后孤身离开上海到念劬中学教书，受侮辱后，又在1943年只身经常州返大渡口家中，将1940年之事又加渲染，以骗取在大渡口安身于一时。不会说谎的人偶然说谎，比经常说谎的人更令人相信，这个谎言换取了我们全家在大渡口大家庭数月佣工般的生活，后终为大家庭所不容被迫离开。这是一个世宦家庭嫡长子凄惨生活的真实经历。

　　父亲迫于生活而编造的谎言就是那封检举信的来历。检举人只是张冠李戴，将1940年苏北之事安到1943年只身经常州返大渡口之时，致使父亲的交待始终与山东大学掌握的材料对不上。一旦列为重点，父亲就被排炮般的审问惊吓得不知所措，当时历史系"肃反"领导小组成员是蒋捷夫、徐经泽、杨向奎、孙思白。始终摸不着头脑的父亲在多次被找谈话后，于1955年7月29日写了一份《自保书》：

　　　　经过几天的自我检查，实在检查不出还有什么历史上的重大问题，今天我想究竟是什么问题，一再思索，认为只有以下的可能：

　　　　1. 我不曾办过参加国民党、三青团及国民党特务组织的手续，所以自认为不曾参加国民党、团组织。据我想一个参加反动党团组织的人，至少应该具备下列条件，即一、请求参加志愿书；二、参加仪式；三、过组织生活；四、担任职务；五、实际活动。根据这五点来讲，决不会参加了反动组织，自己还不知道或者忘记。但我现在脑子里无论怎样思索，实在想不出参加过任何国民党反动组织。如果我已算参加过反动组织，那只有下列的可能：一、在财政部任书记官时，国民党已算我集体参加了党。二、在《青年日报》馆工作时，就算我已参加了国民党。三、国民党用一个一般人不知道的什么名义叫我参加，如苏北"文化社"，"上海文化运动委员会"或其他名义，他们算我参加了他们的反动组织，我自己还不知道。四、柳树人在苏北曾有一次对我说：我们应有比共产党更高的主义（大意如此），当时我们曾提出一个"反共文化同盟"的名词，但不曾有组织。我绝对不曾参加过托派。与陈企白父子汉奸的关系已坦白。

2. 反动思想、言论和写作，这是很多的，思想、写作已交待。言论太多了，只能随问随答，不可能全部想起。

3. 反革命活动：解放前我不曾到过解放区（至多路过边境——新四军地区），不可能在解放区进行反革命活动。在蒋管区不曾做过政治特务活动。只能说是有文化特务活动，如任反动杂志、报馆编辑，宣传反动理论，注意学生、教师思想等。还有在反动文字上签名，也可能有的，但记不起。

4. 血债，在我脑子里，当这次运动以前，从来不曾怀疑过。除非是说那个人思想、行动有问题，那个人因此受了害。但像这样的问题，我自己是不可能知道的。说过的话，也不可能全部记起。因为我不是政治特务，所以我实在想不起有任何血债。

5. 如家庭父亲、兄弟事弄到我身上，我可以质对。

6.除上述事以外的事，似不能算严重问题。

童书业

一九五五、七、廿九

这时写的文字虽已给自己扣上了"反动"可能性的帽子，但还是摆事实、分析误会的可能性。但事隔两日，父亲即写《请求书》承认自己是反革命，要求将他抓起来。其中有"像最近几天的办法，我的神经和身体，实在吃不住了，如果再继续下去，我一定会变成废物的"，"我希望领导立即把我管制起来，因为这样做，不但对人民有利，可以免除许多防卫手续，就是对我自己说，也非常好。因为我这几天神经已经紧张到不可支持的地步，吃烟怕走火，烧饭怕失火，一举一动，都怕再造成罪行，这样继续下去，一定要神经错乱的"。从这样甚为凄楚可怜的话中可看出父亲受到的逼供日益严重，以至无力自持了。当时参与审查父亲案件的人也曾说过，父亲当时说，你们再逼我，我受不了，会乱说的，不过这份《请求书》中仍说事实可以调查，承认一些事在客观上是反动的，造成恶劣影响，他愿承担反革命罪名。但审查者并未停止逼供，父亲的精神终于崩溃了，开始胡说八道，还请组织转信动员与他同去苏北的杨宽向组织交待，甚至认为越说得严重越会促使山东大学去调查，他骨子里还是相信共产党不会冤枉一个好人，但却连累了杨宽。

这次共产党并没辜负父亲的信任，"肃反"不像后来的"反右"及文化大革命，它确实是讲证据、重调查的。山东大学为查实父亲的问题，8月、9月连续派人外出调查，调查的结果是父亲确实没参加过反革命组织，也没和新四军打过照面，检举材料中所说确实是父亲为了骗取在家生活而编的谎言，时间上也确实张冠李戴，他过常州时住学生蒋克钧家，结识承名世，这些人都可替他作证。父亲只是写了若干"反动"文章，在思想上与"托派"有所共鸣。随着调查的进行，父亲的问题在山东大学组织中已逐渐清晰，态度也逐渐缓和。父亲实在交待不出什么实质问题，转而深挖"反动"思想并作全面交待，1955年9月29日写了长篇的《我与托匪思想的关系（附其他方面问题）的报告》，10月4日又写信请组织转交李季，请李季为他证实1945年至1949年时他的思想状况。这时父亲在精神上发生一个急剧的转变，那就是从惊恐转为镇定地、细心地处理着问题，这本是精神病患者，尤其是强迫观念病患者常有的现象，即面对现实时，病状会暂时消失，父亲在《精神病与心理卫生》一书中谈到制约与解除制约时就仔细阐明过，因此面对是否会打成反革命的重大问题时，其早期病态惊恐消失，转为实实在在处理现实问题。山东大学却有部分人说他前期的惊恐、失常是假装的，父亲听到传言，于10月4日同时写了一封给解放前为他治病的医生粟宗华，请他证明自己1946年的情况，这信也是请组织转发的。这些处置确实有条不紊。山东大学至1957年7月在中共中央第二次发通知后，对父亲的问题作了正式书面结论。

关于童书业教授问题的结论

童书业教授1952年交待本人于1940年10月至11月曾任苏北文化社研究员和文化中学校董时，因避新四军随文化社负责人柳树人杨宽等带领文化中学学生二百余人，由东台县逃至兴化，然后与杨宽回上海。1942年离开念劬中学经常州返安庆等历史情节，加之肃反运动开始时有人检举说：童书业教授在抗日战争期间，任抗日反共锄奸团团长，带领三千青年军蓝衣党由常州返皖时，路上遇难多次，并打死我新四军四名，因此运动中作为疑点进行审查，经反复查对有关十余人，证实童书业教授本人交待的上述历史情节属实，检举材料内容系童先生解放前向家中人虚构的，由家中人传出，并非事实，取消疑点。童书业教授解放前历史的其他情节，亦经查对与本人肃反前交待相符。

中共山东大学委员会肃反领导小组

1957.7.4

"肃反"运动之雷霆从父亲头上隆隆滚过去了，1956年父亲仍当选为第二届青岛市人民代表。但它对父亲的影响却始终没有消失。首先，它使父亲留下了终生愧疚，那就是连累了多年的朋友杨宽，父亲于1956年7月2日就写了更正材料，其主要内容是更正"肃反"时连累杨宽的不实之词，强调杨宽到苏北后，确实对各方说过"只抗日，不反共"之语。但父亲仍没勇气面对杨宽，甚至连道歉信都不敢写。不记得是哪一年，父亲手持一信回家，极为激动地对母亲连连说："杨宽来信了，杨宽来信了！"笑得从未有过的开心，母亲也非常开心。后来才知道是杨宽给父亲写信，表示对父亲的谅解。上海的旧相识听到父亲交待的传闻，第一反应大都是：童书业又发神经病了。这里也含有一种理解。但父亲好像从此没回过上海。父亲过去写的材料都说，除北京两年外，他大部分时间都生活在上海，可见他十分怀念上海，但从1966年和1967年他写的遗文中可看到，父亲拟"文革"后退休的地点却是杭州，"文革"中对我说的也是回杭州，一直影响到我后来选定是故乡却无故人的杭州作为存身之地。

其次，从此他背负上"反动"之名，即或没有参加反动组织，没有反共的实际行动，却因文字而背上了"反动"之名。可悲的是，他自己也确认自己反动，而且对共产党怀有深深的负罪感。父亲研究史学，向以求真求实自律，其求真求实的方法往往是看某时代、某人经历可不可能产生某事或某思想，因而时代及事实的关联至关重要。但在"肃反"后的社会生活中，他完全违背了他的治学思路。他是一个自幼娇惯、胆小怕事又极度封闭的人，在国共斗争时，他不可能对共产党有所认识，也没有胆量、没有途径去参与共产党领导的革命斗争。作为一个为生存而苦苦挣扎时仍埋首学问的知识分子，他只能在国民党政府下生存，只能听到国民党单方面的宣传，因此对共产党不了解、恐惧，尤其怕"文化专制"，对支持国民党的美国和支持共产党的苏联产生不同感受，这种心态在1949年之前的知识分子中是很普遍的。这时要么不写与时代有瓜葛的文章，要写，必然是站在国民党一边才能发表。父亲为生存又不能不写带学术性的应景文章，所以要从这时的文章中找出解放后所说的"反动"内容，可谓俯拾皆是。这是时代使然。而且以父亲那样不谙世事之人，能做到虽认为抗战还是卧薪尝胆缓慢进行为好，却仍激于爱国的民族感情宣传抗日，甚至在《禹贡》的《历史地理专号》序言中明确提出与日本人理论疆域问题。日本人进入租界后，他马上离开上海到自由区的念劬中学受苦，按说这已不容易了。他对共产党从恐惧到认为与国民党一样，都是为了争夺政权；到解放前，虽疑虑未消却认为只有共产党才能使中国转乱为治；到上海解放前夕，甚至感到一个太平时代将要到来——这种心路，虽是从治学途径怪怪地产生的，客观上来说，更是不容易了。如若中国的老知识分子或其后人，有顾颉刚后人的勇气和求实精神，也把自己之日记像顾颉刚日记那样作为历史的脚印公之于众，更可以比较出父亲对共产党认识的普遍之处和独特之处。至于对唯物史观之认识，父亲在自我检查中写了四个来源：（1）陈独秀的思想影响；（2）郭沫若思想的影响；（3）普列汉诺夫思想的影响；（4）"托派"李季思想的影响。作为一个无缘参加革命的学人，在那个时代，与唯物史观接触时，恐怕更容易接受经济史观，而当时的"托派"也主动和知识分子接触，与人交往被动的父亲更容易碰到的是"托派"。现在，前苏联对托洛茨基重新进行评价，中国对陈独秀在"五四"运动时的作用也在重新研究，当史学研究切入角度变化时，回头看看父亲那时的文章观点，不过是一种时代性的史观而已。当然，我们不能用现在的眼光看1955年，那么，1955年时也不应该用当时的眼光看30、40年代，何况父亲在1949年上半年已经在光华大学讲辩证唯物主义了。对一个并不信奉共产主义的人来说，在学术研究的道路上自发地走向共产党党纲规定的党的理论基础，又是1949年后学界、尤其是人文社科界教学、科研立足之理论基础的辩证唯物主义，这应该是不容易的。但"肃反"后，父亲没把这作为组织已做结论的运动，丢到脑后，反倒将1949年前这些可作"进步"的方面抹去不提，将自己的思路全部集中在国民党统治时期那些对共产党怀疑、恐惧，没有达到真正马克思主义认识水准的文章段落上，以1949年以后全国都必须学习、遵循的思想去检讨这一切，不"反动"才叫不顾事实呢。试以1951年8月21日、9月1日《新山大》连载的父亲写的《学习党史后的自我检查》（以下简称《检查》）提及的某些经历与1958年3月16日定稿的《知非简谱》（以下称《简谱》）对相同事件的定性写法之不同，即可看出父亲确实发自内心地自认"反动"了。

（1）与陈企白的关系：

> 徐连城说：在北大读书时，有位老师告诉他，童书业抗战中送汉奸陈企白诗中提到王猛（案：众所周知，汉族人王猛帮助苻坚统一北方，建立庞大的前秦帝国，但作为

汉人，他劝告符坚不可南侵东晋。父亲的意思很明白，他希望身为汉奸的陈企白，像王猛一样不打中国人）。

　　曾作诗五首赠陈企白（案：谢他助父亲兄弟自日军难民营脱身），是为余历史上一污点。（《简谱》）

（2）苏北之行：

　　黄素封和杨宽曾向苏北国民党当局提出一个条件，就是"只抗日，不反共"，据说这个条件被接受了，所以我们在苏北一个月左右所做的多是抗日文化工作。（《检查》）

　　九月，随杨宽赴苏北东台，任韩德勤部所办文化社研究员。与杨宽、柳树人编辑文化社出版之《文化周刊》，写文多篇。（《简谱》）

《简谱》中把抗日的性质抹掉，无非是因为"文化社"是苏北国民党办的，而国民党在苏北与之磨擦的对象是共产党的新四军而已。

（3）1941年与吴绍澍的关系：

　　这个刊物（案：指吴绍澍所办的刊物）好像叫做《独立周刊》，共计聘了七个编辑，我也被聘为编辑之一，但我只提供给了几篇文章，并不曾担任过真正的编辑事务……我替那个刊物写的几篇文字都是用笔名发表的，多半是史学方面的文字。（《检查》）

　　任吴绍澍所办《独立周报》编辑名义，为是刊写反

动论文多篇。（《简谱》）

史学方面文章变成了"反动"论文。其推演的过程是：从《检查》所举文字看，史学文章中确有借古喻今之文字，主要论及对外战争必须统一、集中，若加推演，那时就是统一在国民党政府之下了，因此是反动的。

（4）抗战胜利后与吴绍澍的关系。抗战胜利后，父亲生活无着落，在常州、上海与吴绍澍再度发生关系，但终因吴绍澍的不尊重而离开他：

> 到常州后，就进《青年日报》馆工作。……我替周刊写了几篇歌颂胜利的文字，自然把抗战的功绩都归给了国民党政府。（《检查》）
>
> 被介绍到上海《青年日报》馆任编纂，编辑《抗战史》……除写《抗战史》外，还写过几篇考据性和社论性的文字。那时正是政治协商时期，国民党的刊物对共产党还留几分"面子"，十分露骨反动的文字还不能发表。（同上）
>
> 《正言报》（吴绍澍办的）馆中人未得我的同意，把我在胜利前写的文字给其他刊物发表和转载（案：指以前写的新史学批判文字），我才感觉有与他们完全断绝来往的必要……他们一再向我要文字，最后我把一篇论唐代俑像的文字给他们，他们觉得无用，此后就不再找我麻烦了。（同上）
>
> 国民党中人知道我是书呆子，所以不曾邀我入党或入团，他们虽然满口称我同志（在《青年日报》馆时），但他们的组织究竟怎样，我完全不知。我在《青

年日报》馆是被视为"客卿"的，他们对我相当客气，然并不当我是真正自己人（同上）

由吴绍澍委余任《青年日报》馆编纂，编《抗战史》，是时写反动论文多篇。（《简谱》）

到了"肃反"被逼供时，更是脱离当时时代环境，也脱离当时文章的整体论述，一味摘取对共产党和苏联不利的文字，自命"反动"，以致成为当时山东大学的组织结论进入了档案："发表了许多反动文章，得到当时上海国民党非常器重，被称为反共英雄。"一个"客卿"，一个工作了三个月，在解散时连解散费都拿不到的人，竟因为国民党的"客气"话，变成了"反共英雄"，至"文革"时理所当然地被命为"反共老手"了。历史就是这样嘲笑为生计挣扎的书呆子气十足的父亲。

第三，父亲从此在山东大学组织眼中变成一个过去思想反动的人，对他此后的言行，往往从坏的方面去考虑，将其政治态度列为"中等"，撤了副系主任之职，只是由于他"在史学界的知识分子中（特别是旧教授中），小有名气，在我校历史系教授中他的业务较好，在本市和本省史学界有一定代表性"而"可以作市人民代表"（均见《生平档案》）。

更为严重的是，自"肃反"后，父亲基本治愈了近十年的强迫观念症复发，这次复发是以一种缓慢的、渐进的形式发展的。"反革命分子"这五个字如蛆附骨般深印在他的脑海中，时时刺激他出现一些强迫观念症状。但这次的发作不像1946年在上海时的发作，这次不但没有人理解，反而在日益极左的思潮推动下，在什么都和政治思想挂钩的情况下，一些病态表现硬被说成思想问题，致使父亲更加神经质地执着要求大家将思想问题与疾病表现分开，结果适得其反，徒增痛苦。

　　"肃反"后，父亲在山东大学虽没以前风光，但山东大学还是重视他的学问的。1956年7月高教部召开全国高等院校教学大纲编写会议，全国高等院校文史方面新、老精英云集北京，学校也派父亲参加。父亲能体会到学校的善意和重视，尤其高兴的是能和学术界同行相聚。从顾颉刚日记中可看出一次聚会就有蒙文通、缪钺、徐中舒、郑天挺、张政烺、杨向奎、邓广铭、胡厚宣、傅乐焕等，至于开会时见到的熟人就更多了。但阴影并没从父亲心头抹去，总怀疑别人以为他是反革命，甚而杨向奎因他打鼾而不愿与他同室，一次会议上他见到顾颉刚，拉了拉顾颉刚，顾颉刚没理会，都刺激了他，产生"肃反"后"老师不以我为徒，朋友不以我为友"的想法，本已被山东大学领导说服的心又冲动起来，要到高教部去谈清历史问题，作出结论。而其做法是十分天真的。他到北京，见到其时在北京编教材的孙思白，据孙思白告诉我，父亲公开对他说要到高教部告他和山东大学，后来他对父亲生活照顾得很周到，父亲说不告他了，要他介绍去高教部告山东大学，他就到高教部作了汇报。对"肃反"时审查他的人直白要上告，受了照顾一感动就不告了，却要审查他的人介绍到高教部去，这种超常规的幼稚，大约只有始终未摆脱童稚之心的父亲才会做出。父亲是告了，下文如何却不知，山东大学却也知道了并将此写入档案。这尚且可作"思想反复"来看，但是"睡觉不敢脱鞋子，怕人偷了去。每逢离开一个地方都要仔细看一看，怕不小心把烟头丢下，引起失火，别人会说他是放火犯，这一类事情是不少的"（《生平档案》）。这已经超过正常人的处事范围了。记得在家里，父亲总是在烟灰缸中倒许多水的，大约也是怕失火。父亲是懂得精神病学的，所以病态一露头，他在理智上就清醒地意识到了，一定要求学校出面向北京医学院精神病研究组请教，才有了1957年4月15日的回信，提到胰岛素疗法，后来父亲确实在山东省精神病院住院时采用此法，却激活了原已钙化的肺结核。

知识分子的春天

一年多交叉进行的批判俞平伯、批判胡适、清除胡风"反党"集团及"肃反"运动，都是在知识分子中进行的。运动过后，共产党在"全国一片大好"的经济形势下，认真总结、评估着中国的知识分子。学术界和文化界迎来了1956年初至1957年初的宽松时期。

1956年1月7日中共中央办公厅印发了《中共中央关于知识分子问题的指示草案》，该草案是为1月14日至20日召开的"关于知识分子问题会议"提供讨论、修改的文件。在这次会议上，周恩来作了《关于知识分子问题的报告》，报告中尖锐地指出，在党政部门中对知识分子问题存在着宗派主义倾向，具体表现为"低估了他们在我国社会主义事业中的重大作用"，"而我们目前对知识分子的使用、帮助和待遇中的某些不合理现象，更妨碍了知识分子现有力量的充分发挥"。会议最后一天，毛泽东讲了话，号召全党努力学习科学知识，同党外知识分子团结一致，为迅速赶上世界科学先进水平而奋斗。

1956年2月24日中共中央政治局会议通过《中共中央关于知识分子问题的指示》，鲜明地评估了中国知识分子在现代化国家建设中的历史地位：

我国社会主义的经济建设和文化建设的高潮的到

来，日益显出科学干部、技术干部和一般文化干部的重要性，同时也日益显出我国知识分子不论在数量上和质量上都远远地不足以适应国家的需要。因此，党有必要进一步地把知识分子问题放在全党和国家的各个工作部门的议事日程上，要求全面规划，加强领导，克服我们在这方面工作中的缺点和错误，采取一系列的有效措施，充分地动员和发挥现有知识分子的力量，不断地提高他们的政治觉悟和业务能力，并且大规模地培养新生力量来扩大知识分子的队伍，以便尽可能迅速地改变我国的科学和文化的落后状态，力求最急需的科学部门能够在12年内（即第三个五年计划期末）接近世界的先进水平，而使我国建设中的很多复杂的自然科学和技术的问题能够逐步地依靠自己的力量加以解决。

但是，直到现在，在知识分子问题上，党内还存在着两种错误倾向。一种倾向是宗派主义。有这种倾向的同志们，第一，对于知识分子抱有或多或少的成见，只看到他们的缺点和错误，看不到几年来知识分子在新中国条件下所发生的绝大多数倾向于我们的变化，因而，不把他们当作自己人，不用同志式的态度同他们共同工作，也不尊重他们的职权和他们的合理意见。第二，不了解我们要建成社会主义，就需要现代技术和科学知识，也不了解我们为了掌握现代技术和科学知识，就必须利用资产阶级和其他一切有价值的文化遗产，而旧社会所遗留下来的知识分子，正是最重要的一种遗产。

2月16日至3月3日，中共中央统战部召开第五次统战工作会议，会议决议提到："知识分子的绝大多数已经是工人阶级的一部分"，决议要求"把教育工作当作统一战线工作中的一项中心工作"。

4月28日，毛泽东在中共中央政治局扩大会议上说，艺术问题上的"百花齐放"，学术问题上的"百家争鸣"，应该成为我国发展科学、繁荣文学艺术的方针。这就是赫赫有名的"双百方针"。

这一系列指示的出台，为中国，尤其是中国的知识分子，营造了一个放松数年紧张精神的环境，这个宽松的氛围到"八大"召开达到顶峰。大会指出："国内主要矛盾，已经不再是无产阶级和资产阶级的矛盾，而是人民对于经济文化迅速发展的需要同当前经济文化不能满足人民需要的状况之间的矛盾；全国人民的主要任务是集中力量发展社会生产力，实现国家工业化，满足人民的经济文化需要。虽然还有阶级斗争，还要加强人民民主专政，但其根本任务已经是在新的生产关系下面保护和发展生产力。"

至1957年2月27日毛泽东在最高国务会议第十一次（扩大）会议上发表了《关于正确处理人民内部矛盾的问题》，全面论述了中国当时的情况是："革命时期的大规模的急风暴雨式的群众斗争基本结束，但是阶级斗争还没有完全结束。"

一系列的会议、一系列对知识分子器重的决议，激发各界，尤其是高等院校对高级知识分子无微不至的关切，连一把椅子、一个书架都细致地想到。中国知识分子群体显示出他们的传统美德，不计前嫌，无限感激党的信任、关怀，表示要全身心地投入"向科学进军、向知识进军、赶超世界先进水平"的时代洪流中去，大家都制定了发挥最大潜力的科学规划，想在这知识分子的春天里实现自己的人生价值。

此时的父亲虽然还拖着"肃反"的尾巴，却也与其他高级知识分子一样受到关怀。对父亲而言，此时的关怀更具重要性，更能安抚他受伤的心灵。所以在山东大学师生学习"八大"文件，讨论到"肃反"问题时，有人说，历史系的"肃反"是孙思白、杨向奎搞的。这想法其实早已在历史系流传，70年代末，我送出父亲三部书稿，其中《先秦七子思想研究》建议约请杨向奎写序（父亲去世后，我没向任何人报丧，不知杨向奎如何知道的，曾给一封信，记得最深的是他悲叹父亲终于解脱，想到他与父亲多年交往，才想请他写序），当时母亲还对我说："杨向奎整过你父亲。"可见这想法在历史系流传之深、之广。父亲本人却已不将事态归于任何人，甚而出面说："不能认为是私人打击报复。"父亲决不懂圆滑，他很单纯，只要没有新的刺激，他一般是不计前嫌的。好像他一直认为孙思白打击他，要取代他做副系主任。"肃反"时孙思白真的审查他，甚至想把他被逼供而乱说乱写的文字留在档案中，也真的做了副系主任。事过境迁，父亲也不予计较。还有院系调整时，历史系调入一位教授，父亲认为这人会威胁到他，常常心神不安地与赵俪生谈这"危险"，待到这位教授被打成"右派"，父亲又同情他，有为他辩白之辞。不少人说父亲为人厚道，可能皆缘于此类事。

父亲在这知识分子的春天里，最满意的是工作条件的改善，他拼命地工作，以此表达他的感激之情。真的在教学和科研中，敢于淋漓尽致地阐发自己的观点，甚至对马列主义经典著作也敢用中外历史史料作解读。他的巴比伦封建论和西周为宗法封建社会的观点都是在此时不受外界压力之下坚持和作出完善的。同时还与苏联学者商榷，对斯大林提出的五种生产方式的标准用中外古今史实作了解读。此外《唐宋绘画谈丛》《古巴比伦社会制度试探》《中国瓷器史论丛》都是此时完稿交出版社的。

1957年陆侃如邀父亲参加了九三学社，任科学研究委员，又担任了历史系中国史教研组副主任。

父亲似乎又处在一个上升时期之中，连苏联史学界对他的研究也很感兴趣，来信与之商榷并约稿。1956年1月16日学校转给父亲一封译好的来自苏联的信：

最敬爱的同行：

《古代史通报》杂志编辑部希望您能成为我们的一位撰稿者，我们将特别感觉兴趣对在来稿时能谈一谈下列问题：

1. 从纪元前Ⅴ世纪到Ⅲ世纪在中国私有奴隶制和土地所有制的发展。

2. 在这一时期在中国土地所有制的形式——关于这时在中国是否有城市土地所有制这一问题我们特别感觉兴趣。

我们等候您的答复关于您将要在我们杂志上发表之论文的篇幅（字数）与期限。

此致
敬礼！

《古代史通报》责任编辑

苏联科学院通讯院士

教授、博士

Ｃ·Ｂ·基西烈夫1956. 1. 16

日本和匈牙利、越南学者大约也在此时关注着父亲的研究工作。

"反右"斗争

　　春天一向是短暂的，知识分子的春天也是短暂的。知识分子沐浴在明媚的春光中，忘却了悬在头上的阶级斗争之利剑，忘却了自己仍是"资产阶级知识分子"，仍有思想改造的必要。在全身心向科学进军的奋进中，有些"忘乎所以"，其实一场更为广泛的打击已悄然临近。

　　1957年4月27日，中共中央发出《关于整风运动的指示》，决定在全党进行一次以正确处理人民内部矛盾为主题，以反对官僚主义、宗派主义和主观主义为内容的整风运动。全国广大群众和爱国人士响应中共中央号召，向各级党组织和党员干部提出大量有益的批评和建议。整风运动开展得最激烈的是民主党派、学术界和文化界，各高等院校更是非常集中的场所。山东大学经校党委动员5月18日开始大鸣大放，张贴大字报。28日学生自发组织"民主论坛"，使用广播站自由发表意见。九三学社自办《民主报》，发表社员的鸣放文章，以副校长陆侃如的《我赞成取消高等学校党委制》一文影响最大。6月3日约120名学生到《青岛日报》社，质问报社对山东大学整风报道为什么不突出、不鲜明。6月4日，学生中发生是否停课鸣放的争论。其实在山东大学5月18日鸣放开始之前，形势已经在变化。4月27日中共中央发出整风指示，短短17天，民主党派、知识分子上层提的意见中，出现了要求取消所谓"一党专政"的趋向，这大大出乎毛泽东之预料，5月15日他就写了《事情正在起变化》发给党内干部阅读，文中认为党外知识分子中，有1%到10%的右派，党内也有一部分知识分子新党员，跟社会上的右派分子互相呼应。强调现在应该开始注意批判修正主义。还说在民主党派中和高等学校中，右派表现得最坚决最猖狂，我们还要让他们猖狂一个时期，让他们走到顶点。这就是后来被通称为"引蛇出洞"之说。不知山东大学党委书记是否有资格看到这篇文章，不过山东大学动员鸣放是在这篇文章之后了。至6月8日，中共中央发出《关于组织力量准备反击右派分子的进攻》，同日《人民日报》发表《这是为什么？》为题的社论，明确指出："我们还必须用阶级斗争的观点来观察当前的种种现象，并且得出正确结论。"此后全国展开了一场大规模的"反右"斗争，斗争重点是知识分子集中的高等院校。这场斗争规模之大、斗争之残酷、处理之严厉、影响之深远都是前所未有的。山东大学校长晁哲甫在省里未归，省委调何匡任副书记主持党委工作。从6月18日部署开展反击"右派"的斗争，至7月上旬即告一段落，真可谓"雷厉风行"，不到一个月的狂飙席卷着山东大学美丽的校园，往昔的明朗、宁静、欢笑都消失了，笼罩校园的是人人自危的恐怖和为求自保对师友挖空心思揭发的卑鄙，其结果是，全校共划"右"派分子204人，其中教师54人（内有正副教授16人），干部6人，学生144人。仅历史系就有许思园、张维华两教授被划为"右派"。山东大学"反右"扩大化是全国"反右"扩大化的一个缩影，它是否与何匡有关，不得而知。不过何匡在主持了山东大学"反右"和"双反"两场对知识分子酷烈斗争后，于1958年4月调离山东大学。

"反右"的深远影响不是我这个当时的中学生所能表述的，但有两点是明显的，其一是，毛泽东在《事情正在起变化》一文中写道："资产阶级和曾经为旧社会服务过的知识分子的许多人总是要顽强地表现他们自己，总是留恋他们的旧世界，对于新世界总有些格格不入。要改造他们，需要很长的时间。"这意味着1956年以来对知识分子的评价已成过去，此后"阶级斗争"的口号越提越响，而斗争的对象则包括着知识分子，高等院校的知识分子首当其冲。极左思潮愈涌愈烈，"文化大革命"是其顶峰。

其二是知识分子从此噤若寒蝉。在"反右"斗争中攻击最凶的往往是自己最亲近的人，"信""义"两字已成嘲弄，这对传统伦理观是个极大的冲击，此后人际间交往大多满含警惕，往日的坦诚、热情不复再现，对此我深有感触。50年代时，元旦是一个很重要的节日，这一天学生往往会成群结队给老师拜年。母亲喜欢热闹，到青岛后，她又跟随1952年入学的历史系学生听了四年课，此后就为父亲口述文章作笔录。这一届学生几乎没感到母亲与他们的年龄差距，集体活动时，每每邀母亲参加，有时也带我去玩，至今我见到这届女生还以"姐姐"相称。母亲对其他年级学生也很热情，所以过年前，学生们会早早地打招呼，要母亲准备点心、糖果，母亲会蒸点心，炒瓜子、花生，几乎要忙一星期。到了元旦，一批批的学生来拜年，父亲总是陪着他们坐一会就离去，学生们无拘无束地大吃、大讲、互开玩笑，洒了满地的糖纸、果壳，才带着笑声出门而去，我们招待得也很开心。"反右"之后再没出现过这样的场景，人与人之间保持着距离，大部分知识分子沉默了，而宵小们却日益以极左面目活跃起来。"文化大革命"中那些整人手段并非一时的发明，这种畸胎有它一个发展过程，"反右"时那些不择手段、断章取义网罗罪证的方法，应是它形成的重要阶段。

父亲在这场风暴中处境如何？"安然无恙"可谓最恰当的评语。尽管经历了思想改造运动和"肃反"运动，尤其是"肃反"运动，他对共产党的信任仍不改初衷，对任何党员的行为总从好的方面，善意地去理解、评判。所以鸣放一起，他本能地认为这是不要党的领导，这是万万不可之事。记得有一次他从学校开会回来，对母亲讲起陆侃如的取消党委的文章，称之为"胡闹"。我读书的青岛二中恰巧位于山东大学一校门到《青岛日报》社之间，山东大学学生到《青岛日报》社时，我们都拥在校门口观望，回去很兴奋地对母亲描述那场景，父亲走过来说，他们是反党的，要我千万不要参与。他也提意见，他的档案上记录有"1957年大鸣大放时所提意见是正面的、善意的"。而且对他认为反党的言论提出反驳。父亲那份对党的真诚使他远离了反"右"斗争这一劫难，而且山东大学党组织将他的政治态度由"中中"改为"中左"。

不过"反右"对他不是没有影响的，亲朋好友中一些人被打成"右派"，他更孤独了。

颇具特色的古史分期研究

父亲在1949年以后，以极大的精力从事历史理论的研究，其着落的题目集中在中国古史分期上。他的古史分期问题的研究历程是颇为曲折的，它存在着一个结：父亲敏锐地吸收、无保留地相信他所见到的马克思主义经典著作和苏联史学家的理论，试图用它们去重现中国古代史的真貌。但它们毕竟是在西方社会现实基础上写成的，与他的中国传统学养有着难以磨合之处，而他治学又极其求实，这些因素极为错综复杂地纠结在一起，使他的古史分期观出现游移。将他有关古史分期的文章按时间顺序排比起来，可以看出其变化的线索和原因。他1952年9月在《文史哲》上著文说，读了几位苏联史学家的著作后，发现"我们认为封建社会的制度，苏联史学家却认为东方奴隶社会的制度"（《关于中国古代社会性质的问题》）。这应该是他从西周封建论转向魏晋封建论的根本原因了。但他并没有立即转变观点，仍在推敲，仍在试图贯通。直至1955年1月他才发表了唯一的一篇主张魏晋封建论的文章，而且自言这是教世界古代史所得。这篇文章处处冠以"苏联专家认为"，这是他500万字左右文字中最不自信的一篇文章了。但是，以他一贯明晰的思维，在历史系师生中宣讲基于苏联学者理论的魏晋封建论，确也令不少人信服。若他一直在魏晋封建论中耕耘，确实会如北京某位魏晋封建论权威所期待那样：他们共同成为史学界魏晋封建论的旗手。只是求真求实的学术良心令他不肯置中国文献中不合于魏晋封建论的材料于不顾，到1956年他即提出西周是早熟的宗法封建制社会，同时提出巴比伦封建社会早熟论。这是他古史分期研究的创作高潮时期，1957年3月在《文史哲》上发表的《与苏联专家乌. 安. 约瑟夫维奇商榷中国古史分期等问题》一文应是其高峰。这时期之文章中他评判过郭沫若的观点（虽则郭沫若之战国封建论是毛泽东认可的）；也评判过苏联学者的观点，并与苏联学术界进行不同意见的讨论。

不过，一直到逝世，他从未跳出马克思主义经典著作文本的圈子，只是以其深深植根于传统学养中的那种精细、排比、求实的严谨思辨及其清晰的理路去理解马克思主义的著作，再与中国及古代东方、西方的历史文献、历史事实结合，尽力得当地、明晰地复原过往的历史。因此，学界有人认为父亲用考据的方法研究理论。

父亲的古史分期研究虽有曲折，但在其研究深化的过程中确实有一些独到的见解：

第一，父亲认为学术研究是不断发展的。这在现在来说是人所共识的，但在50年代的学术界，包括父亲本人都深受教条主义影响之时，他能有学术研究是发展的，而且首先认为马克思主义就是发展的观点，固有其可贵性。诚如林甘泉等三先生在《中国古代史分期讨论五十年》一书中所说："1951年，童书业在《文史哲》上发表了《论'亚细亚生产方法'》，这是解放后第一篇专门讨论亚细亚生产方式的文章。"父亲在此发端之作中，就明确地说："我们知道马克思主义的本身，也是发展着的，并不是一开始就全部完成的"。并就其见过的马、恩著作梳理了马克思主义有关亚细亚生产方式的研究过程。第二年再发表的有关亚细亚生产方式的文章中，仍坚持"我认为研究马克思主义文献，其方法也得是马克思主义的，即要从发展方面看问题，不可机械地看问题……马克思的学说是有进展的，譬如对于原始社会与农村公社的关系，马克思先后的看法似乎有些不同……"（《答日知先生论亚细亚生产方法问题》，载《文史哲》1952年第9期）既然马克思主义都是发展的，当然苏联史学、中国史学研究更应是发展的，这种发展必须是理论和史实相结合的。1957年他在《学术月刊》所发之文中就坚决反对因袭"一个学派的成说"，认为"综合年代学的方法，是不能随意乱套的；古代各文明国家社会的发展，不可能像刀子切的那么整齐"。而且声称自己不同意对巴比伦"公社"制的作用的一般说法，"尤其不同意东北师范大学所译印的《古代世界史》的见解"（《论奴隶在巴比伦的地位和待遇》）。这本《古代世界史》即为苏联旧教材。当他的观点有所变化，他作文论述自己的观点或评论他人观点时，总是坦承自己过去也有某某观点的，因为他主观上很自然地认为随学术研究的深化，学术观点发生变化是必然的，治学不可固守成见。

第二，学界中人反对西周为早熟的封建社会的主要论据之一为西周生产力过于低下，尤其生产工具中未见人工冶炼之铁器出现，不符合斯大林所说的封建社会生产力标准。父亲当然不会指认斯大林观点不正确，但他却提出斯大林提出的是封建社会标准的生产力状况，不是初期封建社会所具备的生产力。1957年2月他发表一篇这方面的专门文章，他在文章中说："如果说封建社会的出现，一定要有发展的铁器，那么，不但中国的古代史讲不通，甚至西欧初期封建社会的历史，也是讲不通的。因为在西欧初期封建社会，生产工具和武器等，许多是木石制的，最进步的生产工具，也不过是'铁铧木犁'等，后来才'开始用铁犁和铁耙'（参看《政治经济学》教科书43页）。甚至到封建社会的中期，'还都使用石斧'（参看《家庭私有制和国家起源》中译本156页），这种生产力并不比中国的西周时代高多少"。又说："吴先生的主要错误，是在把斯大林同志所说的封建社会的生产力状况错解为初期封建社会就完全具备的生产力状况，这是完全与历史事实不符的。"（《答吴大琨先生》）稍后，他在另一篇文章中进一步展开此见解，他写道："封建社会产生的条件需要不需要有发展的铁器……马克思、恩格斯都认为在古代很早的时候，就可以产生农奴制度，而且农奴制度和奴隶制度一样，都是原始部落财产制度的继续发展；列宁则把'亚细亚制度'认为是农奴制度。所以所谓'古代的生产力不能产生封建社会'的理论，在马、恩、列的著作中是没有根据的！……（我细读了斯大林同志的《辩证唯物主义和历史唯物主义》，才了解这本著作中所说各社会阶段的生产力，乃是这个社会的最高的、最典型的生产力，而不是产生这个社会的先决条件。）"文本中用大量的史料证明"细读"后"了解"到斯大林所列各社会阶段的生产力，皆是那个社会阶段的标准生产力，结论是"事实明显得很：斯大林同志所说的封建社会的生产力状况，也是指封建社会最高的生产力状况，而不是产生封建社会的先决条件。"同时，主张对生产力水平的认识应通过劳动生产率。文中说到"欧洲中世纪的农业生产量是极低的，但古代东方各国的农业生产量，多远高于欧洲封建社会前期的农业生产量，例如古巴比伦：'从经济报告的文件可以看出：大麦的收获，在这里一般是三十六倍；在某些情形之下，它的收获量达到最高数字，即一〇四、五倍'（阿夫基耶夫《古代东方史》王译本53页）……试问生产力不通过劳动生产率，亦即生产量，怎样来全面的认识？"（《略论古史分期讨论中理论结合史料问题》，载《文史哲》1957年第5期）。同月在《新建设》撰文中又举此例并与欧洲封建社会相比，他引谢苗诺夫《中世纪史》中所举克吕泥僧院的记录："在法国南部，11世纪时的谷物收获量达到播种的五倍和六倍"，而"在收成较差的年份，收获量通常都是四倍、三倍，甚至二倍"。其结论是："为什么这样低的生产力和生产量，倒能产生封建社会呢？根据史料和史实来看，不但古巴比伦，就是其他古代东方国家，其生产力发展水平也多是足够产生封建社会的。就是在中国的西周时代，其生产力状况（金属生产工具，武器也多用青铜制造）也可能比西欧初期封建社会要高些。"（《论奴隶在巴比伦的地位和待遇》）文本中再用许多的史实论证了斯大林所说的各社会形态的生产力都是这社会的标准生产力，那么，封建社会早期的生产力达不到斯大林所说的标准也就不足为怪了。也就是说，没有斯大林所说的封建社会的生产力仍然可以出现早期封建社会。西周、古巴比伦虽然没出现斯大林所说的封建社会生产力，仍可以是早熟的封建社会。

尽管父亲用东、西方史实解读了经典著作的观点，也用史实说明了斯大林所举的封建社会生产力是封建社会标准的生产力。但是，生产力问题，尤其是生产工具问题仍一直困扰着西周封建论者。因此，1959年他见到苏联科学院经济研究所所编的新版《政治经济学》教科书时大喜过望，立即在《山东大学学报》上著文，他认为苏联学者给生产力下的新定义，即"生产物质资料时所使用的生产资料，以及运用这些资料并实现物质资料生产的人，构成社会的生产力。劳动群众是人类社会一切发展阶段上的基本生产力",虽只是"把生产工具换了生产资料,生产资料包括劳动对象和劳动资料",但对中国西周和古巴比伦等东方国家封建社会早熟却提供了有力的支持。他根据新版《政治经济学》所说"属于劳动资料的,首先是生产工具,其次是土地、生产建筑物、道路、运河、仓库等等",在再三肯定生产工具的重要性的同时,用具体的史实论说了古代东方各国,尤其是古巴比伦和中国西周,它们处于土壤肥沃之地,又有细密的灌溉工程,这与一定水平的生产工具结合,按新生产力定义,其综合的生产力比西欧早期封建社会的生产力要高,其表现为劳动生产率确实高,因此产生封建制是可能的。文中强调"封建社会形成时,可能生产力并不比奴隶社会后期高,在某些特殊原因之下,初期封建社会的生产力还可能呈现退缩的现象,如西欧初期封建社会就是这样。经过一个相当长的时期(甚至可到几百年),封建社会生产关系才显出优越性,生产力才发展起来。所以说封建社会初期就必须具备封建社会的标准生产力,或认为封建初期的生产力就必须比奴隶社会后期高,是不符合历史事实的"(《生产力与古史分期问题》)。

可见,父亲是用东、西方史实去解读马克思主义经典著作、苏联历史理论,再用理清思路后的理论来证明自己的中国及古代东方封建社会早熟的立论。

第三,古史分期各派都非常关注生产关系中劳动者的身份及随之而来的劳动者进行生产的形式。论争中大家对相同的历史现象,如:自耕农、佃雇农、租佃制、农村公社、宗法制、等级制等等,有着纷纭之解说,随之得出截然不同的分期观。父亲也对上述历史现象提出了自己的看法。

他坚持奴隶制和农奴制本来是很相近的剥削方式,多次引用恩格斯《家庭私有制和国家的起源》中的观点,即原始社会末期的家长制家庭中"不仅包含有奴隶制的萌芽，而且也包含有农奴制的萌芽"和马克思在《资本主义生产以前各形态》中所说："奴隶制和农奴制只是这种建立在部落制度上的财产的继续发展"；"假如与土地一起，也征服了作为土地有机从属物的人本身……这样，便产生了奴隶制和农奴制"的观点，只是他认为对战俘的隶属关系比对氏族成员的隶属关系更容易建立，所以一般情况下，奴隶制会先发展，特殊情况下，奴隶制不曾得到充分发展，封建制就早熟了。但在早熟的封建社会中，奴隶制依旧部分地存在着，并且在适当条件下，如农村公社残余的逐渐解体或外来的落后部族的侵入或征服，还会得到畸形发展，如中国战国秦汉时期。但这时的奴隶形态是逐渐被封建的租佃制所吞没，于是早熟的封建制发展为成熟的租佃制的封建制。

立足于以上观点，父亲在文章中反复解析原始社会末期、奴隶社会、封建社会中一些共有的现象，尽力复原这些现象不同情况下的社会属性。

1. 关于自耕农和佃雇农：父亲1953年在《文史哲》上撰文说："奴隶社会的自耕农和佃、雇农是从'自由人'的地位面向着不自由人（债务奴隶、农奴等）的地位；封建社会的农奴和佃、雇农，则从不自由人的地位面向着'自由人'（独立小农、农场雇农、独立手工业者、雇佣手工业者、无产阶级等）的地位：这是他们的基本区别。"（《从古巴比伦社会形态认识古代"东方社会"的特性》，《文史哲》1953年第1期）

2. 关于租佃制：父亲在1957年著文说："尼基甫洛夫同志说：'有的时候租佃关系是不能说明任何问题的，不能表明当时的社会制度是怎样的。'这两句话，我认为是可以商讨的。租佃制是一种经济制度，而且是一种相当重要的经济制度，只有在一定的社会经济条件下，才会出现。例如在奴隶社会的初期，有些国家的公社已经开始解体，土地私有化，可以自由买卖，农民因负债等原因出卖了自己的土地，破产以后，无以为活，只得向土地所有者租借土地来耕种而交纳地租；这就是最早的租佃关系。到了奴隶社会的后期，由于奴隶的不断斗争，使用奴隶耕种，已显得无利可图，土地所有者就往往把土地分割出租，使用佃农或隶农耕种而收取地租；这是第二种租佃关系，已是封建社会的先声了。出现于奴隶社会的这两种租佃关系，它的作用显然是不同的：前一种租佃关系，可以说是奴隶制的补充和前驱，这种佃农可以说是债务奴隶的后备军；后一种租佃关系是代替奴隶劳动的，它为封建制度打开了道路，这种佃农就是农奴的前驱。"父亲认为在东方国家，租佃关系出现后，奴隶制就已大致失去向上发展的机会了，因此在中国和巴比伦，租佃关系一出现，就属于封建性质。因为"汉代和巴比伦的租佃制不是被奴隶制所排挤代替，而是排挤代替奴隶制"（《山大古史分期问题讨论会发言稿》，《文史哲》1957年第3期）。同年另一文中更明确地说："早期希腊和早期罗马的租佃制，本是家长制家庭中原有的农奴因素的发展，但在希腊、罗马，它是被奴隶制所代替的，雅典的佃农只是债务奴隶的后备军……在古代东方，如巴比伦和中国，租佃制一出现，就是排挤奴隶劳动的，它们基本上不受奴隶劳动的排挤……战国秦汉时代的租佃关系是与奴隶制关系并行发展的，而终于排挤奴隶制的封建的租佃关系。"（《与苏联专家乌·安·约瑟夫维奇商榷中国古史分期等问题》，载《文史哲》1957年第3期）

3. 关于农村公社：父亲赞成苏联专家尼基甫洛夫的观点："当奴隶占有制处于高度发展时，公社逐渐瓦解了"，但"各个国家在封建时期都有过公社"。不过，他认为尼基甫洛夫对于奴隶社会残存的公社与封建社会的公社，区别得还不够明确。他曾撰文说："必须指出：残留在奴隶社会里的公社和封建时代重建起来的公社，有不同的性质，残留在奴隶社会里的公社，是原始公社的继续，这种公社是随着整个社会经济的发展而自发兴起、消亡的；封建时代重建起来的公社，则带有人为的性质；封建时代的公社根据整个世界史来说，可以有两个来源：一个是蛮族侵入文明国家后，继续蛮族原有的社会组织而发展起来的公社，这种公社大体上还是自发性质的，但随着封建制度的建立，它迅速发生变化，而与封建庄园结合在一起了。另一种公社是由封建国家用人为的力量组织起来的，它的目的是把旧日农村里流亡出来的农民重新组织起来，而构成一种国家庄园形式。"（《山大古史分期问题讨论会发言稿》）在同年另一文中，他又说："奴隶制经济的发展一定要排斥公社制经济，只有当原始公社制残余肃清以后，奴隶制才能充分的发展。"他赞同尼基甫洛夫的观点，也认为"封建制度是最容易和公社制度结合起来的"，因此"东方国家原始公社制残余的存在，正为封建制度的早熟提供了条件"（《与苏联专家乌·安·约瑟夫维奇商榷中国古史分期等问题》）。

4. 关于宗法制、等级制：父亲1957年在《历史研究》上撰文，对宗法制和等级制作了一系列分析后，总结说："单纯从'宗法'制或等级制本身来讲，是不能说明社会性质的；应该看它们与哪种生产关系相结合。如果它们主要和公社制经济相结合，那么，当时的社会应当是原始社会末期；如果它们主要和奴隶制经济相结合，那么，当时的社会应当是奴隶社会；如果它们主要和封建制经济相结合，那么，当时的社会便应当是封建社会。中国上古、中古的'宗法'制以及等级制，都是主要和封建经济相结合的，所以当时的社会应当是封建社会。"（《论宗法制与封建制的关系》）

父亲对奴隶、商品经济、隶属农民等等，皆作如上分析和梳理，其立足点是将现象与其立足的经济及其发展走向结合起来，再判断其社会属性。这种动态式的分析更能透过现象发掘历史的本质和内在发展规律，更真实地重现历史的原貌。

自1951年以来，父亲以相当大的精力投入古史分期的研究。他真诚地研究、解读马克思主义经典著作和苏联历史理论研究成果，竭力用他理解的理论去比较、剖析东、西方的历史文献和历史事实，以求复原中国和东方的古代社会。但其研究囿于时代和他的主观意识而有其局限性。如他在一些文章中多次提到殷商可能是一个从原始社会进入封建社会的过渡阶段，并且说这说法有相当理由，从史料看来它不是不能成立的。可是马上再三说不敢肯定，而且努力从史料中搜寻反证。同时，还提到自己过去持封建制度循环论："认为古代的封建制度，到战国时代已经灭亡，到魏晋南北朝时代又复活起来。"（《论宗法制与封建制的关系》）诸如此类背离五种生产方式的想法，他就不会去多思考。他在批评他人教条主义的同时，自己也会相当程度的陷入教条主义。

今日距父亲发表最后一篇古史分期论文已有85年，在此期间，历史理论的研究、马克思主义理论的研究，都经历了一个曲折发展的过程，但从父亲古史分期研究论著中透露出的他的学术思想和研究方法，仍具有其活泼的生命力。父亲的传统学养和修养形成的求实的学术思想在其古史分期研究中表现于三个层面：

第一，在他的任何文章中，对历史事实，哪怕是不利于他的观点的历史事实都是尊重的。当他确信中国和巴比伦封建社会早熟时，他从不否认从汉代直至明代，尤其汉代始终存在奴隶，而且部分奴隶还从事农业生产。他在《山大古史分期问题讨论会发言稿》中说："主张两汉是封建社会的学者，对于这种现象，承认它并不妨碍自己的结论。"而在《论奴隶在巴比伦的地位和待遇》一文中又说："租佃制度和隶属农民的身份在巴比伦普遍存在，却是事实，对于这种事实的解释，史学家可以各有各的看法，而事实总是不能否认的！"他在任何文章中都引用大量的史料来说明自己的观点，因之，其文章往往具有极强的说服力。

第二，坦诚地对待自己观点的变化。在其唯一一篇魏晋封建论的文章《中国古史分期问题的讨论》中，开头就坦诚地说清自己古史分期观游移变化的过程。而且在任何论述自己的观点或评判他人观点时，哪怕在括号内也要坦诚说明与现在观点不同的自己过去的观点。他也会坦认自己的失误，如他曾把汉代奴隶数量估计得相当高，到1957年8月在《新建设》上发表的《略论战国秦汉社会的性质》一文中就实事求是地承认"我过去所假定的汉代奴隶的数量，就必须大打折扣了"。在他心目中，学问就是学问，治学必须求实，唯其如此，他在若干领域中的学术见解才能经受时间的考验。

第三，马、恩、列、斯对中国情况了解不多，他们关于奴隶社会和封建社会的论述，主要是从欧洲的历史情况中得出的认识，不可以以他们的论述来剪裁中国历史。这是现在中国学术界的共识，即或坚称自己是马克思主义历史学家之学者，亦是用马克思列宁主义的思想方法研究中国历史，绝不会将马、恩、列、斯的原话与中国历史史实互相比附。但五六十年代有此认识的人可谓凤毛麟角，父亲内源性意识中又极相信共产党、相信马克思主义经典著作，这种全然的相信和他的传统学养中沉积的历史事实及他的求实学风会在学术上产生一些难以贯通之处。通观他的古史分期文章，还是求实学风占了优势，但其主观上又绝不肯"离经叛典"，其协调之法为以其考据式的精细，细心地寻找历史史实与经典著作的契合点并由此切入解读经典著作，再用其理解去解释历史事实和历史文献，以求复原中国古代史。父亲在

50年代及文化革命中是向被冠以修正主义名号的。今日反顾，在五六十年代，他在中国古代史和古代东方史的研究中，已无意识地在将马克思主义与中国史和古代东方史的史实相结合（他主观意识里只认为自己在理解经典著作），这种理论与具体国家史实结合的治学思想对改革开放后，大量各种外国理论涌入大陆，中国学者如何吸收，如何将其与中国的历史文献、历史史实结合以复原中国历史原貌仍有其借鉴意义。

父亲历史研究方法最特出的特点是：充分地占有史料，进行纵横捭阖的比较研究。50年代，中国的世界史研究是比较薄弱的，但从父亲的古史分期第一篇文章，即1951年第2期《文史哲》上发表的《中国封建制的开端及其特征》开始，就将西周早熟的封建制与日耳曼封建制相比较，此后的任何一篇文章都有中国、古代东方各国、希腊、罗马、日耳曼各国的比较。在《论奴隶在巴比伦的地位和待遇》一文中，整个下篇几乎全为将巴比伦的奴隶，尤其是债务奴隶与亚速、埃及、希伯来、印度、中国、希腊、罗马的相比较。建立中国西周和巴比伦封建社会早熟的理论并将其贯通、互相印证，可谓父亲古史分期研究中颇具独到之处之成就，这亦是在比较中形成的。正因为用掌握的中国史史实和世界史史实进行比较，父亲才能以更广阔的视野洞观中国和古代东方各国历史的原貌。

恩格斯在《自然辩证法》中说："我们只能在我们的时代条件下进行认识，而这些条件达到什么程度，我们便认识到什么程度。"父亲是在五六十年代的社会氛围中，在其主观意识的影响下形成其古史分期观的，其观点有其时代和主体意识的局限性，这无庸讳言。不过，父亲的古史分期观及其研究历程特别令人瞩目之处，是他的传统学养使他在一种真诚的意念下无意识地试图打破这种真诚造成的局限。

　　难能可贵的是，父亲生存的年代并无"比较史学"的概念。"比较史学"是改革开放后国门大开，西方学术理论和治学方法涌入中国才随之而来的研究方法。但父亲在自己的研究中却已处处作东、西方的比较，这不能不令人感慨人类的思维只要合理就会在不同时空中同一。这也又一次印证了学贯中、西的陈寅恪说的：东、西学术研究多有"暗合"、"冥合"之处。

第七章

1958年后的困惑

狂热的1958年

中华大地上1958年的形势，用"狂热"来形容，应当是恰当的。因为与"文化革命"相比，它还不够资格用"疯狂"两字。1957年反"右"之后，中国的政治展示的是令人眼花缭乱、波峰迭起、层出不穷的运动。整改运动（整风运动和改进工作）、双反运动（反浪费、反保守）、双改运动（教育改革、科学研究改革）、向党交心运动、总路线、大跃进、人民公社化等等，哪怕是亲历者都被搅得晕头转向。待到尘埃落定，回首望去，那是一段极左路线急剧发展，最终占据中国现代历史舞台中心位置的时期。全国、知识界，尤其是高等院校，在这急速旋转的漩涡中身不由己地跟着旋转，被碰得遍体鳞伤。反"右"时初试锋芒的大鸣大放、大字报、大辩论，此时已被运用自如，成为斗争的主要手段；将青年学生作为马前卒，以群众运动为口号的运动群众方法也已操练纯熟，人们习惯于在正确文字下，断章取义他人文字，使之失之毫厘，谬至千里，将一切都提到资产阶级与无产阶级的斗争、资产阶级思想与无产阶级思想的斗争、资本主义道路与社会主义道路斗争的高度，一些人先自封为正确路线者，再将另一些人先定性为反动一方，即可随心所欲想打倒就打倒，想践踏就践踏，什么人提出异议，不是"漏网右派"，就是"立场不坚定者"，统统扫入批判对象类，还有什么人敢提异议？还有什么人敢不诚惶诚恐紧跟着"革命"？与"文化革命"相比，只差更粗暴的游斗和体罚耳。

就知识界而言，1958年是受冲击最沉重的年份之一，高等院校尤其激烈，山东大学并不例外，山东大学历史系更是先锋。1959年10月1日，历史系一位副教授在《山东大学》校报上的文章

《历史系十年的回顾与前瞻——庆祝建国十周年献文》无意中对此作了总结：

> 提起山大历史系总是会惹人凝目注意一阵的。的确，它在各方面的表现，常是显得只在人前，不落人后；它在每一个运动中、每项改革中，又常是猛着一鞭，高歌迈进；它在迎接新事物中，更常是敢破敢立。

1958年的《新山大》校报连篇累牍地报道将当时历史系"敢破敢立"、"高歌迈进"的狂热场景，为这位副教授的总结作了充分的注释。父亲就被裹胁在这氛围中。

毛泽东在《关于正确处理人民内部矛盾的问题》的报告中提出："我们的教育方针，应该使受教育者在德育、智育、体育儿方面都得到发展，成为有社会主义觉悟的有文化的劳动者。"这个教育方针在今天看来，仍不失为相当全面。但在当时的高等院校中抓住的是"劳动者"三字，且理解为"体力劳动者"，而且认为当时高等院校学生在校只读书，不参加体力劳动；于是提出勤工俭学、下厂、下乡，从事简单的体力劳动，并认为这种体力劳动越多、越出力，思想越好。教育方针中"有社会主义觉悟"一词，对知识分子而言，它已是批判资产阶级思想的远远雷声。

与勤工俭学活动开展得日益热烈的同时，1958年3月3日，中共中央发布《关于展开反浪费、反保守运动的指示》，强调采取大鸣大放、大字报、大辩论、开现场会等形式，"揭露和批判浪费、保守现象和它们的危害性"，并说这是一个"生产大跃进和文化大跃进的运动"。山东大学立即闻风而动。开始虽还有反浪费的内容作点缀，如《新山大》3月10日头版刊《猛攻浪费，掀起跃进》，但跃进的主题很快以压倒优势铺天盖地而来。这是与全国跃进局面相呼应的。1957年11月2日至21日毛泽东赴苏联访问期间，提出15年内赶超英国。11月13日《人民日报》发表题为《发动全民，讨论四十条纲要，掀起农业生产的新高潮》的社论，第一次提出大跃进口号："在生产战线上来一个大的跃进。"1958年1月11日至22日中共中央南宁会议，3月8日至26日成都会议，会上毛泽东多次批评反冒进，甚至说冒进是"马克思主义的"，反冒进是"非马克思主义的"，并指出"鼓足干劲、力争上游、多快好省地建设社会主义"总路线已经基本形成。毛泽东在成都会议上提出我国当前还存在着两个剥削阶级（一个是帝国主义、封建主义、官僚资本主义的残余和资产阶级右派；另一个是民族资产阶级及其知识分子）、两个劳动阶级（工人、农民）。在这样的政治提示下，1958年的运动走向应该是确定了。《新山大》自3月10日起连续登载各民主党派、各系的跃进决心书。历史系黄云眉等十位教师提出"跃进倡议书"，父亲也签了名。但父亲在历史系跃进会上的发言却老实得令人啼笑皆非。《新山大》3月10日载一位青年教师所写《力争上游，赶上去——记历史系教职员"跃进会"》一文中，在描述历史系教职员热烈表白大跃进的决心后，写道："这里，值得着重提出的是：童书业教授本着畅所欲言的精神，在会上坦率地谈出他对大跃进的另一种看法。童教授认为：在政治上要求自己'红'有困难，原因是根深蒂固的个人主义名位思想支配着他的一举一动，而且——他坦率地说——这一点暂时还改不过来，但他认为：至于把学术思想变成'红色'的，他自己完全有把握。"此论一出，马上招至与会者的批评，文章继续写道："到会者一致认为：童教授这种想在政治上暂时'不红'，先在学术思想上'红'的想法是唯心主义的，而且是根本行不通的。大家一致认为：知识分子改造的关键在于首先从根本上改变自己的立场。"参加会议的党委副书记何匡最后在会议上发言说："过去的知识分子，只要用上'十年寒窗'的功夫，便可中秀才、考进士、中状元，甚至做驸马，但是，我们这个时代所需要的决不是这种'秀才'，我们这个时代需要的是'又红又专理论联系实际的红秀才'。"在大家都已感到头上的雷霆将炸，谨言慎语之时，在历史系部分学生崇拜父亲，甚至有人提出"腰酸背斜肌肤瘦，长夜攻读至白昼。问君何苦自折磨？矢志十年赶上童教授"这样的现实面前，父亲头上早已乌云密布了，他竟一点无感觉地仍在"坦率地""畅所欲言"。何匡发言的针对性也已非常明显了，可父亲仍麻木无知。更有甚者，3月10日校长晁哲甫还作了处理"右派"的动员报告，布置学习文件，争取在处理"右派"学习中来一个思想大跃进，父亲又以不合时宜的老实话上了3月12日《新山大》的头版。在《全校认真学习文件，今日即将全面展开大辩论》的报道中有："后来童书业先生提出了一个新问题，他说：'右派分子有的是事先估计到的，如许思园等；但有些是想不到的，如乔幼梅等。'鸣放社'的纲领是反动的，为什么她会上当？是否他们以此当作积极？是否仅是认识问题？'"由于对共产党发自内心的感激，本能地反对那些主张取消"一党专政"的言论而逃过反"右"一劫的父亲，眼见对"右派"的严厉处置，竟冒天下之大不韪，公然对乔幼梅等学生有维护之词，若将这拔高为仗义执言，那是美化，因为父亲向来胆小怕事；他之所以如此说，只是本性诚实而又不谙世故而已。

不过，此时大家还一门心思放在大跃进上，各系、各校属单位从主任到教职员、学生的《向左跃进》《百日跃进规划》《百日奋战指标》之类文字充满了《新山大》校报。水产系甚至提出每人写450张大字报，而历史系提出百日内左派达70％至80％，并预计一年内达到90％。人的思想竟能统计并预计，今日看来不可思议，当时却是白纸黑字的铮铮誓言。连老知识分子都卷了进去，历史系一位年长的教授向中文系高亨教授提出挑战，两年内成为左派，旋又感到太保守，复提出百日内成为左派。不仅溢于言，而且证以行，一天写出了百张大字报，此后一星期内又写出300张大字报。运动虽日趋丧失理性，但毕竟还没集中到少数人头上。直至4月4日形势才有了变化，《新山大》上登了《宁肯少些，但要好些》的社论，其中提到"并非'红'与'专'本身有什么矛盾，而是资产阶级教育思想与无产阶级教育思想的矛盾"。历史系署名"新野"的文章已明确将标题定为《向教学中资产阶级思想猛烈围攻》，文中首次将"厚古薄今"用小标题单列批判。目标明显缩小、集中了。这是和全国知识界批判"厚古薄今"思想相呼应的。1958年3月10日，当时任中宣部副部长的陈伯达，应郭沫若之请，在国务院科学规划委员会第五次会议上作了《厚今薄古，边干边学》的报告，于1958年3月11日发表于《人民日报》。

厚今薄古，边干边学

中国现在充满了革命的气氛，全国都在大跃进。哲学社会科学界要不要跃进？怎样跃进？

（一）厚今薄古

现在哲学社会科学界最主要的缺点是言必称三代（夏、商、周），脱离革命的烦琐主义。有一批资产阶级知识分子想逃避社会主义现实生活，企图躲到"三代"的象牙塔中去，只喜欢讨论几千年前至少是一百年前的事，对几千年前的事津津有味，对现实问题不感兴趣。哲学、经济、历史等等都如此，这是资产阶级遗留下来的风气。

要同言必称"三代"的烦琐主义作风作斗争，不同它作斗争就会阻碍马克思主义的发展，就会阻碍我们的前进。总而言之，我们要厚今薄古。

（二）边干边学

中国资产阶级知识分子几十年来究竟有多大的贡献呢？他们积累了些资料，熟悉了些材料，据说就很有学问了，有多大的问题，有多大的贡献。积累资料如果接受马克思主义、无产阶级领导，那么他们的材料是有用的，否则有什么用呢？我们的老干部、小干部不要悲观，右派分子向我们挑战，我们就边干边学。右派分子说今不如昔，说过去的文章怎样好，出了多少论文集等等，讥笑我们的人实际上是没有什么学问的，你们说章伯钧、章乃器之流有什么学问，世界上的笑话多得很。

哲学社会科学可以跃进，应该跃进。而跃进的方法，就是"厚今薄古，边干边学"。

对知识分子的新一轮批判冰山已露。山东大学历史系不愧为山东大学运动的先锋，4月4日就提出批判"厚古薄今"。待到4月28日，范文澜在《人民日报》发表题为《历史研究必须厚今薄古》长文，文章主要观点是：厚今薄古是中国史学的传统；厚古薄今是资产阶级学风；厚今薄古与厚古薄今是两条路线的斗争。6月11日，《人民日报》刊发郭沫若《关于厚今薄古问题》的通信，郭沫若说"厚今薄古这四个字并不是伯达个人意见"，"毛主席早就提出……"

"厚今薄古"口号一提出，数十万社会科学领域的知识分子尤其是史学家又一次遭受猛烈冲击，从1958年10月人民出版社出版的《历史科学中两条道路的斗争》续集中可以看出，当时史学

第2版　　新山大　　1958年3月27日

数学系　百日奋战挑战書

一、爭取提出論文及專題报告100篇，在「七一」向党献礼。

二、全体教師立即100%对所联系的学生做到全面了解学生的思想、學習和生活的情况并加以指导和帮助，貫徹全面发展的方針精神。

三、加强集体协作，克服分散傾向。

四、精簡教材，深究教法以不断提高教学質量，在百日內評比作业批改質量，評比習題选擇質量，評比講义質量，評比资料整理質量（办一次展覽会），評比專題講演。

五、任課教师做出計划與根帮助工农同学提高学習效率，要求成績不低于中等，使多数具有优良成績。

兩个倡議

一、建議歷史、数学兩系百日內完成函授学校的准备工作。

二、建議理科为老干部开設自然科学概論性質的进修班。

歷史系教师百日躍進規划

一、政治思想方面：要求爭取在百日奋战内左派达到70—80%，并預計一年內达到90%。

通过「五交」、「五比」、「五学」、「五放」的方法大运用，字报形式和評比的方法，互相鼓舞，力爭跃进。

（1）五交：①交对共产党和社会主义的看法；②交对工人阶級与一切劳动人民的看法；③交在大鳴大放中的言行思想活动；④交对右派分子的看法；⑤交对岗位工作的認識和态度。

（2）五比：①比服从党；②比政治活动；③比工作（多快好省）；④比学習；⑤比卫生工作和文体活动。

（3）五学：

①学習馬列主义，学習理論联系实际，（甲）百日內，重点学習「社会主义教育課程文件汇編」，組織討論（每日平均抽一至二小时自学文件，一月討論一次）。

（乙）百日內制定五年的經典著作学習計划。

②学習时事政策、上級指示，結合本單位情况認真貫徹，做到多快好省。

③学習先进經驗，克服保守主义。

④学習別人長处，克服自己短处。

⑤学習批評与自我批評。

（4）五放：

①放棄个人主义，树立集体主义，凡事从整体出发，服从整体。

②放下架子，撕开面子与工农打成一片，与学生打成一片。

③放棄唯心主义观点，树立唯物主义观点。

④放棄仏人之間的意見，增强同志之間的团結。

⑤放掉「五气」树立「三气」（志气、朝气、勇气）。

（5）为了加速自我改造，全力投入双反运动，运用大字报形式引火燒身，每人百日內至少要写大字报300張，全系教师大字报指标一万五千張至二万張。

（6）百日內进行三次教研組之間与个人評比，老年与老年，青年与老年，青年与青年間相互鼓舞，共同跃进。

二、教学工作方面：要求全面負責100%的教師参加这一工作。既要教書又要教人，克服光管教不管学，管业务不管政治的現象。其次提高教学質量，改进教学方法，加强輔导工作，基本消灭学生的不及格現象，并爭取优良成績提高10%以上。对工农学生的輔导，有專人負責，保証消灭工农学生不及格現象，并爭取大部分工农学生达到优良成績。在檢查教学質量方面也訂出具体检查內容与办法。对講义的編写方面，有11位教師百日內提出完成92万字講义。最突出的是对勤工儉学方面要求百日內爭取80%的学生参加勤工儉学活动，并要求指导教师、教师家屬以实际行动協助訂規划，支援学生勤工儉学的各种活动。

三、科学研究工作：①克服名利观点，加强思想性、科学性，着重分析批判，要言之有物，目的性明确，使文章简潔易懂。②要着重批判資产阶級思想，注意与教学結合，貫徹厚今薄古的精神，为社会主义建設服务。提出論文指标，全系完成40篇，其中20篇能达到国內水平。

水產系百日奋战十項躍進指标

（一）比政治进步，經过百日苦战，全系教職員工100%达到左派，30%达到共产党員水平。

（二）比大字报：每人写大字报450張，保証質量，提問題，想想見面。

（三）比整改：边整边改，保証質量，达到「多、快、好、省」，改不过一星期，辯不过一月。

（四）比勤工儉学：保証远费30万斤以上，提前超額按誠学生助学金40%。

（五）比勤儉办学：提前核減教学設备費40%。

（六）比科学論文和报告：保証理論联系实际，教师每人完成1—5篇論文或报告。

（七）比教学改革：保証充实理論联系实际的教学內容达30%。

（八）比教学輔导：全体教师100%当（政治）輔导員，保証做到「大管」：管思想情况，管教学效果，管学習态度，管工农干部学習情况，管学生負担过重，管学生健康状况。

（九）比深入下層：各級干部亲自种試驗田，每个教師下现場，并与学生接談最少达25人次。

（十）比講卫生：經全校检查，我們已达到五潔标准，保証三月底成为「大潔」「大无」在系，經常保持清潔，輪流值日，每周小突击一次，每月大突击一次，保証在百日內挖蛹和捕蝇15万只，蚊子15万只，捕鼠麻雀500只，四月分全部消灭臭虫。

化学系百日奋战規划

1、奋战百日全系85%成为左派。

2、奋战百日完成結合生产实际，具有創造性的論文27篇。提出綜合性报导5篇，完成水平較高的教材一部半。

3、全体教師深入同学，在党委領导下負責政治思想工作，以代替現行的專職輔导員。百日內每一教師全部熟悉所負責同学的情况，并总結出一套經驗。現已有教師住到学生宿舍。

4、勤工儉学結合專业为社会生产服务，为生产解决問題，开放化驗室，全系同学60%的助学金百日內自給。

海洋系百日奋战指标

一、保証做到「六能」：

1、能站稳立場，划清敌我界限，辨明大是大非。

2、能积极响应党的号召，認真貫徹党的各項方針政策，不計較个人得失。

3、能大膽暴露思想，敢于提出自己的意見，并展开批評与自我批評。

4、能愉快的接受任务，保証切实执行。

5、能积极参加各項政治活动和社会工作。

6、能認真学好社会主义思想教育課和时事政策。

并以此「六能」为准則，保証我系教職工中的左派在百日內达到总人数的80%以上。

二、勤工儉学人数，在百日內达到全系学生总人数60%参加。

三、貫徹「全面发展」的教育方針，100%教師对同学全面負責。

四、三月分成为「六潔六无」單位。

五、教職工身体鍛鍊达到一級劳卫制标准占总人数50%，二級占60%，达到等級运动員的4人。

六、原訂58年应完成的專业課程教学大綱，爭取百日內把其中70%的專业課程教学大綱制訂完成。

七、90%教師都参加科学研究，百日內写出科学論文28篇。

八、为促进教学和科学研究，理論联系实际为生产服务，保証百日內自制采用器十套。

以上主要指标，为了向数学系提出友誼的反挑战，并提出各项指标平均超額完成10%。

物理系百日奋战指标

一、每人写出大字报200張，做到多快好澈底。

二、对于整改的一般問題隨提隨改，重大問題通过辯論解决，应該改能够改的爭取改到100%。

三、貫徹勤儉办学方針，减少实驗員。教师平均达到高教部工作量草案規定的80%。

四、加强基礎課和專业課，改进教学提高教学質量。

五、打破保守思想，从現有基礎出发，結合教学和生产的需要，确定方向，擴大門路，大力开展科学研究工作。

①「七一」前每人完成作品一篇，向党献礼。

②新設选修課三門，專門化实驗一門。

③新編講义九种，習題集三种，其他教学用資料二种。

六、全体教師通过教学負責全面思想教育工作，貫徹全面負責的方針。

七、大力支持学生勤工儉学，尽量結合專业，使70%学生参加。

八、一周內訂出系內5——10年的跃进規划。

新樂府

·陈百中·

我本中学生，跳进大学門，再說老师們，見面笑臉迎，
拾椅新奇事，肚不好評論。开会談公事，会后各归屋。
这里倒兩条，請君評一評：研究自管自，心里各想各。
上課是师生，下課似路人。请問为何因？文人不相輕。
堂上啥講稿，啥究回家門。小子自不量，斗胆献愚誠：
教課一年整，不知名和姓。但願从今后，好师又爱生。
昔日中学里，师生如亲人。推心置腹談，
将今来比昔，感貫何堪論！共为大跃进！

窮追浪費猛攻保守奋战百日兼程前進

（上接第一版）

既要勇於批評別人，又要勇於接受批評並進行自我批評。只有這樣才能打掉三風、五氣，輕裝前進。另一方面必須切實掌握「團結——批評——團結」這個公式，體會九個指頭和一個指頭的關係，堅持和風細雨的原則。只有這樣才能更好地解决思想問題，才能在社會主義的基礎上進一步團結起來，同心協力實現全面大躍進。

關於如何繼續深入開展雙反運動問題，報告指出：第一，以一個半月的時間，繼續深入雙反運動，大鳴大放，大字報，大辯論，大破大立，燒深燒透，徹底打掉三風、五氣。同時從現在起，奮戰百日，比干勁、比先進、比多快好省，訂出規劃，做出成績，真正全面大躍進。第二，運動當前的重點仍然是繼續深入揭發和批判一切浪費、保守現象及其思想根源。報告要求，首先要向領導干部身上的三風、五氣開火。第三，大家的意見大家解决，邊鳴放、邊改正。要學習中央國家機關的經驗：「大家寫、大家看、大家整理、大家辯論、大家解决」。一方面要發動群衆組織起來，自己挑選自己的大西瓜，組織辯論；一方面要各線各這，對誰的意見誰負責處理。第四，抓綱、論綱、立綱，適時引導運動，把大家的注意力和干勁集中到解決關鍵性的大問題上去。現在我們把五年規劃綱要（草案）拋出來，就是拋了一個大「綱」。第五，訂出規劃，就要評比。規劃要是先進的，要有具體指標，要有實現各種指標的具體措施。

最後，楊付校長宣讀了由党委提出、經校务擴大會議討論通過的我校五年規劃十條綱要（草案）提交全校討論。

中文系特点是什么？

問：山大中文系的特点是什么？

答：老夫子气十足。

問：証据何在？

答：（1）山大一个中文系缺乏一个文艺刊物，有「花」只好在心里「放」，虽經醞釀，至今影子全无，不知那个。

（2）中文系文材云集，理应做文學活动的促进派，但事实如何？遠落人后。

（3）体育活动更是倒數第一，上次运动会有丹河冠軍，成为体育史上最可羞耻的光荣紀念。这件事的反面，不正說明我們的学院气在兩門可得。要改变这一局面，应当上自系領导，下至每个同学都来一个扫除「三气」：老气、書生气、才子佳人气！

迎接双反大字报

编者的話

本期发表了在大会上几个單位百日跃进規划发言的摘要，有的單位本刊在前几期已經发表了，有的單位因篇幅所限未能一一刊載，希望今后各單位將已經执行的情况，及时的給我們报道。

图 22　1958 年《新山大》上所载校内大跃进的状况

界名家无一幸免，如中山大学的刘节、梁方仲、岑仲勉乃至此前一切运动都未触及的陈寅恪，复旦的蔡尚思、谭其骧、周谷城，四川大学的徐仲舒、蒙文通、缪凤林，山东大学的童书业、王仲荦……

山东大学从3月22日至4月16日已贴出大字报60万张。4月19日《新山大》评论员文章《思想革命的风暴席卷全校》一文中忠实纪录了当时的情景。

> 老教师们日夜苦思，寻根究底进行自我揭发，同学们连战通宵，翻笔记、查讲义、个别走访、集体讨论，向教学中的资产阶级思想猛烈开火。这是一场处理人民内部矛盾的、和风细雨的争辩，这是一场走社会主义，还是走资本主义的两条道路的激烈斗争。

就是这"和风细雨的争辩"，使得"几乎所有老年教师都贴出了检查自己的右倾言行，向党交心的大字报"，使得"在直属教研组的大会上，梁希彦教授含泪表示，一定要苦战通宵向党彻底交心。他从16日晚一直写到第二天下午四点多"。但与以后相比，此时确实还算是"和风细雨"的。

当毛泽东在成都会议上提出的总路线逐级下达时，反保守的大跃进烈火越烧越旺。高等院校之跃进，除和全国一样外，还有它的特殊任务，那就是彻底批判资产阶级思想，使大家跃进到"又红又专"的无产阶级队伍中去。社会科学中资产阶级思想的表现无非学术上的厚古薄今，世界观上的资产阶级名利思想。所以《新山大》4月23日以三个版面登了何匡代表党委向全校作的关于向党交心运动的报告《向党交心，建立革命的人生观》，他指明"运动的总性质是一场两条道路的斗争，是一种属于人民内部矛盾范围的阶级斗争，是一次灭资产阶级思想，兴无产阶级思想，破资本主义立场，立社会主义立场的尖锐斗争"。而且说："这个斗争对社会主义教育事业的发展关系巨大，对资产阶级知识分子的自觉改造关系巨大，这场斗争不展开，不取得胜利，要在学校内坚决贯彻多快好省、鼓足干劲、力争上游的社会主义建设路线是不可能的，要认真执行厚今薄古、教育与生产结合、理论同实践结合、培养又红又专的人才的社会主义教育方针是不可能的。"也是在这个报告里，何匡洋洋洒洒总结了资产阶级个人主义的"七十二丑"和"八大害"，号召用大字报彻底进行"火烧"。调子已定，而没过几天，《人民日报》又刊社论《又红又专后来居上》，明确指出"个人主义和集体主义的斗争，突出表现在红与专的问题上"。山东大学的大批判才真正升腾到无以复加的狂热程度。此后到底贴了多少大字报已无法统计，而且形式更多样化，5月12日全校举办《搞臭资产阶级个人主义展览》，5月14、15、16三日，历史系连续召开会议揭发批判"厚古薄今"，除数万张大字报外，还有声色俱厉的大会发言、"受害者"声泪俱下的控诉，真可谓口诛笔伐，无所不用其极了。5月19日历史系举办"厚古薄今"展览会，还演活报剧，其他各系也不甘落后，纷纷写文章批判资产阶级教学思想、个人主义名利思想，矛头遍及老教师，但很快集中到少数教授头上。父亲于是成为重炮轰击的对象。

如果说何匡报告中"七十二丑"和"八大害"已有若干条不指名地点了父亲，那么山东大学历史系某些人则毫无顾忌地直指童书业教授了。据《历史科学中两条路线斗争》（续集）中一篇名为《"六法全书"》文中记录，山东大学《搞臭资产阶级个人主义展览会》中，父亲一人的大字报和漫画就占了五分之一的位置。历史系上演活报剧，学生扮演历史系一些教师，台词就是这

新山大

第357期

本期4版

山东大学校刊编辑室编

XIN SHANDA

地址：青岛鱼山路五号

六十万张大字报熊熊燃烧
思想革命的风暴席卷全校
——本刊记者评述——

双反烈火愈烧愈红
形势逼人不改不行

党员带头烧自己
教师向党齐交心

个人主义必
名利思想

图23　1958年4月《新山大》的"双反"报导。

277

些人的"活思想"的自述。据说扮演父亲之人颇有表演天赋，将父亲的体形、步态，乃至父亲18岁生猩红热后出现的无法控制的强迫性表情都演得惟妙惟肖。将别人的生理病态作戏剧性表演是一种人格侮辱。父亲自幼受宠爱时养成极强的自尊心，是不肯承受人格侮辱的。所以，1949年以前，不管生存多么需要，但1932年帮会中人陈一帆侮辱了他，1942年念劬中学人侮辱了他，他皆不计后果拂袖而去。但在1958年，他却不但无法拂袖而去，甚而被迫端坐台下观看这凌辱。心在流血，脸上还不可流露不满。更甚者，他像其他知识分子那样诚恳地检讨自己资产阶级名利思想，也都遭人曲解。总之，定了他是批判对象，什么污秽都可以往他头上扣。

父亲在1958年3月10日大跃进座谈会上的发言中承认有"名位"思想，此时却必须检查"名利"思想。这"名利"两字与父亲性格、为人确有相悖之处。父亲在特定时期是注意金钱的，这特定时期是指经济影响到五口之家生存之时，1946年甚至因此而引发了强迫观念症的大发作。但经济不影响生存时，不论父亲还是母亲都不甚注意金钱。母亲因为送东西给宿舍中困难的工人家属，"文革"中被指控为拉拢、腐蚀工人阶级。父亲平时身上不放钱。62级学生王福金写的材料中有这么一段："平时童老师的工资都是童师母代领。有一次，童老师到山东大学老校去开会，这天正好发工资，会后财务科人便将工资交给他。当他走到洪家楼一商店门口时，烟瘾上来了，他就进去买一包香烟，将所有工资送给了售货员，然后转身就走。售货员赶忙叫住他，他竟然大声嚷道：'怎么，这些钱还不够吗？'此事一时成为山东大学的笑谈。"这是学生都知道的事。我也记得父亲喜欢吃花生米和脆苹果，合江路宿舍门口有一小贩，父亲每次出去上课就取一包花生米，边吃边走，回来取只苹果，咬一口，如不脆就扔下，母亲每隔几天和小贩结一次账，所谓"结账"，也是小贩报多少给多少，不过那小贩人品很好，不会多报，而且到老了做不动时，他向母亲告别，母亲要给他点钱，他也谢绝了。父亲是写了不少文章和书，但从不计较稿酬，否则他就不会把文章都放在开始无稿酬，后来稿酬亦低的《文史哲》发表了。而且他常常主动与人合作，哪怕是那人仅代他复核资料，他也会将全部或部分稿酬分给别人。这些甚至成了他的罪状。历史系常有人见到父亲稿费到手，就向他借钱，他也有求必应，记得有一次母亲南归，将家事交给我，所谓家事，无非就是要我管住钱。这时父亲连续收到几部书稿的稿费，但没几天就给"借"得所剩无几，我感到无法向母亲交待，急得直哭，父亲却安慰我说没事的，母亲回来确实也没多问。父母的慷慨使我们家存款甚少，"文革"时红卫兵几次抄家都没抄出多少，逼问母亲、逼问我，实则家中存款确实不多。其实借钱的人有些并不穷，一边借钱，一边买字画收藏。"文革"结束后，母亲曾回过一趟山东大学，因母亲不工作没有劳保，山东大学历史系的人起了公愤，要借钱人还钱，母亲仍说算了吧，据说有人还过几百元，后来也不了了之。所以说父亲重利，确实令人想不通。也许当时"名""利"两字总是如影随形，何况资产阶级总是逐利的，那么作为资产阶级知识分子典型而被批判的父亲，若说他不求利，在当时则大大的不合逻辑，也达不到批判的高度。

实事求是地说，父亲是重名的。作为深深浸润于传统学养中，将整个生命投入学术研究的父亲，在内心深处有着构筑名山大业的使命感，这应是可以理解的。司马迁为《史记》而忍受宫刑的奇耻大辱，贵为皇帝的曹丕仍认为只有文章才会流芳百世，近世像陈寅恪那样遗世独立之人，最大心愿也仍是出版他的研究成果。一个人只要不掠人之美，不求虚名，而是踏踏实实以自己的才智，以自己的勤奋去铸就自己学术史上的地位，这又有什么可非议的呢？其实，父亲检讨自己有名位思想倒确实很到位、很真实，却被那些狂热者认为避重就轻，一定要他检讨到名利思想的"高度"，这反倒飘离了真实。一贯求真的父亲心中总感到不真实，因而始终走不出1958年的阴影，也毫不足怪了。我自认为是个颇具道家出世之思的人，之所以费时费力去搜集、整理父亲研究成果，并以与我处世之道相反的作风竭力为其寻找出版机会，无非是理解和尊重父亲构筑名山大业的理想而已。

父亲这样以整个生命投入学术研究的行为在1958年被命之为"求名利"且冠以资产阶级思想的帽子，不仅自己受到猛烈的批判，连与他共同工作的人也受批判，甚至累及学生。史学通当时处境就很难堪，《历史科学中两条路线的斗争》（续集）中有一篇《史学通的道路》，将17岁入山东大学，时年22岁的史学通描绘为受父亲毒害，深陷于名利及厚古薄今思想难以自拔的人。史学通入学后，学习是认真刻苦的，到了三年级因病休学，留在学校一面休养，一面在历史系古史研究组作资料员，被派协助父亲整理《中国瓷器史论丛》。《史学通的道路》中写道："某教授要写瓷器史找他作助手说：'瓷器史可以用你我二人的名义发表；你现在要不要钱用，可以借。瓷器史资料我掌握得最多……将来传给你。'对这位教授的'栽培'，他当然感激之至了。"就为了父亲按他的伦理观不肯占有别人劳动的言行，史学通在1958年承受了巨大的压力。1998年史学通给我一封信，信中说："我不曾划为右派，但我是反右之后批判厚古薄今运动学生中的重点……在毕业分配前不久，面上的群众性运动告一阶段，上面又布置了任务，一是组织班上几个水平高、政治表现好的三两个同学为一个小组，批判王仲荦先生，一是要我批判《瓷器史论丛》并作自我批判。我承受着巨大的压力，一字一泪，写出了批判论丛的文章，按照部署投给《文史哲》，卢振华提了意见，未予刊载。可这时批王先生的文章在《文史哲》发表了，我的压力就更大了……不久即离开学校，被分配到省地方志办公室工作。刚分配不久，因形势不允许修志，地方志办公室改为山东省历史研究所，搬回山东大学与历史系合署办公。出来进去还是那些在运动中熟悉的面孔。批论丛的文章未发仍欠着一笔账。后来经过修改在1959年的《历史研究》第四期发表出来。童先生生前肯定看到了这篇文章，只是这篇文章的背景，我写这篇文章的沉重心情是不曾有机会向童先生剖白的……批判《瓷器史论丛》，虽然是被迫的、违心的，但直至现在我仍感到对不起童先生，最使我遗憾的是从未得到机会向童先生作出说明解释。今天把这段过程写出来，也算是吐出一段积聚多年的情结，心中宽慰了许多。"史学通的人品是值得称道的，他不仅写信给我，而且在山东大学历史系组织的回忆父亲的座谈会上当众再度说明。这才解开了我心中的一个谜：我在90年代初整理《童书业历史理论论集》时，在他可能发表文章的杂志上搜集他的论著，无意中在1959年第4期《历史研究》上发现一篇史学通评父亲《中国瓷器史论丛》的文章，一读之下大为震惊，帮助父亲整理《瓷器史论丛》的史学通竟会如此贬抑《瓷器史论丛》和父亲的治学态度及动机，我完全不相信我的眼睛：因为父亲生前一向称赞史学通，却绝口未提这篇文章（父亲是订阅《历史研究》的），唯其如此，我才一直认为史学通是父亲亲近的学生之一，而史学通却以发表如此不实之辞的文章来回报父亲。至1998年才明白个中缘由。本来父亲生前只字不提此事，我也应该尊重父亲隐恶扬善之心愿，不在传记中写出，但一则史学通已公开作了说明；二来由此可看出1958年对知识分子批判的所谓"群众运动"，后面是有手在操纵的，而父亲生平档案中说他拉拢业务好的教师和学生的内容，也是这些操纵者塞入的。我之写出，是期望时至今日我们对历次运动中对绝大多数批判和自我批判者应该予以理解和谅解，而从事史学史研究的学人也应以同情的心态去研究那段历史时期的绝大多数学人。

在1958年的"双反"运动中对父亲刺激最深的是对他学问的否定。父亲治学是理论与考据兼顾的，而且力求融会贯通，却招至各方面互相矛盾的攻击：既说他是史料至上派，又说他是修正主义，还说他是教条主义。《文史哲》1958年第9期发表蒋捷夫（历史系主任）、朱作云（现代史教研组主任）之长文《厚古薄今是历史研究中的资本主义道路》，他们写道："史料至上，在山东大学历史系已形成一种歪风，从童先生一段话中反映得最清楚不过。他说：'谁说我不懂史料，这简直对我是莫大的侮辱。老实说，我过去搞过几十年考据，我会不懂史料？几年之内我要拿出一百万字的考据文章来给你们看，那时候你们才知道我的真才实学'。"这本是父亲因张维华在学生中散布父亲是理论派不是史料派而发的激愤之言，此时却被移置，成为父亲是"史料至上主义者"的佐证。而且说：

> 这段话露骨地暴露了史料至上主义者把史料推崇到何等高的地位！把马克思列宁主义理论忽视到了什么程度，把历史科学糟蹋到了什么地步！

他们不仅将《中国手工业商业发展史》《唐宋绘画谈丛》列为"严重史料至上"的作品，甚至对父亲1949年以前一些民俗方面的文章如《幞头的演变》《伞的起源》等也大加鞭挞。甚至说："历史系某些教授的厚古薄今的思想，不仅对山大历史系造成恶果，而且通过他们在《文史哲》上和别处发表的著作，对外也造成了恶劣的影响。"

不过，他们无论如何也否认不了1949年以后父亲以极大的精力从事用马克思主义理论研究中国历史的事实。对此他们同样进行随心所欲的批判，说：

> 另一种人则是企图利用马克思列宁主义的词句，断章取义，甚至故意歪曲原意来论证自己的论点……如众所周知，童先生关于中国封建社会分期问题的主张，反复无常地改变了四次，而每次改变都有他的"马克思列宁主义"理论根据的。

如前所述，父亲在向苏联学习的政治形势下，在不断研究马克思主义著作时将西欧中世纪、古代东方各国历史史实与之对照，几度游移后，提出了斯大林所罗列的各种生产方式的生产力标准，是各生产方式之典型生产力而非一开始的生产力的观点。日耳曼封建制既为典型，而西周、巴比伦的生产力，尤其是生产效率却远高于日耳曼封建社会早期状况，这为他西周为早期封建社会的观点找到坚实基础，结合他对中国宗法制的研究，认定西周为宗法封建制社会。这貌似回归西周封建论，实是对马克思主义理论和中国历史融会研究的结果。这本是随着学术研究不断深化导致学术观点发展的一个过程，却被冠以"断章取义，甚至故意歪曲原意"，也就成为父亲歪曲、修正马克思主义的罪证。此外，山东大学历史系还有人又将"教条主义"帽子扣在父亲头上。《山东大学》校报1958年6月21日登了历史系教师赵华富题为《童书业教授的学问》一文，其中提到父亲1951年第2期《文史哲》上《论对偶婚》一文，说："全文共4500字，引证原文占4000字，这就是'理论派'的作品。"说这是父亲"用教条主义方法"读恩格斯《家庭、私有制和国家的起源》的结果。赵华甫写这文字时并没弄懂父亲文章的主旨，这篇文章原本是父亲看到学界有不少人误解恩格斯所说的"对偶婚"的内涵，才试图用马克思主义经典著作原文来消除这种误解，不引原文能说明问题吗？

引了原文就是教条主义吗？

这种左面一掌，右面一掌，无论怎样都应该批判的批判，如若认真对待，实在令人无所适从，而父亲却偏偏是个凡事认真的人，其苦恼可想而知。

领导如此、教师如此，学生当然紧随。《历史科学中两条路线的斗争》（续集）中收入山东大学历史系一位三年级不署名学生的大字报，题为《〈六法全书〉》，将父亲写作快归纳为六种办法，结论是"童先生虽然法术无边，但万变不离其宗——顽强的资产阶级个人主义、名利思想在支配童先生的一切，这就是资产阶级学者的真面目"。这还是入选人民出版社出书之文，至于山东大学一月余"拔白旗、插红旗"的大字报、展览会上不堪入目之语会有多少，已无法想像，亦无庸想像。

父亲一生唯学问，自我肯定的也只有学问，学问被否定。他的灵魂都空虚了，此后，不论再做什么，父亲始终没从这阴影中走出来。"双反"以后他的反应是仍然拼命地承担教学任务、拼命地出学术成果，以求认可。这种唯恐别人不认可的意念，令很多人不解，但如从他生命历程去寻找，也许会找到它的踪迹。他自幼被先曾祖宠爱，但7岁先曾祖去世，家中接二连三接进庶祖母，他的嫡长子身份逐渐就不被认可，以后连家庭成员之平等身份都不被认可。待到被迫自谋生计，他在辗转求生中苦作学问，学术成果迭出之时，学界虽对他已刮目相看，却因没有文凭，仍被大学拒聘。对不被认可的愤恨、恐惧，促使他极为重视认可，这种心理反而被人误解，生出许多事来。所以1959年山东大学历史系评跃进奖时，激进的党员评一等，努力工作的评二等，一般的评三等，古代史教研组据父亲的工作量和成果评父亲为二等，但历史系总支和行政讨论的结果是三等，父亲在一篇描述自己强迫观念症的文字中曾写到，他作为古代史教研组主任也参加了评审，当时几乎晕倒，他自己也认为反应太过分，是一种强迫观念症症状了。

1961年底，山东大学党组织在历史系全系教职员大会上为父亲作了甄别。此后他虽仍任山东省政协委员、山东大学校务委员会委员、中国古代史研究室主任，却再没出现50年代初那种意气风发的心境。

对于父亲1958年乃至1959年的状况，从1962年11月14日山东大学所作《童书业教授鉴定》可有一个概括：

六、政治态度：……1958年以来对他的资产阶级个人主义和学术思想曾进行过批判。对个人主义批评表示没有顾虑，但对大规模的学术批判，思想上有包袱，认为他"搞古史分期问题已经是旧知识分子的进步表现"（指承认历史唯物论）。特别他积极学习马列主义，批判他没有学问、实用主义、资产阶级白旗，觉得是"变相的反右派，有意搞臭一个人，是对付右派的作法"，经过甄别后认为"破除青年教师的迷信，解放青年的思想，有些批判是对的，个别问题不能否定一般规律，学术批判运动有巨大的意义。批判有些过火，但运动本身是正确的，接受教育很大"。表示党的关怀，解放后能稳定在大学教书，"国内知道童书业的名字，是党的栽培，万分感激，欠党的东西太多了"。但对1958年批判后评跃进奖金时评为三等，认为对他在政治上、业务上评价太低，还有些意见。

……

八、1958年双反运动在破除迷信、搞臭资产阶级个人主义、拔白旗插红旗过程中曾召开全系师生大会、展览会、大字报、演戏等方式对他的资产阶级名利思想、自我吹嘘好标榜自己进行了重点批判。1959年在资产阶级学术批判时有人批判他是修正主义、实用主义等问题。1961年底在全系教职员大会上对他进行了甄别工作。双反运动中对他名利思想、个人主义的批评是应该的，但方式有些粗暴、是非界限不够清楚，如对他否定过多，尊重不够，乱扣帽子亦是不对的，甄别后，他表示满意。

（《生平档案》）

中国的知识分子是可爱的，再挨打，只要安抚一番，又会拼命工作的，怀赤子之心的父亲只要甄别一番，所以也就"表示满意"了。但从生平档案看，仍肯定了对他的批判，甄别的仅是方式而已。

在双反同时，乃至之后，山东大学和全国、全国高等院校一样，仍在层出不穷的运动中震荡。全校在总路线指导下，大炼钢铁、建立城市人民公社。中文、历史两系停课半年大办铁厂，复课不久又停课一个半月，狂热到全校师生用五天制作出79种产品运往北京参加"全国教育和生产劳动相结合展览会"。这一切都是与全国大跃进、人民公社化狂潮相呼应的。高等院校还有自己的独特狂热之处，那就是运动涌动到了教学和科研中，即是称之为"双改"的运动。据《山东大学》1958年11月21日载，蒋捷夫作了教育改革报告后，历史系三天内出了1189张大字报，进行了大辩论并提出"12月15日前编写出中国古代史、中国中世纪史、中国近代史、世界古代史、世界中世纪史的教学大纲和资料索引；12月30日前要写出上述5门课的讲义及青岛大港史，山东十年资料汇编，科学论文一百篇等"。还要"在15日前日产铁5吨、水泥1吨，30日前将日产铁6吨，水泥2吨"。历史系全系不过百余名学生，一个多月做如许之多之事，岂非痴人说梦话？其结果是学业放一边，不实之辞满天飞，低年级学生编教学大纲，写讲义，三级教授据此讲授，这种不知谁教谁的奇观，一概被名之为"跃进"、"改革"。刚刚被狠狠批判过的学者无一敢出声，只有跟着跑，山东大学原本严谨的学风被破坏殆尽。

更加雪上加霜的是山东大学由青岛迁至济南。舒同于1955年调任山东省委书记，他一心想将山东大学迁至济南。但1957年之前民主空气尚存，知识分子还愿意表达自己的意见，1956年山东大学教职员提出几条不迁校的理由："（一）青岛环境优美，气候宜人，得天时，占地利，是理想的办学和研究环境，最好不动。（二）山东大学就是因为设在青岛，专家学者多愿应聘，从而创造她的"黄金时代"，国内外闻名，迁去济南将失去这一优势。（三）培养人才首先在于质量，山东大学在青岛虽然规模不大，但以质见胜，蜚有声誉，这个好的传统一定要保持。（四）应在济南另建综合性大学，山东省人口多于英、法，土地接近日本，再建几所综合大学也不算多，只此一所何必搬来搬去。"（山东大学档案：1957年迁校问题座谈会记录卷）当时省委很重视这些意见，同意迁校缓议。1958年4月，中共中央发布《关于高等学校和中等技术学校下放问题的意见》（见《中华人民共和国教育大事记》第210页），山东大学和山东工学院下放归山东省管辖，至此山东的高等院校全部由山东省委、省人委和教育厅管理。山东大学相关领导从7月30日至8月31日川流不息地到济南办理交接手续。山东大学自1958年9月1日起下放归山东省管理，直至1961年才复归高教部领导，成为全国64所直属重点大学之一。

据《山东大学校史》记录，山东大学划归山东省委领导后，省委很快将山东大学迁济南。1956年山东省委原拟划出千佛山西麓一块空地建山东大学新校，后来省委在此兴建南郊宾馆。几经周折，将山东农学院迁泰安，将山东大学迁济南黄台洪家楼农学院原址，又在利农庄划一片荒地建新校址，这就是山东大学至今仍有新校、老校两处的缘由。当时的山东大学学生一面狠批资产阶级个人主义、资产阶级学术思想、拔白旗插红旗，一面大张旗鼓地进行教育改革、科研改革；一面大炼钢铁，一面又自力更生，以学生的体力拼命，在不到一个月时间，完成了十分艰巨的搬迁。搬迁是按大跃进的精神完成了，但山东大学师生在很长时间内都没安顿好。记得我和母亲直至1959年暑假才到济南，我们还是局促地和中文系蒋维崧拼住一套房子，而新校在利农庄一片乱葬坟场上慢慢建筑，至1960年秋季之后，才搬入建筑极其粗糙简陋的新校教工宿舍。

山东大学经历1958年的折腾，元气大伤。运动使老知识分子不知所从，莫说像父亲这样始终以赤子之心在社会上生存的人，总会无意中老实地说出一些跟不上形势的话而挨批判，即或是一些涵养极深的或头脑精明，看得透世事的老先生，也不过紧跟形势表态、检讨而已，这样的文章在那时的《新山大》《山东大学》校报上比比皆是，大家都不可能搞业务。至于学生，动辄停课数月半载，那种浮夸的"三结合"大纲、讲义、论文，使很多人连学问为何物尚且不知却被捧得自我感觉好得不得了，从此不可能再走刻苦学习之道路，要求读书的微弱呼声很快就被气势汹汹的批判压下去。山东大学与全国高等院校一样教学和科研大滑坡，所不同的是迁校使得山东大学再没恢复元气。

　　迁校对山东大学影响至深。首先是使学校精英分散。大家都知道山东大学文史两系实力很强，其实生物系实力更强，有童第周、王祖农、方宗熙、曲淑惠、陈机、唐世风、曾呈奎、薛廷耀等著名教授，他们多为国内首屈一指的学者，有些是世界一流的学者，迁校时却将这一学术团体一分为五，童第周到中国科学院，其余的人有的到青岛海洋研究所，有的留青岛海洋学院水产系、海洋生物系，只有一部分迁济南山东大学生物系。物理、化学两系也留一部分在青岛，组建海洋物理、海洋化学系。什么样的学术团体经得起这样的"五马分尸"？学术力量分散，济南地理环境没有吸引力，海内外学者不愿再到山东大学，师资力量大损。其次，到1959年山东大学改制成五年制大学，当时全国改五年制的皆为名牌大学，但外省学生知悉山东大学已不在青岛，多不肯报考山东大学，于是从1960年起，学校所招学生皆为山东省籍。山东是文化之邦，齐鲁文化源远流长，但任何文化如固守不变，没有外来文化的激发，它是无法激活自身的生命力的。山东大学在以后一次比一次"左"的思潮冲击下，逐渐衰败。

　　写到"衰败"两字，一定会伤害很多山东大学人的感情，包括我自己。我从9岁到山东大学，青岛山东大学那美丽的校园里谁最有主人翁感？应该算上我们这些山东大学的子弟。她的每一个角落，每一棵花树上都留有我们的印痕。记得青岛山东大学的运动场是没有看台的，一片种满樱花树的缓缓带状山坡就是看台，每年两次的校运会，坐在山坡上的是大学生们，高踞树上呐喊助威的却是山东大学的子弟们。虽历次运动，尤其"文化革命"伤我之极，我却不想怨恨，因为当时全国都被裹胁进去了，有什么人能有不参加的余地？怨谁、恨谁呢？但我却亟盼忘却这一段混乱痛苦的人生经历。我30年不进山东大学，自以为一切都淡然了。80年代初，浙江大学一位校长助理在与我交谈中，了解了我与山东大学的渊源，说了一句："山东大学现在不行了。"这短短的一句话，竟引发我百感交集之感慨，悲凉之感长久不去。1998年夏为写父亲传记我到山东大学去了解父亲1949年后的情况。山东大学文史楼是有若干门可走进去的，无巧不巧，我跨进文史楼的那扇门，第一眼看到的就是父亲病危，我寻到担架的那间厕所，自以为忘却的记忆刹那间重新翻腾起来。但最令我感慨的是文史楼的本身。在浙江大学看惯了老教学楼的整洁和新教学楼的气派，猛然间置身于这样一座比浙江大学老教学楼年轻得多却破败得若一无助老人之大楼，回思山东大学之辉煌，山东大学青岛校园之到处生机勃勃的景象，心中充满苦涩之感，任何热情的接待都冲淡不了这苦涩。不过，事实总是事实，1958年后，山东大学确实辉煌不再。

山东大学很多人私下甚怨成仿吾。成仿吾是参加过二万五千里长征的老党员，共产党的高层干部，1958年5月由东北师范大学调至山东大学任党委书记兼校长，当时山东大学内流传甚广的说法是作为老革命的成仿吾向中共中央要求到青岛养老。他的级别比舒同高，到青岛后却抵制不住舒同迁校的决定，大家认为如抵制到舒同调离山东，山东大学就不会迁济南了。山东大学迁到济南，正逢国民经济困难时期，基建很慢，很粗糙。他稍后却在新校一块岩石地基上建自己住的小楼，小楼周围是高墙，高墙上再竖铁栅栏，里面有锅炉房供暖，还从青岛运来樱花，可是，岩石上并没种活这些山东大学人日夜思念的青岛优美环境的象征之物。大家口中不说，心中不满，拖到"文革"开始，这座小楼就成了医院病房。以成仿吾的身份与级别，住一独立小院也不为过，但人心不是"级别"能左右的。人心不满，人心消沉，学校怎会有活力？每思至此，真是令人感慨万千。

对中国手工业商业史的研究

　　1953年院系调整后，山东大学的教学、科研皆蓬勃发展，各系全力以赴地投入，欲尽力使山东大学在全国高校中名列前茅。向以教师队伍整齐闻名的历史系更是意气风发，父亲毅然承担了开设《中国手工业商业发展史》（鸦片战争前）专门化课目的任务，此课题在1957年被列为山东大学第二个五年计划（1957—1962）重点研究项目之一。开设这门课的艰辛是难以言表的。中国封建社会统治者向来重本抑末，歧视手工业者和商人。封建社会历代文人，修史作书，往往重政治、重文化、重周边关系而少写经济，更少论手工业商业，翻开古籍，经、史、子、集各部论及手工业和商业的资料寥若辰星，而当时考古事业还未长足发展，地下资料也少得可怜。要研究手工业商业，必须从野史、笔记、小说中比勘剔抉，以时代发展的眼光去伪存真，撷取尽可能多、尽可能真实的资料，才能梳理成一部理路清晰的发展史。

　　父亲为备这门课看书之多，是我所亲历的。我自幼爱看小说，主要看外国小说，1953年起，我也经常在父亲书房中翻看他借的书，主要是看小说。记得初二看《金瓶梅》觉得粗俗不堪，看了一半就扔下了，我很久弄不懂为什么有这么多人大谈《金瓶梅》且与《红楼梦》相提并论，加上父亲在旁边指点说西门庆如何经商是宋代商业绝好材料，更感索然无味。直到系统看中国文学史后，才明白《金瓶梅》是中国小说史中以家庭生活为题材的开端，而《红楼梦》是直至清代以家庭生活为题材之小说的巅峰。就这么有一搭无一搭地看着，待我看鲁迅的《中国小说史略》时，惊讶地发现，鲁迅所举的中国小说，十有八九是我在父亲书房中看过的。这还仅仅是小说部分。中国小说和中国的笔记、野史在数量上相较，可真是小巫见大巫了。不知父亲究竟看了多少书，才将中国手工业商业发展轨迹探寻出来。从时间表来看，向以写文章出手快著称的父亲至1955年才完成讲义初稿，同年完成讲稿初稿。父亲教学，一般是讲义、讲稿同时写的，讲义重资料，讲稿重发挥。1956年才开课，求全、求完美心态极重的父亲，对1955年写成的讲义、讲稿都不满意。1956年之后，他根据教学情况，继续收集资料，进行修订。1956年修订完讲义第一、二部分，1957年修订完第三、四、五部分，1958年至1959年修订完第六、七、八部分，至此讲义修订完成。讲稿至1958年修订到第五部分，因运动而停止，后因此课停开，讲稿也不再修订。1962年上海中华书局（上海古籍出版社）欲出版修订本讲义，责任编辑已看稿并复核了全部资料，并没发现什么问题，后因经费困难而未出版。

1969年，庞朴和路遥从历史系资料室"盗"出此稿。"文革"结束，我写信给庞朴，庞朴将此书介绍给齐鲁书社，此后齐鲁书社白萍生编辑与我联系不断。顾念大家共度"文革"劫难，我建议请王仲荦写序。至1998年我才得知此书是史学通复校并代作序的。在序中却一字未提及史学通。

"文革"后考古成果日丰，研究中国古代手工业、商业的著作时有所见，但父亲所著《中国手工业商业发展史》以其资料之扎实、分析之细致、逻辑之清晰，仍在中国手工业商业研究著作中占有一席之地。此书出版不久即被台湾盗印，再返销大陆。

《中国手工业商业发展史》的特征在于自成体系，不仅纵向发展条缕清晰，而且横向各节内容也有机交织。父亲在1966年12月31日所写的一篇后记中说：

然中华书局同志提议分为《手工业史》、《商业史》二书，方法似欠辩证，以手工业、商业二者互有密切之关系，在本书中看似分叙（因如此眉目可以比较清楚），其实处处照顾各方面之相互关系（如手工业与商业、商业与交通、城市、货币、高利贷等之关系），并未十分割裂也。

与父亲的古史分期观相呼应，也与父亲的古史分期文章一样，父亲对工商业发展史上每一个概念在不同历史时期的内涵之变化也分析清楚。例如，对"市民"和"市民运动"就作了如下分析：

在叙述市民运动以前，我们先得研究一下明代的"市民"问题。有人认为：鸦片战争以前，中国不曾有过市民，城市也只是纯粹的封建城市；也有人认为：中国在中古时期，已有与西欧一样的市民和城市。这两种看法，都是不全面的。我们认为：在中国封建社会后半期，确实已有了新兴的市民，但这种市民的性质是与西欧封建时代的市民不完全相同的。这时候的城市的性质，也与西欧封建时代的城市不完全相同。中国中古时代的城市，始终是贵族和地主统治势力盘踞的处所，贵族和地主的经济基础在乡村，而他们的政治势力却在城市。从唐宋时代起，工商业兴起，城市逐渐发展起来，逐渐有与乡村对立的倾向。可是封建势力仍以乡村为基础，控制了城市，而封建专制主义的官僚机构，又直接统治了城市。在这种封建城市中，虽然由于工商业的不断发展，逐渐形成了新兴的市民阶层，可是这种市民阶层成分很是复杂，里面还包含着不少的封建成分。所以这种市民确实是与西欧封建时代的市民不完全相同的。中国封建后期的市民，成分大约有如下几种：第一是新兴手工业者，包括作坊和工场的主人（有些就是商人或地主），独立经营的小手工业者，手工业雇工、徒弟等；小手工业者和雇工等，许多都是从农村流入城市的农民转化成的。第二是商人（有些就是地主），包括大商业资本家，中、小商人，高利贷者，商业上的雇佣劳动者、徒弟等。第三是杂职业者，如搬运夫、车夫、船夫等，也有许多是农民转化成的。第四是都市贫民，包括失业流浪者，职业流氓，乞丐等。第五是城市富人，包括有钱而不从事生产事业的人，居城的地主、绅士等。以上五种人构成了当时的所谓"市民"。在他们的上面，还有一个封建专制主义的官僚机构。市民的各种成分的比重，是随着时代而变迁，随着地区而不同的；愈到后来，愈在工商业发展地区，工商业者和都市贫民等的比重就愈大，也就是愈接近正式市民的性质。在明代，尤其是明代后期，新兴工商业者的势力，是不可忽视的；同时，城市富豪和绅士的势力，也是不可忽视的。这两种势力有时结合起来，形成了对抗封建专制主义的中心力量，而都市中广大的劳动群众和贫民，则是斗争的基层力量。他们甚至与农民起义相呼应，以威胁封建专制主义的统治。自然，这里面也包含着一部分封建势力的内部矛盾。

这在嘉靖年间，江南城市就曾发生过多次暴动。但明代市民运动最兴盛的时期，是万历年间和天启年间，这也正是明代封建专制主义对工商业压迫最厉害的时期。

在列举了若干万历和天启年间的市民暴动后，父亲又说：

在这些运动里，我们可以看出当时的市民和其他阶层的人民，甚至包括一部分封建绅士等在内，都以封建专制主义为对象，展开了相当激烈的斗争。这种斗争，实在反映了新的生产力与旧的生产关系的矛盾，也就是新生的资本主义幼芽和封建主义的核心势力——封建专制主义的矛盾。这种新的阶级斗争的形式还很幼稚，斗争的面还不够广，斗争的情势还不够激烈，然而已给予封建专制主义以严重的打击，封建势力已初步动摇了。如果没有满人的进入和统治，这种市民暴动与农民起义联合起来，可能逐渐推翻封建专制主义的统治，而使资本主义幼芽发展、成长起来，虽然这还需要一个相当长的时间，才可以达到。我们看当时已有民主主义的启蒙思想家黄梨洲等出现，主张"工商皆本"，并攻击封建专制主义的君权，发挥民主思想；还有认为"其地奢则其民必易为生，其地俭则其民必不易为生者也"的新经济思想（见陆楫《蒹葭堂杂著摘抄》）；这就说明当时不但已经有了反抗封建主义的市民运动，而且已经产生了指导、助长这种运动的思想，虽然这些运动和思想，还带着相当浓重的非资本主义的成分。

父亲对清代的市民运动的分析是：

可是我们能不能说清代没有市民运动和市民组织呢？是不能的！不但在鸦片战争以后不能这样说，就是在清代前期也不能这样说。我们初步认为：在清代前

期，市民运动和市民组织是转变到另一个方向去了，那
就是转变成行帮的运动和组织。这些运动和组织虽然带
有很浓重的封建色彩，而它们在反抗封建专制主义的压
迫和剥削上，却是明代市民运动和市民组织的继续。所
以会有这种变态出现，完全是适应当时的历史条件的
（自然，我们并不否认清代前期也有些类似明代的市民
运动和组织）。

可见不论什么概念，父亲都将这概念所处时间中的多方面
一一分离出来，呈现给读者，使读者明了历史的复杂性、多样
性、真实性。

父亲对中国手工业商业发展的研究，是颇具创见的，其中最
值得注意的恐是中国资本主义萌芽及中国资本主义生产关系产生
的问题。他认为中国资本主义萌芽出现在明代后半期，由于匠户
以银代役，身份向自由手工业者转化、自食其力的雇工增多，旧
式行会制度衰落、转化，促使工资劳动者增多而形成资本主义萌
芽。这萌芽如没有满族的进入和统治，会逐渐发展、成长起来，
但需要一个相当长的时间，但是：

满族进入中原时，曾在中原各地大肆蹂躏，破坏了
各地的尤其是工商业最发展的东南地区经济……工商业
的破坏、资本主义幼芽的被摧残，自是意中之事了。

直至康熙中期以后，中国经济才得以缓慢恢复和发展，资本
主义萌芽才逐渐又抬头：

清代的手工业和商业，虽已孕育着资本主义的成

分，可是这种资本主义成分是很微弱的。

在述及中国封建社会中资本主义萌芽之微弱和发展之缓慢时，"很"、"常"等词比比皆是。令人感到父亲很想说中国的资本主义生产关系不曾出现之语。至1960年到1961年间，父亲像细思斯大林的五种生产方式的标准生产力一样，以他细密的考据思维在《毛泽东选集》中也细细地寻出一些依据，写了《中国资本主义萌芽问题》一文，文中终于理顺了资本主义萌芽和资本主义生产关系、资产阶级和无产阶级的产生等问题，直截了当提出："资本主义的萌芽不等于资本主义生产关系已经出现，中国的无产阶级与资产阶级是在整个中国封建社会中未曾出现过的阶级。"文稿投《山东大学学报》，却被退稿。那是个表面宽松、暗中极左思潮快速发展的时代，已不容学者在求真理念下细细探究马克思主义经典著作和毛泽东著作了。

在身心日渐受困的日子里

1958年以后，父亲处于一种极为复杂的生存环境中。从客观说，只要有中央政策，表面对父亲的尊重、照顾仍存在，但历史系某些人将他的一举一动都说成是思想问题，给他造成极大的精神压力。从主观说，国内外形势风云激变使他产生了一些与当时宣传口径不一致的看法，他自认为这是严重的思想问题，极为恐怖，去向党交心，实际是向历史系党总支具体人交心，越交心事越多，事越多越想不通。同时，他又认为只有努力工作，才能表示对党的一片赤诚。在极重的思想负担下，父亲拼命工作，使得本来虚弱的身体更加虚弱，身心交瘁激发了强迫观念症复发的第二个高峰，此后父亲一直在身心痛苦中苦苦挣扎。

历史是无情的，它根本不理会唯意志论者的高谈阔论，也不理会那些在人生舞台上狂呼乱叫的"左派"，更不理会那些日渐驯服的知识分子喃喃的检讨，却将在总路线推动下1958年出现的非理性的运动，尤其是农业和钢铁生产方面的大跃进、人民公社化运动造成的经济迅速滑坡、文化衰败的局面毫不留情地呈现在所有的人面前。虽然从1959年起城市居民大量被下放农村，但是留在城市的居民仍不断被减少粮、油、棉布的供应定量。记得1960年山东一年就数次降低粮食定量，那年10月1日本是又一次减定量的日子，考虑到国庆节的氛围，延迟至中旬减，却仍减少一个月的定量，我们一家三口加上保姆，10月中下旬的粮食只有20多斤。幸而那时还供应南方人大米，母亲天天烧"菜饭"吃。菜饭本是江浙一带的美味，那是用油炒青菜，再放火腿丁。至少是咸肉丁与米一起烧出来的。在那几乎见不到肉的时候，油的定量又少得可怜，这"菜饭"的味道可想而知了。那时父亲肺结核复发，我亦因高考体检出肺结核而在家养病，保姆食量一向很大，而我们从不让保姆吃不同饭菜，父亲、保姆陆续水肿，母亲这当家人叫苦连天，父亲却绝口不叫苦，而且不许我们说任何不满的话，总说这是天灾，很快会过去的，父亲的"呆话"，莫说母亲，连我这高中才毕业、万事不懂的人听了都很不耐烦。

当时，毛泽东和党中央确实在进行一系列的调整。1960年7月5日至8月10日中共中央北戴河会议提出"调整、巩固、充实、提高"八字方针；11月3日中共中央发出《关于农村人民公社当前政策问题的紧急指示》（简称《十二条》），开始纠正农村的"一平二调"的错误。1960年12月24日至1961年1月13日，中共中央在北京召开工作会议，会上毛泽东说，社会主义建设不能急，要搞它半个世纪，要搞几年慢腾腾，不要务虚名而遭实祸。还提出大兴调查研究之风，1961年要成为实事求是年。1961年1月14日至18日，中共八届九中全会上，毛泽东号召全党大兴调查研究之风，中国这艘帆船正在兜风转向正途。知识分子这一最敏感的群体首先感受到变化。1月31日《山东大学》上还在登载史四两学生合写《我们的质量不断提高》之文，文中还有："那些'专家'教授，虽然有的是博览群书，甚至倒背如流，但由于立场、观点、方法的不正确，除得到一个'两脚书橱'的专称外，不可能写出称得上科学的著作来"之语，领导层却已在悄悄地纠偏了。在1959年7月28日，山东大学第三次党代会提出并经7月31日第43次校委会扩大会议通过的《山东大学1959—1960学年工作方针和主要任务》，提出："在编写教材时，一方面打破编写教材的神秘观点（专家、专时间），另方面也不能把教材建设工作看得过于简单（不能短时间突击）。"又写道："编写或修订大纲与教材，仍坚持三结合的方法，但应由主讲教师负主要责任，并且一律不得采取停课编写，低年级学生一般不参加编写大纲和教材工作。"甚至提出"课堂教学应肯定是教学的基本方式"。提到科研时明确"教师科学水平和研究能力，应在培养师资计划中列为重要项目"，还提出教研组"是进行教学工作和科学研究工作的基本组织，它的主要任务是：负责教学任务的完成，开展科学研究工作，培养和提高师资，并结合课程及经常接触对学生进行政治思想教育"。看来教师已不是学生的批判对象而成为教育主导力量了，这教育甚至包括了政治思想教育。

到1961年，中共中央对知识分子一系列政策都出来了。1961年6月19日，周恩来在文艺工作座谈会和故事片创作会上公开批评文艺工作中的"左"的思想，阐明党的文艺方针，7月19日中共中央颁布《科研十四条》，"中央认为，文件精神对一切有知识分子工作的部门和单位都是适用的。批示强调指出，'做好知识分子工作，很关紧要'。对待知识、对待知识分子问题上的片面认识和简单粗暴的作风必须纠正，在学术研究工作中，必须坚持'百花齐放，百家争鸣'的方针，对几年来批判错了的人，要进行甄别平反。"（《中共党史大事年表》第315页）9月15日中共中央颁布《高教六十条》，条例规定："高等学校必须以教学为主，努力提高教学质量，对参加社会活动和生产劳动应作出适当安排，但不宜过多；在教学中，必须发挥教师的主导作用；科学研究工作，必须坚持'双百'方针；高等学校实行党委领导下的以校长为首的校务委员会负责制。"（同上，第316页）一直到1962年3月2日，周恩来在广州国家科委召开的科学工作会议和文化部、剧协召开的剧本创作座谈会共同组织的大会上，作了题为《论知识分子问题》的报告，对知识分子的评价几乎又回到1956年时的水平。这一切使知识分子有了一个喘息的机会，似乎又会迎来一个1956年般的春天。各省省委都邀一些知识分子开所谓"神仙会"，请知识分子畅所欲言。

在这一段时间内，共产党对知识分子不仅在精神上放松了，在生活上也确实有所照顾。父亲和部分高级知识分子一起享受特殊待遇，每月有些额外的油、肉、糖的供应。山东省在省政协院内设了一个特殊商店，供应这些特殊补贴，同时还可以买到一些额外的罐头食品。我在家养病，经常到这个商店转转就成了我的任务。待到有高价食品时，父亲和部分高级知识分子一起领到一些高价餐券，我们一家每月可到高价餐厅就餐数次，确实比当时很多人更早地从困难时期营养不良中走出来。

山东大学历史系于1961年招了两名四年制研究生钱宗范、许凌云由父亲辅导，同时派1960年历史系毕业的徐鸿修任父亲的助手。徐鸿修，1936年生，山东烟台人，1956年考入山东大学历史系，1960年毕业留校，1986年起为山东大学历史系教授。父亲对研究生和徐鸿修都尽心指导，徐鸿修也帮助父亲做了不少工作。他帮父亲编写先秦史讲稿，为父亲讲课时板书，协助搜集编辑《先秦农业畜牧业资料》，陪伴父亲在1961年底赴京搜集瓷器史资料，直至"文革"后还重抄父亲《春秋左传札记》手稿，又一并对《春秋左传考证》所引史料进行复核，两部分合拢即为上海人民出版社出版的《春秋左传研究》。

1960年至1962年对绝大部分知识分子来说确实是个喘息时间，使他们能略略积蓄一点体力和精力去承受以后的狂风暴雨。但对父亲来说，这一切都无济于事了。经历了1958年强烈的精神刺激，到1959年父亲终于挺不住了，他的强迫观念症复发。此次发作与1946年的发作共同之点是自知力很强，不同之处是，1946年发作的诱因是经济的困顿，1959年发作的诱因是精神的刺激。一举一动，一言一行，甚至睡梦中都害怕被误解为有反动言行，一个那么勇于发表意见、剖析自己的人会走到不敢说、不敢做任何事的地步。他自己要求住山东精神病院治疗，要求用北京医学院介绍的胰岛素低血糖疗法，这不成熟的治疗方法，激活了他原本钙化的肺结核病，待他出院时，已骨瘦如柴了。

父亲出院后适逢国内经济调整、对待知识分子缓和时期，允许知识分子了解一些国家的实际情况，这却在父亲思想上掀起轩然大波，精神陷入极度混乱。

1960年舒同调离山东，1961年曾希圣由安徽调任山东省委书记，在山东省高层作了一个《揭山东的盖子》的报告，其中批评"山东同志"对灾情估计不足，野菜和可吃的树叶一直没收集起来。不久，山东便掀起了"救灾"高潮，山东大学历史系曾组织一批人停止工作，培养小球藻。学校办起食品加工厂，把番薯秧磨成粉，放入番薯粉中蒸窝窝头吃。父亲也听了传达报告，其实，对很多人来说，这不过是共产党承认了一些存在的事实而已，可在父亲思想上却激起了极大的震动。他对共产党的感激和信任历经运动仍无丝毫减弱，因此，他一直相信当时报纸上说的我国国民生产是上升的，所以坚持认为苦一点是值得的。到"文革"中他给军代表的信中还回顾当年他在小组会上的发言是："能不能忍受暂时困难，是一个要不要社会主义的问题"，这是他真诚的心声。待到听了山东省最高的党的领导的报告，得知国民生产不但没上升还下滑了，就产生他的生平档案所记载的思想：

> 因而怀疑人民公社办早了、大跃进太快了、出口太多，生产关系不适应生产力的发展。

甚至认为：

> 共产党的路线不一定正确。

这种思想的产生连他自己都吓坏了。加之才出院，系领导就命他开先秦思想史新课，他又写讲义又写讲稿，这样带病工作，评奖时竟是最低等级而且评审"实际上进行了一次围攻"（《给军代表的一封信》）。在这种种精神冲击下，父亲于1962年再度住进山东省精神病院。

父亲的脑子从来没休息过，住入精神病院，书不教了、文章不写了，他开始环顾周围环境了。众所周知，那几年中国的国际关系是很紧张的，中苏决裂，苏联不仅撤走专家，撤销援助，还要求中国偿还债务，中国又发表了许多文章批判铁托修正主义，后来又直斥赫鲁晓夫是修正主义，同时中印关系紧张，蒋介石依靠美国支持声称要反攻大陆。所以，中国在备荒的同时，还要备战，"大三线"、"小三线"逐渐建立，耗费巨资开山挖洞。父亲看报、看书，产生了一些与当时报纸上统一口径不同的想法，这些想法大体可从他生平档案中看出。生平档案记他对当时国际形势的看法为："国内不正确，国际上也不一定正确，××××的观点是策略问题，应尽量不使敌我矛盾尖锐化"，"我们搞得死一点，写三篇文章，搞紧张，反对××××，使中苏关系不好而给敌人可乘之机"，"国民党并不可怕，有空子可钻是可怕的"，"铁托有他的苦心，能起两个阵营的缓和作用，我们不谅解"等等，这与逐渐被批判的"三和一少"思想可以挂钩。父亲并不知道当时很多人都或多或少有此想法，而且共产党高层中也有类似的想法，1962年2月27日中联部部长王稼祥在征得部党委同意后，就中共对外工作政策问题联名给中央负责同志写了一个书面建议，建议提出："为有利于国民经济的调整和恢复工作，争取时间渡过困难，党应该在对外政策上采取和缓的方针"，同时提出"在困难形势下我国对外援助应实事求是，量力而行"（《中共党史大事年表》，第319页）。这个建议后被歪曲为"对帝国主义要和，对修正主义要和，对各国反动派要和，对亚非拉国家的物质援助要少"所谓"三和一少"反党思想进行批判。父亲只是认识到自己的想法与共产党所说不一致，认为自己产生了反动思想，于是产生极度的恐惧和焦虑，赶紧出院，在家中一点口风不露，和盘去向历史系总支正、副书记"交心"，要求组织对他进行批判。

　　父亲此时的强迫观念症实在已是非常严重了。1946年他发病时，虽有不少人对他的诉说不愿多听，仍承认他精神有病，同时有顾颉刚、吕思勉父女、杨宽等师友，很耐心地听他诉说，为使他安心，也会按他的古怪要求去做，又有粟宗华这样的医生、

舒新城这样病友的理解，所以病虽严重，还有宣泄的渠道。到
1959年至1962年间，不但这一切的理解和同情都没有了，很多人
还把他的强迫观念症说成是思想问题。父亲拼命向别人解说强迫
观念症与思想问题的区别，希望别人能将思想、情绪问题和疾病
问题分开，理解他确实有病，承认他某些言行是病态。但在心
理学都被划为唯心主义的当时，在没有思想问题的地方都要拎
出思想问题的极左思潮的环境里，父亲的努力不但没见效，反而
越弄越乱。其实，如果撇开极左思潮的影响，撇开历次运动的思
路，是不是病态应该是很容易区分的。例如，历经战乱的人都怕
战争，中印冲突、中苏关系紧张、蒋介石要反攻大陆都可能引爆
战争。父亲经历过数次战乱，怕打仗是正常的。但他怕到这样的
程度：他说自己性格懦弱，如果敌人打过来抓住他，一用刑他
就会叛变，会向敌人提供情况，因此要求组织上在一旦战争起
来，就把他送到内地去。他甚至会对历史系总支书记说，如果敌
人来了，抓住他，要他带路到总支书记家，他是会去的，但走到
窗下，他会拼命咳嗽，以此报信，请总支书记听到后赶快躲开。
这就是病态了。父亲能知道什么秘密？一位大学的总支书记又会
知道什么秘密？以致国民党或苏联一旦真的进入中国大陆会注意
到他们？如果怀有同情之心去听父亲的倾诉，就是在这病态的倾
诉中也可以明显听出他对共产党的感情。又如，人人都怕生癌，
当时的医学理论是癌症有遗传性，先曾祖、先祖父皆死于前列腺
癌，父亲怕癌，注意身体的变化，这是正常的。但是天天注意小
便，对身上每一个黑斑、每一块小赘肉也时时关注，只要没有变
化，就非常高兴，但不一会克制不住自己又会去看，这就是病态
了。人们对当时国内国际形势有所思考，一旦发现与中央口径不
一致时深恐自己有反动思想，这在经历那么多运动后犹如惊弓之
鸟的知识分子来说，这也是正常的，但因此恐惧、焦虑到对医生

用药都怀疑，怕医生知道他的反动思想，防止他投降先毒死他，因而每次用药自己先检视一遍，这就是病态。这些病态已影响到身体，父亲自诉经常头昏、心跳、思想不能集中，甚至严重到怕雷、怕光、怕爆竹的地步。在重点批判他"厚古薄今"、"资产阶级名利思想"后，他又怕被划为"右派"，甚至一篇文章没在《文史哲》上发表，会怕得好几夜睡不着，整日在恐惧中生活，甚至想以自杀结束这痛苦的折磨。即或如此，他的自知力仍很强，知道这些都是病态，只是已到了很难克制的地步。他因此也特别紧张，想以精神病学的知识来治疗，他曾要求用催眠术，但医生不同意，他只好自己设法转移注意力。父亲这位理智上的唯物主义者被疾病折磨得求助神灵，每次感到难以自制时就自言自语："上帝在上，不许再想，少想、少挂念，顺利。如再想，不利。"甚至毛泽东也像上帝一样成了他立誓的保证人，以这些办法求一时之喘息。他曾将这一切病状写信给系主任，要求领导理解。要求用体力劳动来克服病症。一个手无缚鸡之力，身患肺结核、肺气肿重症的病人，却不顾身体的虚弱要以体力劳动来医治强迫观念症，可以想见其无奈已到何等地步了。但山东大学历史系有些人仍说他是思想问题，是怕死，是不相信共产党，甚至将他过去害怕丘吉尔上台的陈年老账也翻出来，说他口口声声说相信党，学马列主义求进步，内心根本不相信共产党，不相信马克思主义必然在全世界获胜。父亲百口莫辩，反而增加了精神负担，身体之病和精神之病日重，互为因果，形成一个恶性循环。

历次运动已造就了一些极左思维型的人，更有少数人无庸到"文化大革命"时就已经看出以"左"的面貌出现是争权夺位的好手段。历史系总支内就有人常常会利用父亲真诚的，也是傻傻的交心，表现他们"思想进步"，以求在一个本凭学问立足的环境中不必苦苦用心于学问就可游刃有余的地位。那种表面不得不按当时政策规定尊重父亲，实际仍将矛头对着父亲的情况，在我考山东大学历史系时表现得最为明显。《高教六十条》颁布时蒋南翔任高教部部长，他于1962年提出，不管是应届生、历届生，一律按成绩录取。那年夏，我参加高考，仍只许我考文科。我究竟考了多少分，至今仍懵然不知，但有件事是深刻记忆的：我家对面住的是外语系总支书记，平日并无来往，母亲与她见面时仅点头而已。但山东大学录取新生第一天晚上，她敲开我家大门，直接找父亲商量，说我外语考了95分，希望我进外语系并言明让我学英语。父亲谢绝了，坚持要我学历史。但父母和我当时都不知道此时历史系总支内竟有人反对录取我，直到1998年为写传记拜访前历史系系主任，才明白了内幕。当时国家录取大学生政策中确实有一个成分的比例，那是地富反坏右和资本家子女与工农子女之比，历史系总支内反对录取我的人将父亲放在何等人的范围可想而知。最终我是进入山东大学历史系读书了。这要感谢蒋南翔。不过，在历史系我的日子是很难过的。就我的不甚注意环境的性格而言，我已经算很小心了。例如，当时就餐是一桌桌定量供应，中午、晚上都是一个二两白馒头，一个二两番薯粉窝头。以我的食量，一个馒头足够了，但我从不敢将窝头送给饭量大的同学，总是一样取一半送人。衣着也很注意，山东大学子弟在山东大学读书的也不少，大约我穿得最"寒酸"，1963年母亲南归，在上海给我买了一件当时还少有人穿的的确良花衬衫，我就没敢在学校穿过。我的衣物简朴到如此程度："文革"中我被发配到江西农村，我带着自己的四季衣物前往，江西人并不知我是教授之女，只知我是从大城市去的，看了我的衣物竟说我刻意弄了这些东西下乡。就是如此，在山东大学历史系，"骄"、"娇"二字仍如影随形地纠缠着我。我不善与人相处，因而常常规避，极易被视为"清高"，这"清高"与家庭状况结合，被视为"骄"，虽有些冤枉，但还可以理解。但"娇"字，与其说与当时我的瘦弱相关，不如说与我的语音有关。我出生在上海，抗战时主要在常州乡下，抗战胜利后住在苏州，吴语之软，人所共知。到北方后，机缘凑巧，隔壁住的李敬仪是位喜欢文学，又很安详的长辈，在她婚前我跟她在一起的时间比跟母亲的时间更多，她是北京附近的人，一开始就不许我学山东话，我在山东那么多年，确实一句山东话也不会说，软软的吴语与京韵的普通话相结合，再加上体弱中气不足，这足以使"娇"字如附骨之蛆紧随于我。说来好笑，南归后，江南学生从未将我的语音与"娇"联在一起，而是与"柔和"、"安详"联在一起。在浙大，哪怕两百人的全校选修课，学生也要求我不用扩音器，甚至有学生因为喜欢我的语音而选我开的第二门全校选修课。这种反差，我想应纯归于地域之不同。但我就读山东大学时，为这与思想毫无关系的语音吃了不少苦。团支部常找我谈话，我常常感到不知所从，其实他们心中恐怕也不知应把我"改造"成什么样子才算好，只是认为我是必须"改造"的。今日想来，我甚至有点同情那位受命与我谈话的支委，其实他还算是性格温和的人。开始我确实真诚地想与工农出身的同学接触，改变自己不善与人相处的弱点，后来感到怎么做也不对，爽性听其自然，我行我素了。从我的切身经历，很可以看出山东大学某些人内心对父亲的态度，只不过对我可以明目张胆地歧视，对父亲却要视中央政策的变化而定罢了。

1946年父亲治疗强迫观念症的办法是工作疗法，1959年至1962年，为什么不用工作疗法了呢？这正是更令父亲痛苦之事。1958年之后，他极少获得与他专业相合的固定课程（只有1962年让他给我们上过先秦史，这也是《高教六十条》颁布使然），连花了那么多心血的手工业商业史都停开了。父亲有病，少排课或不排课，可以解释为对他照顾，令人不解的是1959年父亲刚出院却强令他开先秦思想史新课。当时山东大学确实提倡老知识分子尽早整理自己的学术成果，在自己浸润多年的领域中再深入研究，这也可以作为解释少排父亲课的原因，但更令人费解的是：顾颉刚一直想校点二十四史，1949年前他两度列计划时，都有父亲，待到1958年国家真的请顾颉刚领衔进行二十四史校点了，这项工作应是最切合父亲过往研究的项目，山东大学历史系王仲荦、卢振华都参加了，对古籍最熟的父亲却无缘加入。山东大学，尤其是历史系某些人对父亲的真实看法和使用，确实有令人怀疑之处，敏感的父亲必有所感。父亲无法再投入适合自己的学术领域，以全力研究学问来转移对疾病的关注，更可悲的是，父亲经历一系列批判后，执着地将能否让他做更多的工作，更多地为人民服务，看作共产党对他的看法的标志。一旦没有固定的课程，不但不利于他的治病，更使他陷入深深的恐惧。在他给系领导的信中说："最主要的是感觉目前自己不能发挥能力，有自卑、消极的想头。"所以他不顾身体真正的疾病拼命工作，甚至认了他自己也认为非自己所长、力不从心的近现代经济史，作为此后的教学和科研的主要目标。他在给系领导的信中主动提出调动工作的要求："假使本校目前没有我最适宜做的工作，调我到别的文化机关或别的学校中服务，我也愿意。如科学院历史第一、二所、古籍出版处、古典艺术或古典文学出版社、中国画院、景德镇瓷器研究所等机关，或新建的甚至比较远的学校，我都愿意服从分配。我所希望的是能发挥能力，尽量为人民服务，不计较待遇地位。"这样一封剖露心腹、迹似哀恳之信，其命运不过是泥牛入海而已。父亲只得自己去"找活干"，政治系总支书记徐经泽曾任过历史系总支书记，父亲找到他要求在政治系上点课。徐经泽安排父亲给政治系青年教师讲古代史，后来政治系还请父亲讲过《家庭、私有制和国家的起源》。

在精神压力和疾病交织的煎熬下，父亲在1961年至1962年的政策宽松时，生活仍是极不愉快的，这点连学生都看出来了。62级学生王福金给我谈父亲的信中说："我从未看到他面带笑容的时候，有一次我想逗童老师笑一笑，便对他说：'童老师，我想了一个谜语，请您猜一猜。'他一本正经地问道：'什么谜语呢？'我说：'谜面是少儿出版社，猜一人名。'他听后笑了起来，用手指着自己的鼻子说道：'这不就是鄙人童书业嘛。'当时我也很开心，认为总算让老师有了高兴的一刻。"精神的苦难基本等同于生命的苦难，父亲的生命就在这精神苦难中煎熬着。所幸当时还是政策宽松时期，不像以后那样公开受到攻击和人格侮辱。

自1958年至1963年之前，能令父亲愉快之事，算来只有两件，一是我学了历史，父亲知道我不喜欢文科，当我在家认真听他给我讲课时，他就很高兴，有时连讲数小时，既不显疲劳，也无任何强迫观念症病态表现。另一件事是1960年和1961年两次赴京，与顾颉刚长谈，与胡厚宣、顾颉刚讨论顾颉刚新作，拜访胡佩衡、沈从文、启功、徐邦达、唐兰、陈万里、冯先铭、张德钧等学者，尤其与冯先铭长谈瓷器史问题竟半日，极为酣畅。畅谈学问，这于父亲已是极大的享受了。此后还有些书信往来。"文化大革命"时怕累及他人，母亲将家中所存他人书信全部烧掉，但父亲却悄悄留下了几封胡佩衡、俞剑华、沈从文、徐邦达、杨宽等纯谈学问的信。可见父亲对与这些可以对等深究学术见解朋友的来信之珍视。

尚荣先生、当又持读一遍、已如写转等

故当陈冯二先生等先为校录、说先生恰不

日遇访、事迹缺有檄宝肩、资料宝、把到

故必能畅谈一切也。

荟丙作判断、有椏对字、惟必能结合实物、

相互比证、而佰必将更加具体。因韵尔呈具

俾昭白、不集白题。部分又比昭请人生议扎实、

捕先我俾正了前人记载片面性。因昭人记

松華齋製

图图24　沈从文至父亲函

310

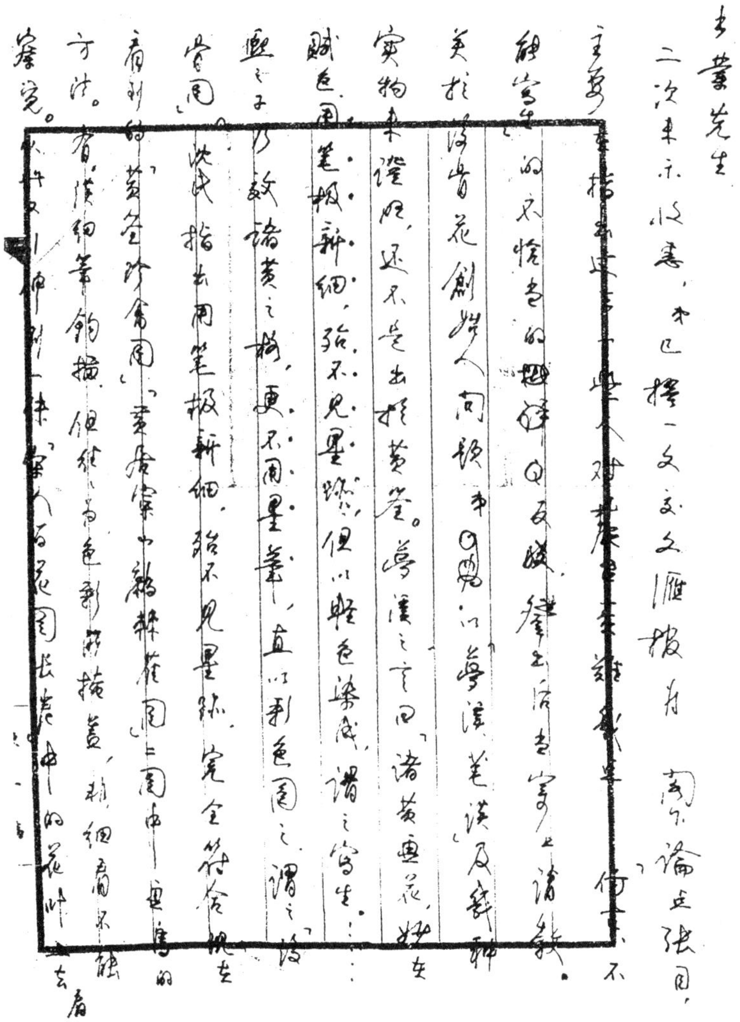

图 25　徐邦达至父亲函

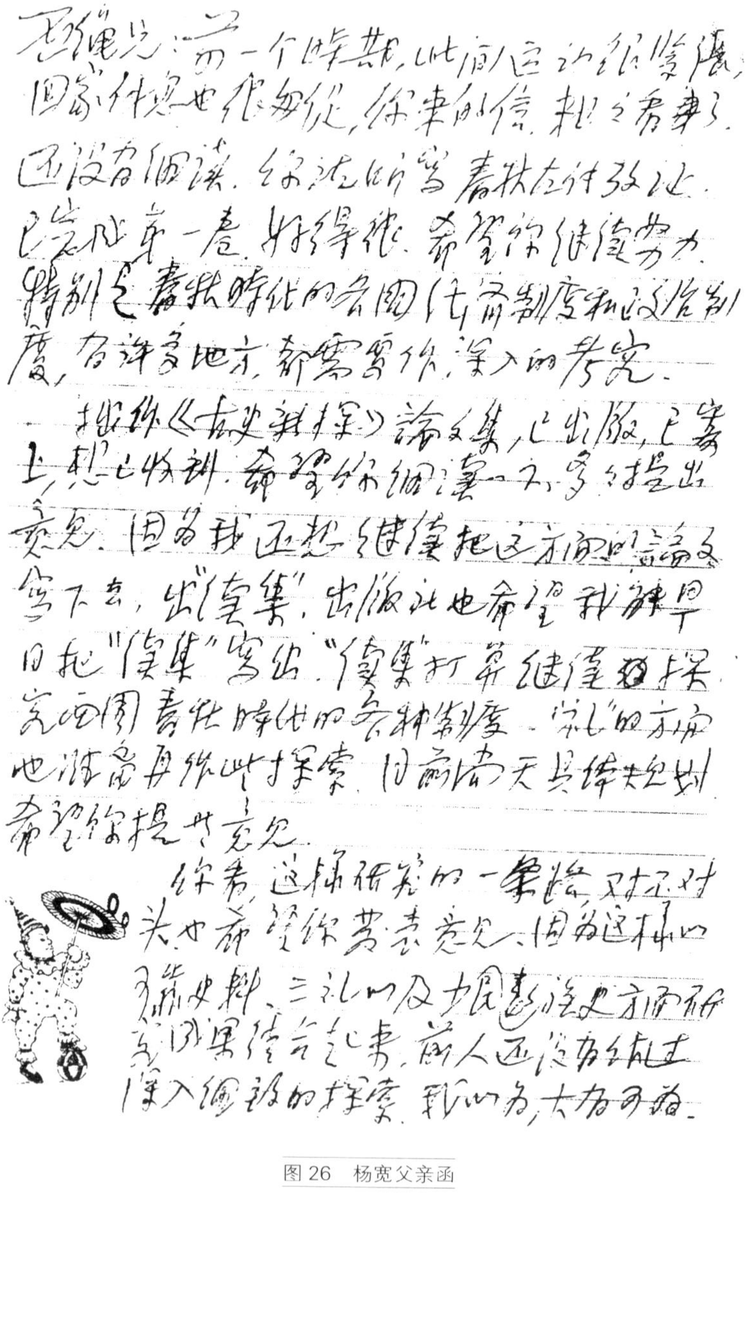

图26　杨宽父亲函

风暴正在酝酿

自1957年"反右"以来，党内"左"的思想一直在发展，三年困难时期略有隐伏，但1962年9月八届十中全会后，"左"倾思想又急剧发展，在党内占有绝对优势，这势必影响社会各个领域。

按常规，一旦有运动，知识界必在所难免，这次却是先农村后城市兴起"四清"运动，反是知识界最迟，是从文艺界、哲学界、史学界、教育界……越来越激烈地迅速延伸到知识界的每一个角落，最终出现"文化大革命"狂烈的风暴，席卷了全国。

最早发难的是文艺界。1963年3月29日中共中央批转文化部党组《关于停演"鬼戏"的请示报告》，5月开始点名批判孟超的剧本《李慧娘》和廖沫沙的《有鬼无害论》，到12月12日，毛泽东在文艺界一个内部刊物上对文艺界写了一个批语，说文艺界："问题不少，人数很多，社会主义改造在许多部门中，至今收效甚微。许多部门至今还是'死人'统治着。"又说："许多共产党人热心提倡封建主义和资本主义的艺术，却不热心提倡社会主义的艺术，岂非咄咄怪事。"文艺界立即进行整风、大批判，批判的调子越来越高。毛泽东在1964年6月27日在文艺界整风报告的批语中仍说文艺界"最近几年，竟然跌到了修正主义的边缘"。文艺界再度整风，仍无济于事，终于在1965年4月7日发生齐燕铭、夏衍等文化部领导被免职之事。

哲学界的大批判来得迟些，1964年7月17日，《人民日报》发表文章，点名批判杨献珍的"合二而一论"，接着《红旗》杂志发表《哲学战线上的新论战》，最高一级的党报、党刊同时发难，哲学上大批判来势汹涌，涉及面极广。

同时，史学界在有无"让步政策"、有无全民道德，道德有无继承性的辩论也在开展着。至1965年11月10日，长时间秘密精心策划的姚文元的《评新编历史剧〈海瑞罢官〉》在《文汇报》发表，它与12月《红旗》杂志发表的戚本禹的文章《为革命而研究历史》相互呼应，在史学界掀起大辩论的狂潮。当学者们还在自认紧跟形势，引经据典地进行辩论之时，其实这些"大辩论"的主持者早已将矛头指向政界。

教育界的混乱是我亲历的。1962年我入学时，学校要求名教授上第一线，我们的基础课全部是历史系名教授上，连父亲都"出山"给我们上先秦史。高教部对大学生要求很严，作为5年制部属院校的山东大学每学期期末考四门，最后一门为口试，补考不及格者留级，而且不是一学年而是一学期留级一次，留级后仍有不及格者，补考仍不及格劝令退学，我们确确实实扎扎实实地读了两年书。到1964年暑假后，文科学生全部下农村参加四清运动，撇开政治原因，公正地说，书本放下了，但以文科学生来说真正接触社会对社会增加了些感性认识，对此后研究社会也是有用的。1965年回校后，适逢第三次教育改革浪潮。教师们听到毛泽东从教育方向、教育制度、教育思想乃至教学内容、教学方法各方面提出教育必须大变革的言论，颇有大祸临头之感，他们只得一切听任学生自流。学生中，除少数颇有心计者外，绝大部分人只不过是感到从紧张学习中放松出来而已。我这个不喜欢运动之人，在那时竟迷上打乒乓球，与一些同学会鏖战到深更半夜，这是我读书以来在学业上首次放肆，"文化革命"还没到来，我们已在革文化的命了。

实际上，这时绝大部分的知识分子经历历次运动后已经很"驯服"了。这个"驯服"并非政治压力下的权宜之计，而是经过历次运动、报刊宣传、持续不断的政治学习，主观意识上已认

同必须与共产党的主张思想一致，故凡遇新的事件出现，总认为
是自己思想跟不上，努力去紧紧跟上形势，而且作检讨、自我批
判也越来越熟练了。葛剑雄在《谭其骧传》中写到谭其骧写文章
极慢，写检讨或思想汇报速度却极快，是为一例。顾颉刚日记所
表露的则更明显。日记是心声，没有人会在日记中作伪。顾颉刚
在1960年11月26日谈到与历史所所长尹达关系时写道："自江西
之行后，已知热爱党，尹达虽和我作对，我决不替他作对。我
想，英明的党是不会让他胡干的，只要我确有成绩，党是不会把
我压倒的。我信党！我果能好好儿学习，党会相信我，不信尹达
的。"此时，对党是绝对信任，但与尹达还是身份平等的意识。
到1964年，却发展到一与领导意见不合，即自认有罪的地步。12
月25日日记有："为平心前日发言，提及予及尹达关系，予不得
不叙述经过，但叙述则显系反领导，反领导即反党……予十五年
来，虽深爱党之成就，然技术至上观念原封未动，又五七年整风
反右运动以病未参加，故得混过，今日则混不过矣，予决到尹达
家请罪。"至27日果然"到尹达处请罪，谈一小时"。从这一例
可看出知识分子已成惊弓之鸟，一有风吹草动，先自心惊。但从
其真诚语气看，知识分子将具体的领导看作党的化身，凡事总认
为罪在自己，到1964年已成思维定式。到1965年，民主党派不断学
习，顾颉刚也不断发言。一位在思想改造时写检查要多位朋友帮
忙才能勉强应付的老知识分子，此时竟能"到南河沿，予发言一
小时许，即以予之发言作讨论根据"了。即或如此努力地紧跟，
结果却是："总结中……汉达则谓'客观上，有暴露思想的作
用，主观上则有自我表扬的思想'。"（1965年8月31日）知识分
子此刻全然无所措手足。以后人看，此时何不以道家以静制动思
想自许，爽性静等挨斗算了。现在的人哪里会知道那时的知识分
子是绝无置身事外之可能的，他们只得在彷徨紧张中像分子的布

朗运动一样，被人碰撞，也碰撞别人。这就是为什么要想理解那段历史，必须以同情的心态去研究的缘故。

此时父亲与其他知识分子一样，也在努力地、真诚地想使自己在思想上紧跟形势，他积极参与教改。我的同班同学阎钢写信告诉我，1965年时，他曾写过一份《对教学改革的几点建议》寄给高教部。此事被父亲知道后，亲自到男生宿舍约请他到家中，谈了一个多小时，询问他及同学对教改的建议。还约请从鲁西南来的卢新文，了解鲁西南农业生产状况，以补充教学中的实践材料。

父亲也积极参与学术界，尤其史学界的辩论。1964年他曾写《从古史事实证明道德的阶级性》投《哲学研究》，文章已打印出来并讨论过了，却并未发表。不发表的原因虽不得而知，但即或不看内容，从标题上也可看出文章之学究气与当时论争的政治背景绝不相合，他写过一篇有关清官的文章却侥幸在《文汇报》上发表了。对"让步政策"问题，父亲在1966年9月15日写的《政治思想检查》中说，"我起初认为'让步'就是反革命两手的那一手"，后来"我检查《列宁文选》，才懂得经典著作中'让步'一词的意义。列宁所说的'让步'就是改良，乃是统治阶级消弭革命人民的斗争、麻醉革命人民的工具"。所以在这个问题的讨论时，父亲发过火、骂过别人误解他，最终还是自己想通的。可以看出，当时的大辩论对父亲的冲击不甚大。

从1963年到"文革"前父亲受到冲击严重的有两次。一次是山东大学面上社会主义教育运动，他又成为重点。历史系某些人将他全力辅导钱宗范学习，说成是与党争夺青年，不过，这还是小事，从他在"文革"中给军代表的信中可以看出更严重的问题是：

历史系总支副书记×××十次逼我将已经解决的，除少数领导知道的62年可怕思想在四清小组会上说出。

　　历史系某些人将这些思想（实为对国际问题的看法）及他强迫观念症下的一些怪念头（也是向党交心的内容）都作为重点批判并写入鉴定。父亲在给军代表、"中央文革"等若干信件中都再三说想不通，可谓至死仍想不通的是：他老老实实响应党的号召，将连对家人及周围同事都不说的，而且自知可怕的思想向党交心，而这思想在1963年反修明朗化以后，他自己已经解决了，为什么要逼他公开，怎么可以当作现行思想问题、没解决的思想问题在1965年进行围攻式的批判且写入鉴定？

　　另一问题更严重了，那就是吴晗写《海瑞罢官》有无政治意图的问题。父亲1935年至1937年在北平时与吴晗相识并相当熟悉，对明史感兴趣也与吴晗有关。吴晗后来以学者兼反蒋民主斗士著称，他1949年以前写的《朱元璋传》就有为反对蒋介石法西斯统治而作的背景。1949年以后，吴晗一帆风顺，父亲与他并无来往。1965年《文史哲》编辑部将吴晗新版《朱元璋传》给父亲看，他就对其中的某些改动感到疑惑，待到姚文元文章一出，他"恍然大悟"，一口肯定吴晗是政治问题。他不了解共产党上层斗争，当然也不知道彭真等人拟定的后称为《二月提纲》文件的意思是想将此问题转为学术争论。当时山东大学历史系却有些消息灵通人士，他们了解北京的一些情况，所以在1966年《文史哲》第一期显著位置登了一篇文章，其观点与姚文元文章相反。父亲竟书呆子气十足地向《文史哲》主编指出问题的严重性，使主编×××"颇为震动"。局势迅速明朗，写文章的×××一贯以站在正确路线一边自居，一下子出现这样严重的政治问题，而且由于父亲的指出这问题更引人注目，直接影响到他的"政治生命"和"官运"。待到"文化革命"，此人开始是保守派，后又转为造反派，其整父亲之狠是无庸赘言的。

美术史研究的新高峰

1958年之后，父亲在日益加重的身体疾病、精神负担、政治压力交相作用下，已疲惫不堪。以常人论，"学问"二字是无暇论及了，父亲却仍在学术领域奋进。除完成手工业商业史新讲义及先秦七子思想研究及《春秋左传考证》和《春秋左传札记》外，特别值得一提的是他的美术史研究，作为手工业商业史的副产品，他完成《清代瓷器手工业技术的发展》《明代瓷器史上若干问题的研究》《宋代瓷器史上若干问题的研究》（未刊，"文革"中稿交历史系资料室遗失）、《评〈景德镇陶瓷史稿〉》。他的绘画史研究更是成果累累，论著极为可观，写了大量论文，除部分在《文汇报》《光明日报》发表外，大部分未刊，更有专著《谈画》《南画研究》《云蓝先生画鹰》及父亲欲作的三札记之一的《美术史札记》。"文革"后，在上海古籍出版社大力支持下，我收集了父亲70万字左右的美术论著以《童书业美术论集》之名出版，此书合同期满后又奉原责编之命，精选了部分论著，以《童书业说瓷》《童书业说画》为名出版，集中向学界展示父亲美术史研究成果，这些成果也获得学界充分的肯定。实则父亲也自认为绘画史研究是他最大的、特有的成就。《顾颉刚读书笔记》中记父亲给顾颉刚一封信，内有：

> 生过去著述上最大之成绩，实为绘画史之考证。古
> 史之著述不过补订我师之学说而已。（第3659页）

大量绘画史方面的论著产生于父亲处境最困难的时期。是不是他潜意识中在寻求迷茫痛苦中之超脱？父亲在《谈画》一书中

图 27　父亲画作四幅

的一段话确实令人深思：

> 中国画的基础，是一种具有民族性的哲学。它不超
> 出自然和人生范围之外，却又不受自然和人生拘束，它是
> 希图在自然和人生之中获取一种超自然和人生的趣味。
> 换句话说：这种哲学只是一种寻觅解脱的人生艺术。

看来寻求解脱的潜意识是存在的，不仅在1958年之后存在，而且在父亲一生中都存在。父亲自独立生活以来历经困顿，他为自己书斋所起的斋名却是"怡怡斋"，这可看出他拙于人事，热爱自然，只有在自然中才会怡然自得，更可看出他企盼在自然和人生中寻觅到一种精神的解脱。他的心理是企盼清晰、明净、安详。现存父亲所作春、夏、秋、冬及枞阳风光五幅画，无一幅作云霞迷濛之景。父亲极爱江南风景，但江南冬日经常云雾弥漫，江南的春景以细雨霏霏为美，父亲这五幅画都作于1959年之后，此时，他已被1958年大批判后的精神重压激发了强迫观念症。中国画一向是画家精神的再现，这几幅画也默默倾诉父亲经受环境重压，内心渴望着轻松、明净、宁静，仍蓬勃着旺盛的生命力，这生命力的主体就是以他超常的勤奋造就的学术生命。

被迫做出来的学问

父亲年轻时有个宏愿，即写成《七子学案》，但他的学术命运长期使他与思想史失之交臂。待到1958年之后，身负走"白专"道路的恶名，对于受政治形势左右、动不动会莫须有地与政

治动机相联系之思想史，父亲已避之唯恐不及。但1959年夏，父亲刚从精神病院出来，拖着复发了肺结核的病弱身体，刚要上他极难适应的用三结合讲义作授课内容的古代东方史，却又被迫立即开先秦思想史之课。据父亲于1966年12月7日手书之《讲稿五篇说明》中载：1959年他一面上课，一面收集资料写讲义，1959年完成《孔子思想研究》，1960年完成《孟子思想研究》，同年完成《先秦思想史》讲稿，至1963年才完成《荀子思想研究》《老子思想研究》《庄子思想研究》，至1965年最后完成《韩非子思想研究》。待其七子思想研究完成，已不让他上课，所以也不再据研究心得写新讲稿了。

不出父亲所料，一步入思想史领域，麻烦接踵而至，最突出表现于对孔子思想的评价。父亲给我讲课时，说孔子是下降的贵族和上升的庶人所组成的新的"士"阶层的思想家，在领主封建制向地主封建制转化过程中，他的总体思想有保守一面，即贵族性一面，也有进步一面，即上升的庶人、新兴地主的一面。然后再逐项剖析孔子思想。至今我仍认为这是符合孔子真实状况的分析，即或有人不同意，亦可作一家之言待之。这样的评价在1961年第一次孔子讨论会上却受到了批评，他写于1966年底的《文化大革命前后我的事迹及遭遇年月表》中记有：

> 我的论文对孔子其实还作了一定肯定，但由于我的发言批判了孔子，李景春（案：当时山东省委党校校长，父亲是将他视为省委领导的）等人横加压力，使人恐惧。

父亲不得不作《论孔子思想的进步面》发表。从题目看就知父亲仍认为孔子思想是多方面的，他仅写进步面而已，这种片面文章倒博得一些称赞。治学一贯求真求全的父亲一直对此耿耿于怀，却无力反抗，只得在家对我讲学时大加发挥。

因为教先秦思想史，所以参加了历史系的思想史讨论班。"文革"时因是这个讨论班的"黑帮"成员，平白又添了一项罪状。

父亲写就的先秦七子思想研究，"文革"前发表了孔、孟、荀三篇。各篇打印稿也是由庞朴和路遥从历史系资料室"盗"出的。"文革"后在庞朴的帮助下，先在杂志上发表未刊之四篇，再介绍给齐鲁书社成集。齐鲁书社编辑白萍生与我联系时，我建议请杨向奎写序。这就是1982年出版的《先秦七子思想研究》一书。

重返考据

1949年以后，父亲学术研究的重心放在理论研究上，在古史分期研究上耗费了大量精力。另一耗费精力甚巨的研究是手工业商业史。但1958年之后，极左思潮越涌越巨，学界绝大部分人如无政治背景已无法涉足理论，更无争鸣余地。父亲所写理论文章不合政治斗争需要，无处发表，加以学校提倡，历史系领导督促，父亲带着并不情愿的思绪在晚年重返考据。不过，一旦精神集中于考据，他又在考据领域作出新成绩。

父亲晚年所作美术史诸多论著，除少数为评论性论文外，绝大部分是考据性的。他的另一重大考证论著则是合为《春秋左传研究》之《春秋左传考证》及作为父亲欲作的三札记之一的《春秋左传札记》。

父亲的春秋史研究至今为学界赞誉，其专著《春秋史》主要依据是《左传》：

> 生前撰《春秋史》，史实部分大体尽据《左传》，
> 颇为旧派学者所不满，其批评集中于"《左》癖"一
> 点，不知生撰此书时，曾搜尽所有春秋史料，互相比
> 勘，考校之结果，为求真计，只得尽据《左氏》，非不
> 欲博，恐失真也。不然，韩非、司马迁等秦、汉杂籍具
> 在，岂惮一征引乎！（《顾颉刚读书笔记》第2424页）

在学界人心目中，父亲有"《左》癖"，父亲在求真思想
之下确有《左传》情结。他的《左传》情结可上溯至1917年10岁
时，其《知非简谱》中有：

> 始受业于王先生，改读《左传》，大好之，常效书
> 中人行事。

步入学术界后，不论是古史、古籍、历史地理之考证，还是
古史分期、手工业商业史、先秦思想史研究，只要在《左传》上
可找到佐证，无不首选《左传》。至1949年后，虽十余年间少写
考据论著，其对《左传》仍时时关注，一有发现即写长信提供给
顾颉刚。幸其如此，才在《顾颉刚读书笔记》和日记中留下了痕
迹。顾洪整理的《顾颉刚读书笔记》中有：

> 　　　　　　《左传》之可信
> 一九五〇·五·廿一，丕绳来书云：
> 　　最近颇觉《左传》非西汉末人伪造（其纪事部分，
> 战国中年人所为；《春秋传》部分，则似秦、汉间人为

之）。其古经确有来源，解经语之一部亦早已有之（当然有后出部分）。……至《左传》之纪事，则愈读愈觉其可信，其史料价值实尚在《国语》之上，甚至在《春秋经》之上，可与匹者《论语》一书而已。（第2422—2423页）

丕绳论《周官》及《左传》解《经》语之时代

丕绳来书云：

……又如"邾公牼"见于金文，《公》、《穀》皆不作"牼"，惟《左氏·经》与金文合，可见《左氏·经》亦有所本，未必汉人伪造。又《左氏》解《经》语中亦有与汉人思想不合者，窃谓《左氏》解《经》语亦大部分出战国或汉初，未必皆刘歆等所为。（第3658页）

童书业论《左传》成于吴起

丕绳谓予，《鲁春秋》盖删于曾子之徒，《左传》盖成于吴起之手。（第7088页）

童丕绳论《左传》成书之年代

一九六二·七·廿二，童丕绳君来书云：
近为教英讲《左传》，忽得一《左氏》成书年代之强证。

父亲回归考据后，重点放在《左传》研究上确实与我有关。当时父亲正在给我讲《左传》，讲的过程中，每每有新想法，而我受益最深的是潜移默化中被置入的研究方法：如他从《左传》中的"预言"起意，从史料中考证出"预言"所示几近亡佚之史实，同时可考出书之著作时代，继而从书中某些此著作时代不可能有的现象考出后人窜入之某些伪言，亦可从这些伪言反映的社会现象考出此类伪言窜入的时代，从而对书本身、书中的记载及未明显记载的史实作了清理。对其他书想必亦是如此研究的。

基于此父亲在给顾颉刚信中亦将春秋后期、战国前期若干国家的亡、复与《左传》记载或有或无相较，结论为：

> 据此，可见《左氏》之成书在《墨子》书之后，《孟子》书之前。此等史料，前人尚未举，故备论之，即乞教正！

顾颉刚依父亲之叙述排了一张表，结论为"自初型以至定型，盖必不止一本，今不可详矣"（第7187—7190页）。

至为可惜的是《顾颉刚读书笔记》仅记了父亲一部分书信，即或《左传》研究亦为冰山一角。《顾颉刚日记》1965年1月22日记其被烧毁信件中"最可惜为童书业与予讨论《左传》成书时代之万数千字一函"。一信即"万数千字"，可当一长论文了。1965年8月19日，顾颉刚将其珍藏的《左氏会笺》寄给父亲，《左氏会笺》是部研究春秋史极为难得之书，父亲借此书目的是辅导我研究春秋史。从顾潮复印给我的父亲致顾颉刚的21封信函中1964年2月18日、1964年3月16日、1965年7月22日诸函中皆有商借之语，其余被毁之函中尚有多少则不得而知了。1965年8月19日收到这部书时，知识界各领域的大批判早已如火如荼地展开着，离文化革命全面爆发亦不远了，父亲仍在按部就班地规划我的学习。麻木不仁吗？傻吗？不！只是深信运动会过去，共产党仍会给知识分子一个治学的空间。

父亲全力投入《春秋左传考证》研究是1965年10月之事。此时父亲左肺已烂成空洞，不再上课；在留校教职工的"面上社教"被重点批判后，父亲想不通，不断找历史系领导，历史系领导颇不耐烦，再三督促他搞考据；他写的"反修"文章不离史实，不合当时政治需要而不被采用。至吴晗问题出现后，《文史哲》怕他再揭出什么敏感问题，索性不送文章给他审阅。种种环境因素将他封闭在家中，只有重返考据一条路可行，他就全力投入了《左传》考证。在"文化革命"狂飙来临前的暂时空隙，他用四个月时间完成《春秋左传考证》第一卷。父亲在《春秋左传考证后记》中写道：

> 第一卷既成，举凡古史传说、西周史事、春秋大事、西周春秋之经济、政治制度及文化形态之大概，皆大致完备，并附以若干古代地理之考证，几包括春秋历史之全部。

此卷完成后即由母亲抄录，自1966年2月始，父亲"重阅金文、易、书、诗、国语、春秋左传、公羊传、穀梁传、仪礼、周礼、二戴礼记、孝经、逸周书、战国策、古本竹书纪年、世本、论语、孟子、荀子、墨子、韩非子、吕氏春秋、孙子、楚辞、春秋战国异辞等书，摘出有关史料，为春秋史料集五册"，准备写第二卷。

然在史料翻检中，新问题发现殊不多。闻文化大革命将起，此后史学方向如何未可知，因将六一年以后所发现新问题写成

326

《春秋左传考证》第二卷，仅十六条，万言左右。至1967年下半年，父亲觉得《春秋左传考证》仍伤于繁复，再简括《考证》中太古传说、西周史事、春秋史事成《春秋左传札记》。

《春秋左传考证》和《札记》囊括了父亲一生对太古传说、西周史事和春秋史考证的心得。深厚之传统学养及对马克思主义经典著作的深入研究，使父亲能以历史的眼光审视古籍，从社会发展的角度科学地考证历史的原貌，因而此书"保存了太古传说、西周春秋史事之完整体系"（《札记例言》）。

《春秋左传札记》和《美术史札记》反映了父亲晚年考据方法上一个变革，那就是删繁就简。一般来说，考据总力求证据全面确切。父亲早年考证也是尽可能引用确认的史料。札记虽不若考据文章那样求全，却亦不会甚简。父亲至1963年写《美术史札记》时，其序言即言：

> 一般说法，一概不列，只记录自己的研究见解。记录力求简要，只列主要的证据。

至《春秋左传札记》，父亲在《说明》中更明确道：

> （3）史料只举典型者若干条。其他史料只注明书名、篇、卷等。因另有史料集，可供参考。
> （4）本札记以简明为主，不取繁琐考据，所举史料均为必要者，晚出或非必要者一概从略。
> ……
> （8）无独得体会处，或用简单语句联系，或从略，一般成说罕引。

至《札记例言》中再度重申：

(1) 保存太古传说、西周春秋史事之完整体系，但只重点叙述本人考证之心得，常识从略。

(2) 在史料上，除必须者外，一般只引原始的典型史料，其他史料只在各处注明出处，篇卷等，而不引原文。

(3) 非重要史事概从略，以构成一完整之体系。

其中"常识"含意就很难界定了，不同学术水平者之"常识"含义亦不同。《札记》究竟精简到什么程度？父亲在《例言》中说：

初意至少须写数万言，然写作完毕，仅得三万字左右，实出意料之外。

父亲生前不止一次对我说："《春秋左传考证》每一条，你将来都可扩充为一篇文章。"可见其《考证》和《札记》都简约至极。我一直疑惑父亲考据风格为何一变如此？至见顾潮寄我之父亲1966年1月月23日致顾颉刚函中有"吾人今后作考证之目的，首先是有用（供研究此门学问者参考之用），不在求博。故凡非自己之见解及次等史料不必罗列（必要时写出结论及史料所出书名、篇名已足），如此写作能多快好省而少而精"。方恍然大悟，父亲是在按当时多快好省的总路线而变。他响应了共产党的号召，但他一生的考据至精至全的情结仍留了一个出口，那就是让我将来去增补史料，扩充为文章。可惜我文革后重返高校，一直致力于搜集、整理、出版父亲的学术成果，无暇重返春秋史研究，辜负了父亲的期望。

父亲治学一向极为严谨，凡自认证据不足以服己和服众的，他不会骤下结论。这点在《左传》的考证上尤为突出。从50年代初开始，至1965年，父亲一直在考虑《左传》的作者和著作时代，也常写信与顾颉刚讨论，但直至写完《考证》第一卷，他仍不将他的心得写入正文，只在《后记》中提到：

> 在《考证》本书中未揭示而应在此处一言者，即为《春秋左传》之著作时代及作者问题，以此问题犹未能得较可信据之结论，未便录入正文，故附记于此。

其求真求实求完备之心于此昭然。

父亲对《考证》和《札记》尚有遗憾之处，即考古材料之不足。1967年1月11日，父亲写了《解放后著作分析》一文，分析到《春秋左传考证》时感慨道：

> 即使根据现有史料科学地写成考证，地下出土一两件新史料就可以推翻你的结论。

《春秋左传考证》在父亲生前不可能问世，1973年形势略缓时我寄顾颉刚，请他审阅，顾颉刚在给我的信中说：

> 你父一生研究古史，以他的最强的记忆力和最高的理解力，结合清代的考据资料与现代的历史唯物主义，用能自创新格成此伟著，超轶前人，为二十世纪的一部名著。

待书于1980年10月出版，第一次印刷7000册，至1983年即第二次印刷8000册，学术著作印15000册者甚少。此书成为治先秦史者必读之作，不少中青年学者由衷认为此书体系严整，内容涵盖面广，考证精到，史料可信度高，习之可收事半功倍之功。故自此书出版以来，全国各地学术刊物之文章中时见引用。李学勤在《中国历史学四十年·先秦史》中介绍先秦典籍《左传》的整理工作时，写道："童书业《春秋左传研究》则对书中史事、传说、制度、地理等作了详细考订。"父亲生前也自述《春秋左传考证》和《美术史札记》两著是他的代表作。

现今，我已将父亲收集的五册可靠的春秋史史料和过去收集的西周、春秋农业史料及《中国手工业商业发展史》所考证的春秋时期手工业、商业史料，一并编辑成《春秋史料分类集》，由中华书局出版，完成了父亲将史料参证《考证》《札记》极为简括之文之遗愿。

在彷徨和孤独中远逝

1966年5月4日至26日，中共中央政治局扩大会议在北京召开。16日，会议通过由毛泽东主持制定的中共中央通知（简称《五·一六通知》），《通知》要求"高举无产阶级文化大革命的大旗，彻底揭露那批反党反社会主义的所谓'学术权威'资产阶级反动立场，彻底批判学术界、教育界、新闻界、文艺界、出版界的资产阶级反动思想，夺取在这些文化领域中的领导权。而要做到这一点，必须同时批判混进党里、政府里、军队里和文化领域的各界里的资产阶级代表人物，清洗这些人，有些则要调动他们的职务"。因为他们"是一批反革命的修正主义分子，一旦时机成熟，他们就会要夺取政权，由无产阶级专政变为资产阶级专政"。这场斗争是"一场你死我活的斗争"。矛头所指是知识分子和党内掌权的"修正主义分子"（后来统称"走资本主义道路的当权派"），首当其冲的是知识分子，尤其是有学术造诣的"反动权威"。5月25日，在北京大学贴出以聂元梓为首的署名大字报《宋硕、陆平、彭佩云在文化大革命中究竟干些什么？》，6月1日毛泽东指示在中央人民广播电台全文广播。同一天，《人民日报》发表《横扫一切牛鬼蛇神》的社论。一时，全国各地知识界，尤其是知识分子集中的高等院校，大字报风起。虽常被形容为大鸣大放、大字报、大辩论，其实知识分子已无置喙余地，他们的"任务"，一是因自己的"反动"挨斗；二是作为同被矛头所指的"当权派"及其卫护者转移斗争目标的工具而挨斗。至8月5日毛泽东在八届十一中全会中央常委扩大会议上亲自写了《炮打司令部——我的一张大字报》，矛头直指刘少奇，党内斗争的盖子揭开，党内"走资本主义道路当权派"成为斗争的主要对象。但这些拥有权力之人绝非经历次运动的知识分子可比。至8月1日毛泽东致信清华附中，盛赞他们组织红卫兵对"反动派"造反的行动，毛泽东的名句："马克思主义的道理千条万绪，归根结底就是一句话：造反有理"，使红卫兵的造反越加肆无忌惮。8月18日，毛泽东等人走上天安门第一次接见了来自全国各地的红卫兵和革命群众。20日，北京大批红卫兵走上街头，开始破"四旧"（旧思想、旧文化、旧风俗、旧习惯）。红卫兵在全社会盲目地焚烧古籍、捣毁文物字画、破坏名胜古迹，连服饰、民俗也不放过。北京师范大学的谭厚兰、北京航空学院的韩爱晶率领红卫兵直奔曲阜，挖了孔子之墓不算，竟将孔府中保存得比故宫还完整的文物捣毁，典册付之一炬。至9月5日，中共中央、国务院联合发出《关于组织外地高等学校革命学生、中等学校革命代表和革命教职工代表来北京参观文化大革命运动的通知》，于是全国各地涌动着穿着绿军装、手捧"红宝书"（毛泽东语录）、臂戴红袖章、肩扛红旗的大串联的狂潮，所到之处以风卷残云之势对他们认为的造反对象贴大字报、抄家、游街、施肉刑，"文化大革命"在人为的推动下席卷全国。若非亲历，绝想像不出号称文明礼仪之邦的悠悠古国的彬彬臣民行为之狂暴。即或作为亲历者，我至今仍对当时暴露出的中国人人性中非理性的、残忍的一面感到不可思议，对人竟会如此厚颜无耻深感震惊，对那些断章取义、剪裁嫁接、无中生有却振振有词的大字报的制造者的智商至为"感佩"，深深遗憾的是这智商未曾用于建设，却在破坏中发挥得淋漓尽致。

无庸丰富的想像，也可知道一向紧跟风潮的山东大学的狂乱景象。父亲向不记日记，却留下了1967年2月1日写完的《文化大革命前后我的事迹及遭遇年月表》。此表虽说是回忆，但深知父亲记忆力的任何人，都会相信它的真实性，故记录如下：

文化大革命前后我的事迹及遭遇年表

1955年以前，正在思想改造初步发展的时期。通过55年肃反运动，党已对我过去的历史作过书面结论，并作过平反。故此年月表始于1957年

一九五七年：应陆侃如邀请参加九三学社，担任九三学社科学研究委员。整风鸣放时因不赞成取消高等院校党委而拒绝参加一些会议，因此反右运动后我被评为中左。是年，任山东省科学工作委员会委员。

一九五八年：整改运动。批判厚古薄今，批判资产阶级个人主义名利思想，批判资产阶级学术思想。在批

判我的个人主义思想上，我无意见。批判我的某些不正确的或错误的学术观点，我也无意见。唯独批判我的西周封建论（包括巴比伦封建论），并形成围剿的形势，搞得历史系几乎无人敢提西周封建论，实在令人想不通。

一九五九年：暑假前我刚从山东省精神病院出来，精神病既未全好，又引起了肺结核老病的复发，身体极度疲乏。系主任×××不让我好好休息一个时期，暑假后就突然叫我除担任原来的古代东方史（这次讲授的课本是别人编的，与教学经验有许多不符合处，很是难讲）外，再担任一门从来不曾教过的中国思想史（先秦部分）的生课，毫无准备就叫我上课。同时，这学期正进行着反右倾、鼓干劲的运动，开会甚多。在身体疲乏，精神疲劳，又身兼两种疾病的情况下，我还是超额、先期完成了教研组交给我的任务。下半年的向党交心运动中，系总支书记在总结报告中也说我的交心是"比较彻底的"。可是，年终总结时，在系主任 ××× 亲自主持下，利用评奖给我精神上一个巨大冲击（实际上进行了一次围攻），至使我在一次系务会议上几乎晕厥过去。

一九六〇年：我因任中国史教研组主任，与副主任黄冕堂领导编辑中国史三结合讲义，受到不少排斥和打击。这年我参加第一次孔子讨论会，我的论文对孔子还是作了一定的肯定，但也有一些批判，×××等人挟党内的势力欺压人，深感恐惧，又作《论孔子思想的进步面》一文。

一九六一年：听了曾希圣的《揭山东的盖子》的传达报告，引起一些怀疑，感到有些失望。同时，因患营养性水肿病和服用镇静剂过久慢性中毒等原因，精神病日趋严重。到这年底，我已不能单独写文字，连讲课都有些困难了。

一九六二年：我第二度进入山东省精神病院治疗，在院中卧床，日夜胡思乱想，发生很严重的思想问题。极为恐惧和焦虑，日渐发展为病态，甚至怀疑护士给我的药水中有毒而不敢喝。不过，自知力仍强，尚能分辨何为真正的思想问题，何为强迫观念病状。我赶紧出院，向政治系党总支书记×××和我系正、副党总支书记×××和×××或详或略地交代并要求帮助，迅速解决。我这种思想在1965年初党总支副书记×××十次强迫我在小组会上谈出以前，我对任何人（包括家人在内）都没有说过任何的具体内容。而且在1963年时，因我的病较好，可以参加会议，通过反修等学习，问题已解决。当时也曾向领导报告过。

一九六三年：这一年和前后两年（62—64年）我因服兴奋剂过久，又发生慢性中毒，晕厥了六、七小时，在山东医学院附属医院神经科治疗了一星期，才得完全恢复正常。此后，除药物反应外，精神一般是正常了。

一九六四年：这年春、夏间起，在精神病医生介绍下，继续为精神病友服务，效果尚好。上半年开了四门课，下半年学生下乡搞四清，文科停课，我完成先秦思想史专题全部讲义（《七子思想研究》）。

一九六五年：年初我校进行面的四清运动。×××等人把重点放在我身上，进行人身攻击，歪曲了不少事实。其所说包括：

1. 发生于六一年冬至六三年春间的那个严重的思想

问题。他们不说是我主动交心的，也不说除少数领导外未与任何人谈过，也不说这思想问题早于六三年上半年就已解决，而把它当作一个现行的、非主动交待的严重思想问题来处理，并写在"鉴定"上。

2. 把发生于六二年至六四年上半年的，在强迫观念症和药物反应双重作用下说的一些病态语言当作思想问题来批判。

3. 把我对研究生钱宗范的尽心辅导当作与党争夺青年进行批判。

这年春夏间，学生社教回来后，系领导就以要我"好好休养肺病"为名不让我再上课。并要我不再研究理论，专心进行春秋左传考证，更反对我给精神病患者进行治疗。系领导在66年初还威胁我说，如不按他们说的做，我的前途是"危险的"。

一九六六年：我看了上一年《文史哲》编辑部交给我看的吴晗新版的《朱元璋传》，心中有些疑惑，待到看到1965年第6期转载的姚文元文章，就确定吴晗问题是政治问题。1966年第1期《文史哲》在第一篇位置上却放了我系×××一篇与姚文元针锋相对的文章，我向《文史哲》主编×××指出，他颇为震动。文章作者从此对我结下深仇。到现在还不顾事实压制校内证人并消毁物证。

以下所记载的是文化大革命正式开始后的事件：

五月——六月，五四那天，副校长吴富恒做了"文化革命动员报告"，让全校集中讨论：清官问题、封建道德问题、让步政策问题。此后吴富恒就被停职批判。蒋捷夫等人也受了同样的处理。此后批判邓拓、"三家村"黑店等。在这以前×××、×××、××、×××

等人就设法在历史系小组会上提出了所谓"思想史讨论班"的问题，说这是一个"黑帮"组织（其实是上级批准的教学组织）。一些老教师，中、青年教师，职员都打入"牛鬼蛇神"的队伍。起初还让老教师们参加会议，讨论学校的问题。

七月，我因肺结核发展，从此时起医生诊断为"慢性纤维性空洞型肺结核兼肺气肿"，建议休息、隔离。休养一月后，病情稍好。

八月，红卫兵组织形成，一部分师生先到人家（主要是教授与副教授，也有一部分中年教师）搜查，要交出反动书刊和黄色书籍。我家只有几本旧小说，就交了上去。后来以教师所组织的赤卫队（后被称为"老保"），不但打击了一些革命师生（多是比较暗的，我们起初都不知道），更打击了绝大多数的老教师和一部分的中年教师，管制行动，摘去校徽，不管有病无病，病轻病重，一概强迫劳动，拔草时禁止用镰刀和刀割草，必须用手拔，完全当作罪犯看待。当我因劳动后发烧，身体疲惫不堪，我爱人为我去请假时，以×××为首的一群人蛮不讲理，连我的爱人都捉去劳动。除了将我作为"反动学术权威"进行批斗外，还强迫我们在批判校、系领导时作"陪审"，批斗时低头、弯腰、站在烈日下暴晒，一些有病的老年人几乎晕了过去。有一次连我的爱人也被强迫去陪斗（她的父亲是位高级职员，1926年左右就退休，家中既无土地，也无资产。她本人一直是家庭妇女，并非山东大学职工）。

十月，上旬我已因某种劳动体力不支而咳血。管劳动的×××曾强迫我伪造自己和别人的"反党反社会主义"的材料，我不肯这样做，他就禁止我到医院去看病（事实上这时我的左肺上已烂出一个巨型空洞，再加上肺气肿，病状已十分严重），并阻挠我到本校保健科去取药、打止血针。后来省结核病防治所实在不能坐视了，与我校保健科联系，这才允许我回家养病。

在八至十月间，许多人到处抄家，在我家抄了几次，拿书（全是资料性质的，与现在的政治并无联系），抄家时不许本家人在旁边看着，他们可以乱拿东西。又冻结我家存款，抢去存折，并提用了其中很大部分。又向人要现款，要手表，要自行车。又取去一些家具。这些迄今为止都无一归还。

我养病在家已三月多，不曾下过楼，所以后来的校内情况不甚知道，只是听到一些广播。不过奇怪的是原来是"保"字号的人们有些摇身一变，又变成了新的幕后主持者。大约在去年底，今年初，有些人上北京控告"思想史讨论班"的案子（多是中年教职员），有的写信控告。这些人多被残酷的武斗，并戴高帽子游街。庞朴回来后，虽有中央文革小组的介绍信（这是听人说的），仍被狠斗，并被打得半死不活，现在还在市中心医院中，伤痕累累，都有记录。现在×××、×××等人又要强迫我们去开会了。（完）

父亲的记录远远没有描绘出学校当时狂暴恐怖的情景，即或作为亲历者的我，在事隔半个世纪，潜意识中又竭力在封存这部分记忆，也难以描绘当时的情景，所存仅为一些片断。记得聂元梓大字报广播后，全校师生，尤其是文科的学生，竟迸发出那样巨大的能量，校园里立即贴满大字报，贴不下就到处拉绳子挂。广播台不断播放大批判文章，后来逐渐升级到使用高音喇叭到处牵线广播，不容任何一个角落听不到"革命"的声音。最早受冲击的是已经靠边站的校系领导，如吴富恒、蒋捷夫等，还有就是教授、副教授等中老年知识分子，父亲的大字报一直贴到校大门口，罪名有二，一是"反动学术权威"，一是"反共老手"，后者显然来自"肃反"档案。那些向被视为神圣不可窥视的档案，失去了它们神圣的光环，被造反的学生任意翻检，任意剪裁，上纲上线，铺天盖地地压到所有被批判者头上。待到红卫兵成立时，学校最先成立的是保守派红卫兵，学生的称为"红旗"，教师的称为"赤卫队"，他们多是教工和学生中一向受校、系领导重用者，往往以狠斗知识分子来转移视线以保住那些校、系领导。另一部分造反派称为"毛泽东主义红卫兵"，简称"主义兵"，成员多为名不见经传的小人物，他们主要斗"当权派"（当然是称之为"走资本主义道路的当权派"），不屑于斗那些被称之为"死老虎"的多次运动篦梳过的老知识分子，但又怕"老保"们说他们包庇"反动学术权威"，所以在斗"走资派"时，也起劲地牵着老知识分子一起斗。待到一阵风式的"破四旧"狂潮时，不仅抄家，把人家家中所谓"四旧"抄得干干净净，还公开地剪人家长辫、旗袍，平时打扮得讲究点的女教师，特别是外语系女教师及一些教授夫人，烫发被剪成阴阳头，身挂高跟鞋游街，生物系学生甚至把几十年积累下来的生物标本，其中不乏高价进口的珍贵标本付之一炬。不过持续时间最长而且不断升温的仍是大字报和批斗会。校内到处可见"当权派"和"反动学术权威"戴高帽、挂黑牌游街。或低头，或作喷气式弯腰状，任"革命群众"批判，甚至殴打，连成仿吾都被红小兵（小学生）押着，一面自己打锣，口中再自喊："我是走资派"，在老校和新校间来回游斗。更多的是听到某某人受刑、被关押。受不了人格侮辱或害怕自己问题"严重"的人，每每以自杀求解脱。时听到哄传某某系某某人跳楼了，竟会有不少人一哄而上去看那血肉模糊的惨景。望着这些飞奔而去的身影，我总不由自主会想起鲁迅写的《药》，心中充满悲哀。自杀死了，固然被称为自绝于人民，还要受到批判，但死者总听不到了，这未尝不是解脱。更不幸的是自杀未遂者，如外语系有位张健，是位极有才华，曾作为专家被派到捷克去的中年知识分子，被关押在三楼，跳楼未死，被称为"抗拒运动"，拖着半瘫的身体继续受批斗。

　　"龙生龙，凤生凤，老鼠生儿会打洞"是血统论盛行时的顺口溜。我们这些在山东大学读书的被批判者的子女的生活是极其尴尬的。不参加"革命"是绝不可能的，参加了又极受歧视，不可作红卫兵，只可作"红外围"，"红旗"绝不接受我们，只得去"投靠""主义兵"，"主义兵"也怕被"红旗"抓辫子，所以我们只能在后面印印宣传品，至多在某些大字报上签签名，最多的是当《人民日报》、中央人民广播电台公布了中央文革最新指示，就唱着"造反歌"，手挥"红宝书"，参加浩浩荡荡队伍去游行。再就是参加批斗会，从批斗知识分子到批斗校、系内"走资派"，最后批斗到省委书记谭启龙。印象极深的是到省委斗谭启龙时，将校内当权派也押了去，成仿吾那么大年纪也得跟着游行。中午在省政协大院内吃饭，每人两个馒头、一块咸菜、一个鸡蛋。分午饭的红卫兵颇刻薄，给成仿吾馒头、咸菜，然后问他要不要鸡蛋，直到成仿吾点头才给他鸡蛋。我就站在一边看着这出令人屈辱的戏。不过，在那任何人也无权维护自己的尊严，在那有人已出卖自己的灵魂，甘愿做浮士德的年代，这种恶作剧仅是小巫而已。

　　我们同时陷于深深的恐怖之中，唯有沉默。家在数百步外，却绝不敢回去看看，连家属区的大门也不敢进入。抄家行动是不会让我们知道的，抄过后我才知道家属区抄家之事，那天深夜，在家属宿舍关闭大门后，我悄悄翻墙回去，将手头上数年没用完的生活费交给母亲，以供应急。二个月不到没见父母，真是恍若隔世，我们不敢开大灯，只开一盏小台灯，讲到抄家情景，父母的嗓音都不由自主发抖。母亲告诉我红卫兵如何辱骂他们，如何动员保姆揭发他们如何剥削她。当时确有不少人家保姆在红卫兵的劝说下，添油加醋地把主人家的隐私抖出来，红卫兵马上上纲上线大贴大字报。我们家保姆张妈平时脾气挺大，但心地甚善。她对红卫兵说，童先生、童太太给她的房间比女儿的还大，吃的东西都放在她房间的壁橱里，童太太帮她把工钱存起来养老，他们是好人。但最后红卫兵还是把张妈逼走。张妈本来就有家难投，此时只得到青岛投靠干女儿，后得知父亲病重，又赶回济南照顾父亲，直到给父亲送终后才回青岛，后死于胃癌。在那人性失控的年代，眼睁睁看着那些平日围在母亲身边，陪伴母亲聊天的人，一翻手，将平日聊天内容断章取义变成"反动言行"，提供给红卫兵，以出卖良知换取自己的平安，我整个心都在发冷，而这位一字不识的大妈却使我感受到人间的一丝温暖，才没让我最后绝望。我始终缅怀这位与我们共同生活了十几年的大妈。

父亲只叙述了他陪斗吴富恒的那次批斗会，因为这次将作为家庭妇女的母亲也牵连进去了。我印象最深的却是另一次批斗会。那是在一个晚上进行的，地点是文史楼和家属宿舍之间的小树林前。这小树林小到只有二十几行树，却是校区到家属区的必由之路，走的人多了，小树林间小路纵横。我已不记得那天晚上排成一排挨斗的是哪些人了，只是看到瘦弱的父亲始终低头站在那里，待到斗完，他抬起头来茫然四顾，在原地转来转去，一时竟找不到回家之路，我不敢上前扶他回去，怕给我们父女招来更多的屈辱，只能望着父亲找到路往回走，身影从我眼中消失为止。

由于与父亲同处一系，我的压力也很大，承受含沙射影地辱骂已成家常便饭，更难应付的是他们要我揭发父亲。从知识分子思想改造运动之后，父母在我面前就绝口不提童家、蒋家的过去，所以当时我对父亲的过去并不了解，对他的学术也没有反动印象，反倒是他逼我学马列主义的印象很深，所以我写的大字报在一些人看来是蒙混过关。其实，他们是抬举我了，当时我虽已二十多岁，但对社会、对人生的了解全部来自书本，哪懂什么蒙混手法。为此，我承受了许多大字报。连我身体虚弱也成了污骂对象，同寝室人甚至将墨汁泼到我的被褥、蚊帐上，至今我也弄不懂，这些人和我并没什么深仇大恨，为何咬牙切齿地盯住我。由于派性斗争、由于中央文革越来越将斗争矛头引向党内，我反而可以时时回家了，就是此时父亲提出代我起草批判他的大字报。父亲对我的关爱我永志难忘，但父亲直到此时还那么天真，却使原本天真的我也深感惊讶。感谢先哲们在我们国家悠久的思想库中放入了那么丰富的宝藏，我此时捡起来的是道家思想，一切法自然，听天由命了。

父亲却未能如此洒脱，他要从非理性现象中寻找出理性来，要将非理性的行为与报纸上看似振振有词言之成理的社论相较，希望大家都按报纸上说的做，而且一定要将权力之争中的两面三刀理顺为言行一致。父亲在"文革"中所写的两篇小文字能很好地说明他的心路。一篇是《对于"文斗"与"武斗"的理解》，他写道：

> 根据十六条的指示，"文斗"就是"用大字报、大辩论的形式，大鸣大放，大揭露，大批判"，"采取摆事实、讲道理，以理服人的方法"。"武斗"除打人、

伤害人的肢体外，强迫患有比较严重的身体疾病的人进行体力劳动，终日工作，也应当属于"武斗"的方式，因为它毁损人的身体有时比殴打还厉害，甚至造成终身不可恢复的疾病，以至死亡。我个人已被少数不讲理的同志们搞得变成半个废物，虽还不至于死亡。然而此后的工作却要大受影响。由于我个人的体验，所以我才有上述的看法。

另一篇是《资产阶级知识分子与资产阶级》，他开头就写道：

文化大革命以来，有一种不很正确的看法，就是把资产阶级知识分子与资产阶级完全等同起来。

后面长长地引用《关于正确处理人民内部矛盾的问题》及《在中国共产党全国宣传会议上的讲话》，来论证资产阶级知识分子和资产阶级的区别，特别强调了知识分子是劳动者，他们只不过是用脑力而不是用体力在劳动而已。

父亲仍以赤子之心去看待现实，确实会产生很多疑问，他对"风派"感到不可思议，才会在《年月表》中写出"不过奇怪的是，原来是'保'字号的人们有些摇身一变，又变成了新的幕后主持者"。对思想史讨论班成员上北京反映情况竟被残酷斗争也深感不解，从这些残留文字可以看出他对"文革"中现象确实困惑，确实想弄明白为什么。

父亲在"文革"中受折磨的时间并不算长，从1966年5月到10月，但他本已虚弱的身体已被强制劳动摧垮了。据目击者说，父亲参加拔草劳动，不许用工具，他手上一点力气都没有，仍努力地拔着，同时受着"监督"他们劳动的红卫兵的嘲骂。后来实在

342

蹲不住了，就带一小凳坐着拔，这样也挺不下去，就躺着拔。

　　一边拔草，一边咳血，同时参加劳动的那些人都已看出父亲再也挺不下去了。在王福金写的回忆中就有："1966年'文化大革命'开始以后，童老师先是作为'资产阶级反动学术权威'被揪出来批判，写检讨，接着被抄家、游斗、勒令在校园里拔草扫地。当时他的肺癌（案：实为肺结核）已经很严重，也不许进医院治疗。有一天，我看见中文系的高亨教授拔完草在文史楼旁边休息，想问问他毛主席给他写信的事，他简单介绍之后，便感慨道：'幸亏有毛主席这封信，我把它裱好装进镜框里，挂在墙上，红卫兵来揪斗我时，我就将镜框抱在怀里，他们才不敢打我。你们系里的童书业可就苦了，恐怕活不了多久了。'"

　　高亨（1900—1986），是山东大学中文系教授，他在中国古代文学史、古文字学和古籍整理、训诂、校勘等方面的研究成果累累，他的专著曾受到毛泽东的赞赏。他在60年代初读毛泽东诗词有感而填了一首《水调歌头》寄毛泽东指正，1964年3月18日，毛泽东亲笔复信给高亨，其文如下：

高亨先生：

　　寄书寄词，还有两信，均已收到，极为感谢。高文典册，我很爱读。肃此，敬颂。

　　安吉！

毛泽东
1964年3月18日

　　就这么一封寥寥数十字之短信，保护高亨度过了"文化大革命"的浩劫，全国有此幸运之知识分子恐怕再也找不出第二人了。

　　1966年底，"文化大革命"所挂的"文化"面具已被撕得粉碎，普通百姓亦已看出文化革命实质是权力之争，1967年上海"一月风暴"张春桥们夺取上海权力揭开全国夺权的激战。青岛的王效禹通过康生之子张子石与中央文革直接沟通，先夺了青岛的权，然后直奔济南，在2月3日夺了山东省的权。山东大学也成立了"红二、三红卫兵"组织，既镇压保守派，又镇压造反派。山东一片混乱，也深深陷入恐怖之中，这是争夺权力成功者对失

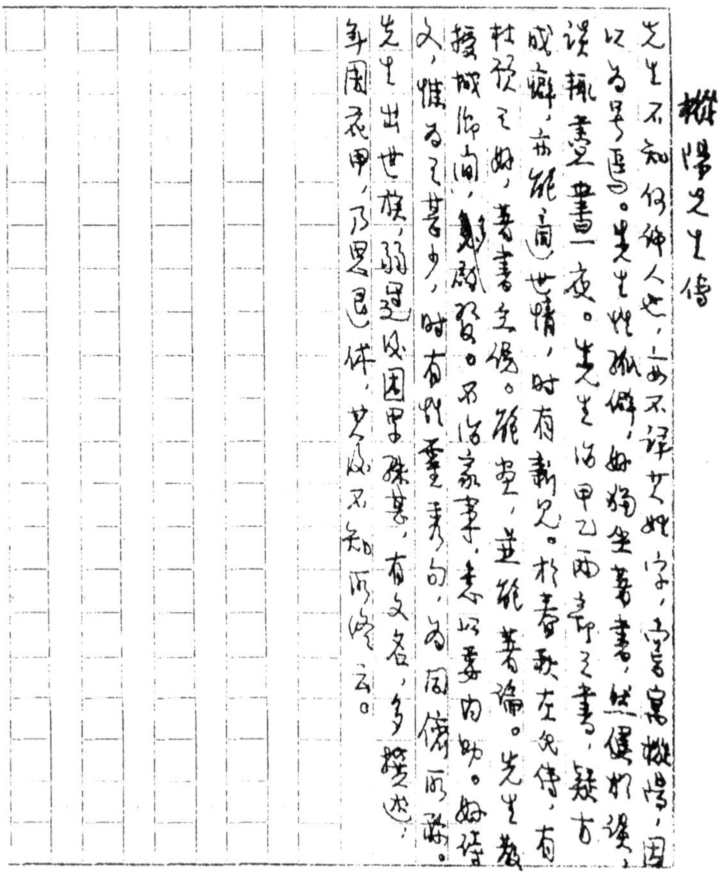

图28　父亲《枞阳先生传》手迹

败者施展的恐怖，全国更是一片混乱，武斗、枪战、死亡的消息不绝于耳。这时知识分子已被撇在一边，反倒可以缩居室内，暂时作壁上观，至清理阶级队伍时，才又搅起一片混乱和自杀的浪潮，不过，1968年以后，死神已为父亲将一切烦扰挡住了。

1967年时，身体备受摧残，思想也极度困惑的父亲对生活、对自己的命运都感到茫然。1967年2月他自撰《枞阳先生传》：

> 先生不知何许人也，亦不详其姓字，尝寓枞阳，因以为号焉。先生性孤僻，好独坐著书，然健于谈，谈辄尽昼夜。先生治甲乙两部之书，疑古成癖，亦能适世情，时有新见。于春秋左氏传，有杜预之好。著书立说。能画，并能著论。先生教授城乡间，多启发。不治家事，悉以委内助。好诗文，惟为之甚少，时有灵秀句，为同侪所称。先生出世族，弱冠后困累殊甚，有文名，多撰述，年周花甲，乃思退休，其后不知所终云。

不足200字之自评颇切实际，字里行间深深透露出他此时茫然心境。

父亲在客观环境中是软弱的，尤其是碰到外界人的强大压力时。但面对自己独处时，他又异常坚强、坚毅。当死神已在他身边徘徊，他的生命隧道将至尽头时，茫然中的父亲仍念念不忘学问，首先是清理自己毕生学术成果。翻检他遗留下的文字，我竟发现不下十份的从不同角度记录他的学术论著的文字，有的以著述时间分；有的以著述性质分；有的以著述价值分，甚而有一份《丕绳存目著述目》，多列遗失的或有一线希望找到的论著，可惜1949年前之文，尤其是报刊专栏上的文章所列甚少，以至当我整理他的学术论著，努力求全时，费力甚巨。这些记录中，有不少份内还注有自我分析和评价。我不太了解父亲学术成果在国内外的影响，却断言有其影响，根据之一就是父亲一份学术著述清单中的自我评价，每部著作评价之最后一句都是，国内外也是如此看法。根据之二是80年代我偶然与日本一位访问浙江大学的中年历史学家交谈时，他告诉我，他读过不少父亲的著作。父亲此时身体已极虚弱，却仍不顾一切地坚持着。父亲的字并不出色，但因为自幼练过，所以骨力尚存，可是1967年2月《除夕总结之二〈文史考证杂著汇存目〉》一页之后半部分已字如划沙，全无力气，个别字已几不成形。

同时，父亲也在整理手边遗留之文稿，他向母亲要了一只皮箱，独自整理，除怕红卫兵乱抄家，将几部重要文稿交给系资料室保管外，他将所有文稿整理入箱，然后将钥匙交付母亲，叮嘱母亲，万一遇到不幸，一定要带着这只箱子。1969年母亲将此箱

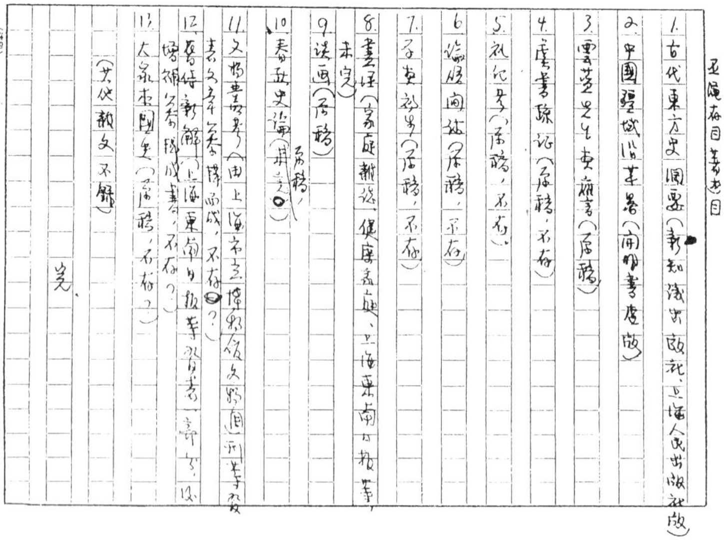

图 29　《丕绳存目著述目》手迹

带至杭州，"文革"后打开，上面放一张遗嘱，下面是一包包文稿，已发表、未发表但复核过史料的、发表前必须复核史料的，清清楚楚，还有一包给中央文革的材料，上写《吁天呼冤录》，写了他"文革"经历和一生主要著作，希望中央文革在运动后审查并为他甄别，勿使他负恶名于地下。

　　父亲并未止于清理过去的学术研究。说父亲的学术生命伴随于他生命的始终，丝毫没有夸张，在那样主客观的状态下，谁能想像他竟于1966年12月15日重写成《二戴礼记辑于东汉考》，1967年4月5日写完《考据学的科学规律》，在生命之火即将熄灭之时留下的这两篇极不合时宜的短文，为他终生钟情于考证作了无声的强证。

　　父亲在对自己生命能延续几时无把握时，一边料理后事，一边仍企盼学术生命持久点。他还作了两项计划，一是"改订《先

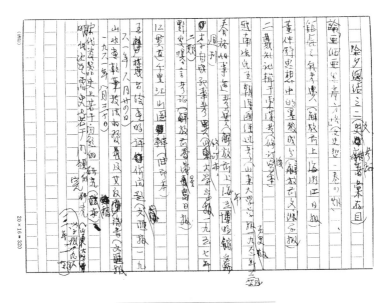

图30　父亲（除夕总结之二）手迹

秦七子思想研究》的计划"；一是"拟编春秋史料集计划"。父亲已无机会完成这两个计划了。"文革"后，《先秦七子思想研究》以原貌出版。它既可作为父亲研究七子思想的成果，也可作为后人研究父亲学术思想的资料。至于《春秋史料集》，我已将它编成《春秋史料分类集》由中华书局出版，将父亲由古籍中考订出来的可靠的春秋史史料奉献给有志从事春秋史研究的学人。

父亲离开人世时，学术上仍存在遗憾的。1962年以来，父亲欲作三部札记，一是《美术史札记》，一是《春秋左传札记》，一是《论学札记》。前两部已完成，而拟写12万字的《论学札记》却仅列目录。一般来说，父亲著述的步骤是：订计划；看书；考订出可靠史料；列出写作目录；着手写作。《论学札记》已列出目录，共分五卷：第一卷《先秦史之部》；第二卷《先秦地理与先秦文献之部》；第三卷《秦以后史与世界史之部》；第四卷《哲学、文学与美术之部》；第五卷《古器物学之部》，每部内详列题目名称。由目录可看出《论学札记》将是父亲毕生考证精华之提炼。可惜它胎死腹中，这是父亲的遗憾，也是学界的遗憾。

父亲清理自己的学术成果留下最大的遗憾是，除几部专著外，1949年前在各报刊专栏、杂志发表的文字皆未列出。这给我文革后整理他的遗作留下极大的困难。1979年调入浙大后，我用整整一个暑假在北京图书馆报库中翻查父亲和顾颉刚人生规迹所到之处的报刊，将找到之文请报库拍照，回杭放大、抄录作底稿，也到北京图书馆、中国社科院图书馆、上海图书馆、浙江图书馆翻阅49年前报刊。后又得多方相助，从国内到国外查找，终收得五百万字左右文字。父亲一向是逐字校对引文后的文章才肯发表，为此我坐在浙江图书馆古籍部翻查过数万册古籍，又蒙吕思勉再传弟子，亦是《吕思勉全集》的整理者，华东师范大学历史系教授张耕华在2003年赠电子版《四库全书》，得以随时在书房工作，加快了校订速度，才得以放心将父亲论著交出，蒙上海古籍、中华书局、商务印书馆等等出版社支持出版，终将父亲毕生心血清白地留在学术史上。

　　从1959年强迫观念症发展而住院起，父亲不仅重新关注精神病学，而且与山东省精神病院的关系也日益密切，那里的精神病行家理解他的某些言行是病态而非思想问题，父亲在他们的理解中获得一点心灵的慰藉。父亲精神病学的知识及对精神病深入探讨获得的见解，也得到山东医学界的尊重。记得我1963年神经衰弱严重到药石无效时，父亲给我讲巴甫洛夫的神经系统兴奋、抑制原理，一方面坚定地告诉我，神经衰弱并不可怕，完全可用意志克制，一方面给我开了一张兴奋、抑制合用的药方。父亲当然没有处方权，我带着药方到济南市中心医院看病，令我诧异的是，神经科医生见到父亲的签名，二话没说就照单开药。父亲的教导使我终身受益无穷，它不仅缓和了我的神经衰弱，更使我树立了一个信念：人的意志的能量远比自我意识到的要强烈得多，只要有坚强的意志和自信，就可以走出一些看似无法逾越的困境。家破人亡后的我，能独自在漫漫的数十年中，从艰辛走向恬静，与父亲这方面的指教是分不开的。我想，父亲之所以能以坚毅的意志在任何困境中保持旺盛的学术生命力，亦因于此。

　　精神病院的医生们还介绍一些患强迫观念症的病人给父亲，这些病人在与父亲的交谈中懂得了病理并在父亲鼓励下与自身疾病作斗争，病情或多或少地缓解。父亲终于在不容他教书的时代找到一种于人有益的事来做，颇感欣慰。他不仅写文章，而且想在"文革"后改行做精神病医生。

　　1967年12月底，父亲出门给一女工治病，忽遇寒潮降温，受风寒后感冒发烧。那时，父亲看病、取药都受冷遇，他有病总是尽量忍耐的。到1968年1月7日深夜，他叫我去请医生。我到山东大学医务室，一位姓郭的女医生在值班，她到我家来看了看，不作任何处理，就叫我们用担架送医院。当我问她要担架时，她冷漠地说，医务室的担架白天用去抬一位数学系跳楼自尽的人的尸体后，扔在文史楼里了，你们自己去找吧，说完就自顾自走了。母亲叫我去找担架，她和保姆给父亲穿衣服并找抬担架的人手。深更半夜我一人跑进文史楼，楼内只有几盏昏暗的灯，大部分地方都笼罩在黑暗中，我在茫然中跑上跑下，至今也不知怎么会在一楼的一间男厕所内找到了担架。我扛回担架，母亲已找到两位也是"反动学术权威"的子弟的男孩，记得其中一位是王仲荦的儿子王正林。当我们抬着担架走到一半路时，听到父亲哼了一声，我还安慰他说，快到医院了，却没听到回应。待到医院，急诊室的医生告诉我们，父亲已逝，瞳孔已散，无法抢救。但医生仍照抢救程序用了药，然后送太平间。直到很久以后，我才知道肺气肿的病人是不可以震动的，担架那样地震动，无疑促使父亲死亡。如果不是"文化大革命"，如果不是"文化大革命"使那位医生心灵扭曲，而是及时用救护车送医院抢救，父亲还是可以逃过一劫的。然而，历史是永远地不能重复了。

父亲送入太平间，我立即传讯给在外地的两位姐姐。8号上午，二姐在获得部队领导同意后赶来济南。我们走进太平间，只见父亲张口睁目地躺在那里。作为医生的二姐，上前替父亲合上口眼；作为学文的我，深深体会父亲是死不瞑目，是在张口鸣冤。至今我常常在疑惑，父亲是否在太平间独自清醒过，我知道这很不科学，但这念头总是挥之不去，而且，我想是永远也抹不去了。因为我知道父亲的心，他确实死不瞑目！

我清楚地记得，当我们将父亲送到殡仪馆时，山东大学跨上灵车陪伴我们送父亲走这尘世间最后那段路的只有一人，那就是路遥。

　　父亲的骨灰1969年由母亲带至杭州。1983年，杭州重开南山公墓，这座公墓在玉皇山南麓，背倚玉皇山，面对蜿蜒而行的钱塘江。我们买了一个双穴墓室，我特意选了一处附近有一株桃花的墓穴，先安葬了父亲的骨灰。父亲终于可以丢开一切负担静静地安息在故土的怀抱中，秀丽的山水、钟爱的桃花慰藉着他太累太累的灵魂。

　　1968年6月，在滞留山东大学历史系做了六年学生之后，我终于毕业了。分配方案中有15个军垦农场名额，这当然是我们30人一个班中红五类优先去的地方，因为它可以有第二次分配的机会。余下15个名额中有8个上海和上海郊县名额，我是班上唯一的南方人，当时我认为我已很知趣，申请到上海郊县工作，班上掌权的"红二·三"头头给我的回答却是，"你这样的资产阶级小姐怎么可以到上海这种纸醉金迷的地方？"于是将我发配到江西。到江西抚州专区后才知道我被分到临川县一个叫龙骨山的地方的公社中学。当我烧尽大学几年买的书籍，发誓再不做学问时，历史却和我开了一个大大的玩笑，竟将我安置到一个让我记起北京猿人的地方，似乎在警告我：休想跳出历史的罗网。

　　不管怎样，能离开山东大学就行。记得到老校领取报到证那天，天气特别晴朗，当我走出行政楼时，望着镶嵌缕缕白云的湛蓝天空，长长地呼出一口气，沿着甬道向校门口走去。甬道两边早已没有花草，勤工俭学时就种了一片葡萄，这时，"牛鬼蛇神"们正在葡萄园中劳动改造。我走过吴富恒身边，对抬眼看我的吴富恒粲然一笑，至今我还记得吴富恒那吃惊的眼神，他那时大概在想，童书业的女儿发疯了，竟敢对我笑，而且笑得那么灿烂。

　　是的，我的父亲自幼娇生惯养，带着体弱多病之躯，怀着

图 31　父亲生前出版的主要著作书影

图 32　父亲身后出版的主要著作书影

赤子之心，在家庭纷争中，于21岁之时被抛到社会上独自谋生。在漫长的年月里，他带着自身性格的弱点和始终不变的对社会的无知，历经失业、战乱、经济困顿、精神重压、疾病，尤其是在自知力极强却又无法自制的极端痛苦的强迫观念症的折磨下，困苦地生活着。但在炼狱般的生存环境中，他总以顽强的毅力坚持不懈地将建立名山大业的信念升华为学术成果。在若干学术领域都取得累累硕果，他以他的生命铸就了他在中国史学史上的一席之地。父亲的经历告诉我，人生也许会有机遇，但即使机遇在面前，也必须有实力才能抓住。不论多么艰辛，只要坚毅，即或历经磨难，终能无憾地度过一生。